破产法文库

总主编 王欣新

学术系列

徐阳光 主编

UNITED KINGDOM INDIVIDUAL INSOLVENCY LAW
AND DEBT SOLUTIONS

英国个人破产与债务清理制度

徐阳光 著

法律出版社
LAW PRESS·CHINA

《破产法文库》编审委员会

总　序

现代破产法融清算退出与挽救更生程序于一体，是警醒正常市场主体“向死而生”之法，是帮助困境企业“涅槃重生”之法，是促使失败企业“规范退出”之法。破产法律制度是市场经济法律体系不可或缺的重要组成部分，甚至被称为市场经济之“宪法”。市场经济社会的基本法则乃公平竞争、优胜劣汰。故，凡市场经济之法治国家，无不将破产法视为其法律体系不可或缺之重要组成部分，并将其作为评价一国市场经济地位和营商环境水准的重要标志。

中国自改革开放以来，高度重视营商环境建设。1986年12月2日第六届全国人民代表大会常务委员会审议通过了《企业破产法(试行)》，于1988年11月1日起施行。2006年8月27日第十届全国人民代表大会常务委员会第二十三次会议审议通过了《企业破产法》，自2007年6月1日起施行，《企业破产法(试行)》同时废止。2013年11月《中共中央关于全面深化改革若干重大问题的决定》指出：“健全优胜劣汰市场化退出机制，完善企业破产制度”。2014年10月《中共中央关于全面推进依法治国若干重大问题的决定》指出：“社会主义市场经济本质上是法治经济。使市场在资源配置中起决定性作用和更好发挥政府作用，必须以保护产权、维护契约、统一市场、平等交换、公平竞争、有效监管为基本导向，完善社会主义市场经济法律制度。”2018年8月第十三届全国人大常委会立法规划发布，《企业破产法》的修订纳入立法规划，属于“需要抓紧工作、条件成熟时提请审议”的项目。2018年11月中央全面深化改革委员会第五次会议审议通过了《加快完善市场主体退出制度改革方案》，将加快以破产法为核心的市场主体退出制度建立健全的步伐，以更好地服务供给侧结构性改革和营商环境优化建设。

我国破产法的历史虽然短暂，但也已走过了30余个春秋，《企业破产法》及其司法解释构成了较为完整的破产法制度体系，全国各地各级法院组建了约100家破产审判庭，北京、上海、深圳三地更是在最高人民法院的批准下组建了破产法庭，破产审判的法治化、专业化建设取得了长足的进步，破产案件数量逐渐上升，破产法的理念、文化与制度规则也得到了更广泛的传播和认可。

破产法律制度的建立健全和破产审判的法治化、常态化推进，是市场经济可持续发展、营商环境优化建设的重要保障，市场经济之发展亦注定离不开破产法学研究之繁荣。中国人民大学破产法研究中心和北京市破产法学会自成立以来，始终坚持学术为本、理论联系实际和以问题为导向的研究理念，不遗余力地创办“中国破产法论坛”及其专题研讨会等权威交流平台，多年来持续编辑出版《破产法论坛》等图书，凝聚了中国破产法理论与实务界之顶尖研究力量，致力于破产法治事业之发展与进步，赢得了全体“破人”之赞誉与支持。

为进一步整合中国破产法理论界与实务界之研究力量，经与浙江省高级人民法院民四庭庭长章恒筑法官、中国人民大学破产法研究中心副主任郑志斌律师、中国人民大学破产法研究中心副主任兼秘书长徐阳光教授、法律出版社法治与经济出版分社社长沈小英编审反复商议，中国人民大学破产法研究中心、北京市破产法学会决定联合法律出版社创办“破产法文库”，面向国内外同仁开放。

“破产法文库”设置5个子系列，其中，学术系列希冀广纳中国学界高水准之破产法专著；译著系列拟推介域外之经典破产法文献与法典；论坛文集系列继续推出“中国破产法论坛”及其专题研讨会之优秀论文；实务系列侧重出版破产法实务经验总结之佳作；茶座系列则旨在分享破产法实施中的趣闻轶事以及破产法同仁办理破产案件的心得体会。

从历史上看，中国缺乏破产法文化传统与理论实务研究积淀。“破产法为一重要之法律，然学者研究之者，远不如研究民刑之法之夥；良以向者适用较少，兴趣遂减。”民国法学家吴传颐先生数十年前之感慨，仍让今人有现实之叹。而今，破产法的社会调整作用日益得到人们的认可与重视，破产法的研究也日益深入。破产法是一个综合性的法学领域，破产法治建设是我们共同的事业追求。但愿“破产法文库”之创办能够团结更多法学同仁来关注和研究破产法理论与实践之重点难点问题，并将自己高水平的研究成果纳入文库中出版，共同推动中国破产法学术之繁荣、立法之完善与司法之进步。

是为序！

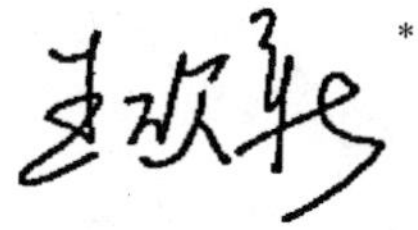 *

2016 年 7 月 16 日撰写

2019 年 2 月 26 日修订

---

* 中国人民大学法学院教授、博士研究生导师，中国人民大学破产法研究中心主任，北京市破产法学会会长。

序　一

人类学家大卫·格雷柏(David Graeber)生动地证明,债务与人类社会本身一样古老——他 2011 年出版的《债务:5000 年的回顾》(*Debt:The First* 5000 *Years*)一书的标题就充分说明了这一点。阳光教授最新的著作《英国个人破产与债务清理制度》提醒我们,处理破产问题的法律也同样古老,其根源在于古代美索不达米亚城邦的法典。可以毫不夸张地说,债务和信用法是一种基本的社会制度,它客观存在于我们所看到的经济专业化和由此产生的劳动分工过程中,存在于有能力制定和执行维持合作与秩序的规则的国家和地区。

今天,破产和破产法已是世界各地现代商业经济的核心。在一个建立在预期基础上的经济体中,交换依赖于一个复杂的互惠义务网络,法律的职责之一就是维护好这一网络。英文单词"credit"的拉丁词根是"credo",即"我相信"(I believe):一种对以契约和财产的力量来规范人类事务的信仰的肯定,而我们当代世俗的思想体系显然是从他们的宗教祖先那里继承来的。

当然,破产法不只是关于合作,它也与权力有关:也就是说,它涉及公司(包括大公司和小公司)和消费者之间的控制和依赖关系。在其漫长的历史中,破产法时而惩罚债务人,时而保护债务人。今天,许多国家都倾向于通过针对公司的"经管债务人"(DIP)法律制度和针对个人的多种多样的豁免制度来保护企业家和创新者。但情况并非一直如此，与美国的破产法相反，英国破产法直到19世纪还含有惩罚性的成分。美国的缔造者们认为破产法首先与保护个人自由密切相关，其次才是考虑商业政策。虽然作为一套学说具有很高的技术性，并需要负责解释该学说的人具有某种特殊的司法专门知识，但是，破产法为一个不可避免的政治性的社会做出选择，其意义在于决定风险和回报的分配，以及由此产生的社会和经济利益的分配。

英国法上的个人破产法和公司破产法是在几个世纪的过程中逐渐形成和发展起来的。虽然成文法在早期就发挥了作用，但破产法的大部分内容是通过普通法确立的，后来出现了几次主要的法定的干预和调整。当代英国破产法使用的许多概念都是法院在处理发生的争议过程中发展而成，它们反映了一个反复尝试和试错的过程，而这是普通法推理的典型特征。从20世纪中期开始，英国政府委托专家委员会撰写了一系列报告，以期使以前以某种或多或少的紧急方式演变的制度得以现代化。从20世纪80年代开始，无力偿债和破产成为大规模立法举措的主题。今天，个人破产法和公司破产法一起构成了英国法的主要分支：它们在大学里得到了深入的研究，并构成了律师事务所、协会组织的商业实践中极其重要的组成部分。

众所周知，中国的发展轨迹非常不同。中国的现代《企业破产法》于2007年开始实施，从那时起，该法的完善程度和在商业实践中的实施都有了稳步的发展。然而，中国至今仍没有个人破产法。2019年7月，中国官方发布了《加快完善市场主体退出制度改革方案》，明确要分步推进建立个人破产制度。目前，中国的理论界与实务界围绕个人破产立法问题进行了相当多的讨论。

阳光教授正是在这种背景下研究英国破产制度并撰写本书。这应该是第一部完整地介绍英国个人破产和债务清理制度的中文著作，这本身就标志着两国法律发展的一个重要时刻。本书对于英国个人破产和债务清理体系中的正式程序与非正式程序的全面介绍和详细分析，无疑将成为中国法律学者和实务工作者未来几年的重要参考。本书的撰写和出版也证明了比较法学在国家间分享和传播法律知识方面的重要作用。

在本书中，读者将会发现，作者将英国破产法置于漫长的历史进程中进行分析，然后考察了构成现代法律基础的关键政策举措，包括推动了《1986年破产法》(Insolvency Act 1986)出台的《科克报告》(Cork Report)。本书还向读者介绍了个人破产管理和债务清理领域中包括政府部门和专业协会在内的众多机构和组织。当然,本书的核心是对具体程序机制和法律规则的详细分析。比如,在破产清算程序中,本书具体介绍了破产的基本概念、债务人申请破产和债权人申请破产的程序规则、法院在破产程序中的权力、破产财产的界定、债权清偿顺位、破产免责制度、破产登记制度等内容。本书重点分析的法定的正式程序还包括债务纾缓令、个人自愿安排和管理令。本书还详细介绍了债务管理计划、象征性支付、债务整合、债务注销、与债权人的非正式安排、全部一次性解决方案等非正式的个人债务清理程序,以及英国政府计划在 2021 年实施的法定"喘息空间"计划。本书的附录包括英国破产服务局《关于破产清算的指南》、英国破产立法中关于破产限制措施的规定、《破产职业伦理准则》、《债务管理标准协会行为准则》、破产案件年度数据统计等内容,这些都是本书的重要组成部分。

在中国引入个人破产法律制度,将会对中国的社会经济发展产生怎样的影响?这不是一个我们可以依据现有的知识状态进行充分评估的问题,但我们可以肯定的是,个人破产制度的引入将在很多方面对中国社会产生积极的影响。在中国以及其他地方,关于法律制度的经济作用的辩论十分活跃,而且立场众多。西方经济学家普遍认为,中国过去 40 年的非凡增长在一定程度上得益于其经济关系中的非正式因素,他们强调的是关系或人际信任的作用。

根据我过去 10 年来定期访问中国的经验以及有机会与商界人士、律师和学者交谈的经历,我对将中国的发展很大程度上归因于非正式规则或法律外规范的观点持谨慎态度。中国在司法体系建设方面进行了大量的投入,每年都有大量纠纷在商业法庭得到解决。中国法律学术蓬勃发展,公众日益意识到法律规范在塑造经济和社会关系中的重要性。中国处于将现代数据分析技术应用于商法管理的前沿。从所有这些方面来看,中国正在经历一场与经济和社会转型相适应的法律转型。未来的探索和研究将能够反映这些发展对中国和世界的意义,世界上其他国家和地区也将敏锐地观察在中国发生的这些转变。

阳光教授的这本新书具有开创性和及时性。我很荣幸受邀为本书撰写序言,也很高兴能邀请他和他的家人在本学年度来到剑桥大学访学。在这一年里,我们预先确定的有关"英中经济社会发展中的破产法律制度比较研究"的工作取得了成果。我们两所大学之间的合作使他的访问得以成行,而这种合作在这个不确定的时期内更加让我们欣然意识到——学术交流的持久重要性以及知识本身的全球性，归根结底，都不能被国家或文化的边界所限制。

西蒙·迪金（Simon Deakin）*

2020年4月21日

于剑桥大学

* 剑桥大学法学院教授，剑桥大学商业研究中心主任，英国科学院（British Academy）院士。主要研究方向：劳动法、侵权法、合同法、公司法、欧盟法、法律与经济、法律与发展、实证法律研究。

序　二

破产是市场经济规律下必然发生的社会经济现象，破产法是保障市场经济正常运行的基础法律。从破产与破产法的历史发展进程看，首先出现的是个人破产，因为毕竟法人与公司的出现都是近代以后的事情。一些国家由于社会制度与经济体制发展历程的原因，进入开放的市场经济的时间较晚，有的是在法人与公司产生之后，有的是从非市场经济体制转换到市场经济体制，这时其中一些国家在破产制度上首先选择适用的对象是公司法人的破产，而不是个人的破产。这主要是因为公司法人的破产对经济与社会的影响要比个人更大，其问题的解决更具有迫切性和重要性。但就个人的破产而言，实质上是破产法产生与实施的基础。因为公司也好，法人也好，其背后真正的最终利益与责任主体都是自然人，即使是所谓的股东有限责任制度，那有限的民事责任在层层落实之后，最终也是由自然人承担的。没有个人破产制度的国家，其市场经济体制难免会存在不足，所以即使其没有称为破产法的立法，但也会存在对个人破产及其社会问题以其他机制解决的制度。

近年来，随着我国改革开放的深入和市场经济的发展，在《企业破产法》已经逐步普遍适用的背景下，个人破产的重要社会意义日益凸显，主张制定个人破产法的呼声也日渐高涨。在数届全国人大与政协会议上均有代表和委员提出对个人破产制度的立法建议。2019 年 2 月 27 日，最高人民法院在《人民法院第五个五年改革纲要（2019—2023）》中提出“研究推动建立个人破产制度”。2019 年 7 月 16 日，国家发展和改革委员会、最高人民法院等 13 家单位联合发布《加快完善市场主体退出制度改革方案》。该方案指出，对市场主体退出制度的总体改革目标，是要“逐步建立起与现代化经济体系相适应，覆盖企业等营利法人、非营利法人、非法人组织、农民专业合作社、个体工商户、自然人等各类市场主体的便利、高效、有序的退出制度，市场主体退出渠道进一步畅通，市场主体退出成本明显下降，无效低效市场主体加快退出，为构建市场机制有效、微观主体有活力、宏观调控有度的经济体制提供有力支撑”。而对破产法律制度改革完善的一项重要任务，就是“研究建立个人破产制度，重点解决企业破产产生的自然人连带责任担保债务问题。明确自然人因担保等原因而承担与生产经营活动相关的负债可依法合理免责。逐步推进建立自然人符合条件的消费负债可依法合理免责，最终建立全面的个人破产制度”。目前，我国《企业破产法》的修订工作已经纳入全国人大常委会的立法规划，正在逐步启动，而个人破产制度的建立也得到国家立法等有关部门的充分重视，在社会上获得积极反响，并可能在《企业破产法》的修订过程中得到实现。

个人破产法对我国市场经济体系和法律制度的健全与完善具有重要的意义。我们要通过个人破产立法实现促进竞争、鼓励创新、宽容失败、保障生存的立法目的；要通过自由财产和免责等个人破产的特色制度保障财务失败的债务人摆脱困境，激励其积极融入社会、创造财富，客观上达到使各方利害关系人公平减少损失或共同受益的效果；要进一步完善我国的破产法律制度，同时促进市场经济发展、维护社会稳定。

但是，我国破产法制定与实施的时间较短，尤其是历史上缺乏个人破产的社会理念与法治积淀，在立法制度设计与规范制定等方面也缺乏经验，所以需要借鉴世界各国个人破产法的立法与实施经验，以建立具有世界先进理念和制度规范且符合中国国情的个人破产法律制度。

徐阳光是我的学生，嫡传弟子，专注于破产法和财税法研究，目前在英国剑桥大学做访问学者。阳光在破产法的理论与实务方面有深入的研究，取得了丰硕的成果，其在破产法的理论界与实务界已经声名鹊起，尤其是在促进破产法的学术交流与社会活动方面做出了突出的贡献。阳光是中国人民大学破产法研究中心的副主任兼秘书长、北京市破产法学会的副会长兼秘书长，每年的中国破产法论坛及其各种专题论坛的顺利召开和取得的丰硕成果都离不开其辛勤的会务组织工作。多年来，在我们的共同努力和破产法各界同仁的热情支持与积极参与下，中国破产法论坛成为中国破产法理论与实务研究方面规模和影响最大、最具权威性的学术交流平台。

这一次，阳光在英国访学期间撰写了《英国个人破产与债务清理制度》一书，介绍了英国在个人破产立法及其实践方面的宝贵经验。他在“导论”中指出，要正确“理解英国的个人破产制度，应当将其置于个人债务清理的整体框架体系之中”，也就是说，要从更为广泛的社会视野去考察和认识英国的个人破产法律制度。根据本书介绍，英国的个人债务清理体系包括以破产法为核心的正式的个人债务清理程序和非正式的个人债务清理程序两大类。破产法规定的个人破产程序中除了作为整体制度基础的破产清算程序外，还包括个人自愿安排、债务纾缓程序。此外，其他相关法律还规定有管理令、法定“喘息空间”计划（2021 年即将实施）两种解决个人破产问题的程序。非正式的个人债务清理程序包括象征性支付计划、债务合并、债务注销、与债权人的非正式安排、全部一次性解决方案、债务管理计划，等等。这些非正式的个人债务清理程序受到金融行为监管局、财务咨询服务局、债务管理标准协会等监管机构的指引或行业协会准则的调整，可以在英国全国范围内适用，有的程序可以起到冻结利息和费用的作用，有的还能实现债务减免或债务注销的目的，但所有的非正式程序都必须以当事人自愿为原则，不具有法律强制执行效力。这表明个人债务的清理问题，不是仅仅依靠破产法及相关法律规定内的程序就能全面顺利解决的。正如《世界银行自然人破产问题处理报告》中所指出的，自然人破产制度的主要目的并非基于特定债权人和债务人孤立的收益，而是基于更广泛的社会收益。所谓“更广泛的社会收益”，便是个人破产制度对市场经济与社会所产生的全方位、多层次的调整、协调与促进作用，这是我国在评价和进行个人破产立法时必须充分考虑的因素，并要有意识地致力于实现这些社会利益。为此，需要动员全社会的力量与资源，要以更为开阔的眼界，利用各种法律的和非法律的多元化手段，共同解决这一市场经济古老的难题。

作者在书中全面回顾了英国个人破产法的演进简史，从破产程序中各种相关机构的角色定位和管理体制，以及不同破产程序的角度对英国个人破产问题进行了深入分析,并注重对我国具有借鉴意义的相关制度进行详尽介绍,进而促使人们思考我国在个人破产法立法与实施过程中可能遇到的问题与值得借鉴的经验。例如,作者认为,英国个人破产制度运行成功的宝贵经验之一,就是司法机关主要负责对个人破产中的法律争议问题作出裁判,破产财产的管理和破产从业者的管理等均由破产服务局负责。而在我国《企业破产法》的实施中就已经显现出来的一个两难问题,就是法院在破产案件审理中往往要负担很多司法外的职能,解决因企业破产而引发的各种社会问题。由于目前与破产法相关的社会配套法律制度不健全,政府有关部门在破产程序中的职能不明确,态度不积极,如果不承担这些工作,法院的破产审判工作经常会遇到阻碍,甚至难以进行。如果承担下这些工作,则法院自身的审判工作会变得十分繁重。一方面,将难以承接实践中破产案件数量大量增加的压力;另一方面,案件的审判效率和质量也会受到影响。该由法院解决的问题,该由市场调整的事项,该由政府履行的职责,彼此界限不清,职责不明,破产法立法目标的实现遇到困难。这使得法院摇摆于两难之间。目前的府院联动机制等虽然可以在一定程度上使困局得到缓解,但无法彻底解决问题。英国破产服务局的成功运作,与其政府法定职责清晰明确和司法机关拥有极高权威的市场化、法治化环境背景密不可分。所以,我国要保证个人破产法的顺利制定和市场化、法治化的实施,就必须进一步改革开放,健全市场经济体制,明确政府职能与责任,完善与破产法相关的配套法律制度。

在本书中,还将许多涉及个人破产问题的文件纳入了附录,包括英国破产服务局《关于破产清算的指南》、《1986 年破产法》附件 4A:破产限制令和破产限制承诺、破产限制令和破产限制承诺产生的 84 种受限情形、英国《破产职业伦理准则》、《债务管理标准协会行为准则》,还制作了《英格兰和威尔士年度破产案件数据统计表(2000 ~ 2019 年)》,这对读者更为全面地了解和借鉴英国的个人破产制度是十分有益的。例如,英国《破产职业伦理准则》可以为我国管理人制度的理论研究与实务操作的完善提供有益的借鉴;“破产限制令和破产限制承诺产生的 84 种受限情形”,则为我国个人破产立法中失权与复权制度的设计提供了参考模式。

我相信,本书的出版将会有助于我们深入了解英国的个人破产制度和整个债务清理体系,有助于读者开展个人破产法的理论研究和未来的实务工作,同时也会为我国个人破产法的立法和未来的顺利实施提供有益的借鉴。我为作者对英国个人破产法研究取得的成果感到欣慰,也期望本书的出版能够为推动我国个人破产法律制度的建立和发展做出贡献。

是为序。

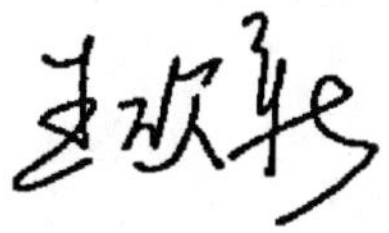

2020 年 4 月 12 日于京

目　录

导　论

本书是我在剑桥大学做访问学者期间的一项研究成果,我为此整整投入了5个月的时间和精力。有人问我,为什么花这么多精力来研究英国的个人破产制度?我的回答是,为什么不呢?长期以来,我们在破产法的发展道路上,将美国破产法作为重要标杆,对英国破产制度了解关注相对较少,甚至在国内翻译出版的英文文献,也基本都来自美国。然而,作为英美法系的发源地和宗主国,英国有着与美国完全不同的破产制度体系。我在平常的教学科研中一直告诫自己,进行比较法研究的时候,要关注有代表性的国家,要用历史发展的眼光进行比较,只有知悉制度的来龙去脉,方能判断制度的借鉴价值。秉持这种理念,我决定利用访学的机会展开对英国破产制度的研究,首先从英国的个人破产和债务清理制度开始,因为英国历史上第一部破产法《1542年破产法》就是专门针对个人的破产法,而公司破产制度直到1844年才出现。

为了有助于大家更好地认识个人破产制度,更好地理解我在撰写本书时的框架安排和内容取舍,我试图在导论中回答4个具体的问题:一是为何关注个人破产制度;二是为何关注英国个人破产制度;三是如何关注英国个人破产制度;四是我们能从英国个人破产制度中借鉴到哪些。

一、为何关注个人破产制度？

在我看来，一个市场经济发达的现代法治国家，其完善的破产法律制度应该包括三大组成部分，即个人破产制度、企业破产制度、公法人团体破产制度。中华人民共和国自1986年诞生《企业破产法(试行)》以来，经历了破产制度的从无到有。2006年颁布的《企业破产法》取代《企业破产法(试行)》，与最高人民法院制定的一系列企业破产法司法解释等规范性文件，构成了我国市场经济条件下的企业破产法律制度。目前，全国人大常委会正在推进《企业破产法》的修改工作。然而，中华人民共和国的破产法律制度自始至终都是围绕着企业破产问题展开的，个人破产制度和公法人团体破产制度依然付之阙如。

我在专著《政府间财政关系法治化研究》中曾设专章分析过“政府间财政关系的破产维度”。[①] 据报道，我国财政部2014年组织完成的研究报告曾建议，研究制定地方政府破产法，从法律上明确地方政府应承担的债务风险责任，在地方政府资不抵债时，允许地方政府宣告破产，并规定债务重组及债务清偿程序，确定上级及中央政府在其中的责任。[②] 2016年10月27日，国务院办公厅《关于印发地方政府性债务风险应急处置预案的通知》(国办函〔2016〕88号)首次提出“地方政府财政重整计划”，强调“实施地方政府财政重整计划必须依法履行相关程序，保障必要的基本民生支出和政府有效运转支出，要注重与金融政策协调，加强与金融机构的沟通，不得因为偿还债务本息影响政府基本公共服务的提供”。我国学术界也有一些关于地方政府破产的文献和观点。[③] 有观点认为：“有关部门建议地方政府资不抵债时，允许破产，是一次历史性的变革。因为允许地方政府破产，符合政治文明的形象，是‘无限政府’向‘有限政府’的合理过

---

① 徐阳光：《政府间财政关系法治化研究》，法律出版社2016年版，第79~92页。

② 参见叶祝颐：《允许破产有利于督促地方政府合理举债》，载《中国审计报》2014年11月19日。

③ 参见王旭坤：《中国地方政府举债权研究》，法律出版社2016年版；华国庆、盛钧俣：《我国地方财政重整制度的释评与完善》，载《安徽大学学报》(哲学社会科学版)2019年第1期；熊伟：《地方债与国家治理：基于法治财政的分析径路》，载《法学评论》2014年第2期；李晓新：《试论地方政府债务的破产法律解决机制》，载《学海》2012年第6期；张力毅：《美国地方政府债务清理的法制构建及其借鉴——以〈美国破产法〉第九章地方政府的债务调整程序为中心》，载《北京行政学院学报》2014年第1期；王婷婷、范卫国：《财政责任视角下的地方债务治理：域外经验与中国路径》，载《经济体制改革》2016年第6期。

渡；而且，对地方政府权力也是一种约束和钳制，防止举债无度；另外，允许政府破产还建立了一道制度屏障，保护社会免受进一步侵害，防止地方债务长期陷入'无底洞'。"①虽然地方公法人团体破产制度在国外早已有成熟的立法，如美国已经有底特律（Detroit）城市、加利福尼亚州橘县（Orange County）政府等250多个地方政府破产案件，日本已有北海道夕张市政府破产等代表性案件，相关域外立法及其实践经验已经较为丰富，但囿于文化观念层面的差异，在现实语境下，要想确立我国的地方公法人团体破产制度，仍然是一种无法企及的奢望。作为学者，我们当继续呼吁，同时也要特别关注在缺乏公法人团体破产制度的背景下如何处理地方政府融资平台公司破产的困境。

企业破产制度已经建立并渐趋完善，地方公法人团体破产遥不可及，个人破产制度则应当成为我们努力的方向。我对个人破产制度的关注，源自多年来实证调研的认识。2013年我在调研中跟沿海地区的法院、管理人等专业人士进行交流，得知个人破产制度的缺失不仅造成个人债务困境无法得到解决，暴力逼债、抢先执行和哄抢财产的现象难以避免，更是影响到了企业主申请企业破产的积极性，严重制约了企业破产法的充分有效实施。我在调研中也了解到，社会上很多人还无法接受个人破产制度，因为在他们的观念中，个人破产就等于免责，而免责就等于逃废债务。

2017年我牵头的课题组承担了一个世界银行委托项目，对个人债务清理问题进行了较为系统的研究，让我对个人破产制度以及更广意义上的个人债务清理制度有了更深刻、更全面的认识。在此过程中，世界银行集团国际金融公司（International Finance Corporation，IFC）东亚和太平洋地区金融基础设施技术援助线负责人赖金昌，中国人民银行参事室副巡视员、国务院参事室金融研究中心秘书长张韶华，国家外汇管理局总会计师孙天琦，天津市金融工作局副局长武岳等经济学、金融学领域的专家好友开阔了我的思路和视野，赖金昌老师更是多次邀请我参加在西安、北京以及蒙古国等多地举办的经济学、金融学领域的国际研讨会，安排我就个人债务清理、个人破产立法和中国破产制度实施情况等议题作发言。2018年11月30日，我们课题组举办了"个人债务清理国际研讨会"，邀请了美国、加拿大、澳大利亚、新加坡等多个国家和地区的专家学者与会交流个人

① 佚名：《地方政府破产　不能殃及民众》，载《协商论坛》2014年第11期。

债务清理的庭外实践和立法经验,课题组在会后起草了《关于银行业金融消费者个人债务清理的指导意见(专家建议)》,并提交给有关金融监管部门参考。

随着我对破产制度研究的逐步深入,个人破产制度在我心目中的重要性也逐渐凸显,我越发感觉到个人破产立法刻不容缓,而消除社会上对个人破产制度的错误认识是推动立法进展的必经之路。为此,我曾在《光明日报》撰文呼吁:“个人破产法是‘鼓励创新、宽容失败’的法律制度”“个人破产法是塑造企业家精神的法律制度”“个人破产法是国家金融基础设施建设的应有之义”“个人破产法兼具公平偿债和重获新生的双重价值追求”“只有将个人破产与企业破产有机结合起来,才能充分发挥破产制度对于经济社会发展和文化理念更新的推动作用”。[①] 我在《中国审判》杂志上指出:“从长远来看,解决‘执行难’问题还需在完善企业破产制度的基础上,加快推进个人破产法的制定。”[②]我在最高人民法院司法案例研究院的内部刊物《执行专刊》中建言:“建议最高法院呼吁和推动个人破产立法,让执行与破产制度的衔接在更广范围内化解执行难和破产程序启动难的问题”。[③]

2018 年下半年,应国家发展改革委的邀请,我有幸参与了《加快完善市场主体退出制度改革方案》的文件起草和评估论证工作。在该文件的起草过程中,对于个人破产立法的问题,有过两种观点:一是分步建立个人破产制度;二是加快建立个人破产制度。我和王欣新教授认为,从立法时机上来看,个人破产立法所需要的配套制度已日趋健全,虽然仍有不完善之处,但可以通过启动个人破产立法来倒逼相关制度的加速完善。因此,我们坚持第二种表述即“加快建立个人破产制度”,并希望能够在文件中写入这样一段话:“密切关注和研究企业破产中的个人连带责任担保债务问题,以及个人消费过度负债的问题,加快完善统一财产登记制度和个人征信制度,规范催收债权行为,加快推进个人破产立法,实现个人债务的合理免责,为大众创业、万众创新提供制度保障。”《加快完善市场主体退出制度改革方案》最终确定的表述为:“分步推进建立自然人破产制度”;“研

① 徐阳光:《个人破产制度的人文关怀》,载《光明日报》2018 年 4 月 1 日,第 7 版。

② 徐阳光:《化解执行难问题亟需推动个人破产立法》,载《中国审判》2018 年第 13 期(总第 203 期)。

③ 徐阳光:《执行与破产程序之功能界分与制度衔接——深入推进“执转破”制度的建议》,载最高人民法院司法案例研究院刊物《执行专刊》,2018 年 10 月。

究建立个人破产制度，重点解决企业破产产生的自然人连带责任担保债务问题。明确自然人因担保等原因而承担与生产经营活动相关的负债可依法合理免责。逐步推进建立自然人符合条件的消费负债可依法合理免责，最终建立全面的个人破产制度”。虽然选择的是“分步推进”的模式，但可能已是当前环境下所能达成的“最大公约数”，不管怎样，该文件已经让我们看到了个人破产立法的希望。在文件发布之后，我撰写了几篇解读文章，分别在《经济日报》、国家发展改革委的官方微信公众号等媒体平台发布；我也曾密集地接受过《法制日报》《澎湃新闻》等近 10 家媒体的采访，个人破产制度几乎每次都是无法回避的问题。

根据《加快完善市场主体退出制度改革方案》，国家发展改革委、司法部、中国人民银行、中国银保监会等按职责分工负责“分步推进建立自然人破产制度”。国家发展改革委特别重视此项工作，于 2019 年 6 月发布《2019 年财政金融和信用建设司研究课题征集公告》，明确列示的研究方向之一就是“建立自然人破产制度问题研究”，最终委托了多个专家团队对个人破产立法问题进行研究并起草专家建议稿。

最高人民法院也非常重视个人破产立法问题。2018 年 10 月 24 日，最高人民法院院长周强向第十三届全国人大常委会第六次会议报告关于基本解决执行难工作时强调：“基本解决执行难”正处于攻坚克难、决战决胜的最后关键时期，也到了推动长远解决执行难问题的窗口期，并为此建议完善执行立法，推动建立个人破产制度，畅通“执行不能”案件依法退出路径。2019 年 2 月，最高人民法院发布《关于印发〈最高人民法院关于深化人民法院司法体制综合配套改革的意见——人民法院第五个五年改革纲要（2019—2023）〉的通知》，将“研究推动建立个人破产制度及相关配套机制，着力解决针对个人的执行不能案件”纳入五年改革纲要。2019 年 6 月 11 日，最高人民法院《关于深化执行改革健全解决执行难长效机制的意见——人民法院执行工作纲要（2019—2023）》（法发〔2019〕16 号）第 11 条规定：“开展与个人破产制度功能相当的试点工作，为建立个人破产制度打下实践基础”。最高人民法院不仅发文推动个人破产立法，更是指导浙江台州、温州两地法院开展了个人债务清理试点改革的探索，得到了海内外媒体的关注和报道。例如，英国《经济学人》杂志将台州第一例债务豁免的案例称为中国个人破产第一案。[①] 发展至今，苏州市吴江区人民法院、山东省高青县人民法院、浙江省遂昌县人民法院、广东省东莞市第一人民法院等，纷纷加入个人债务清理的司法实践探索队伍。

以上简要回顾可以让大家明白个人破产制度何以重要，我国官方立法规划中如何对待个人破产制度的构建，司法实践中如何来推动个人破产立法。而我自己对个人破产制度的认识也是在教学科研和调研中逐渐深化的，现将我本人2019年8月接受《法制日报》记者采访表达的核心观点摘录如下，以回应"为何关注个人破产制度"：(1)《加快完善市场主体退出制度改革方案》作为党中央国务院第一份写入"自然人破产制度"的文件，具有里程碑式的意义。一个国家完善的破产法律制度应该包括企业破产制度、个人破产制度、公法人团体破产制度。目前在我国，公法人团体破产制度虽然有很强的现实需求，但囿于观念原因，需要经历一段时间。但是我们一直在呼吁建立个人破产制度，因为个人破产制度不仅关系到我国金融基础设施建设，更是影响了企业破产制度的充分和有效实施。(2)《加快完善市场主体退出制度改革方案》对个人破产制度采取的是一种较为谨慎的态度。提出"研究建立个人破产制度"，是先要"研究"，然后再"建立"，虽然没有见到明确的时间表，但强调了建立个人破产制度的目标。方案所指的"分步推进"是从制度内容上来说的，先从生产经营负债开始，然后再涵盖个人消费负债，体现的也是一种谨慎的态度。(3)"分步推进"也是基于社会各界对个人破产制度尚存在较大分歧而作出的一种改革安排。个人破产制度包括规范功能与免责功能。规范功能是指在自然人陷入困境，通过启动破产程序，规范债务人财产处置、变价和分配行为，实现债务人财产价值最大化和债权债务的有序公平清偿。免责功能是指对符合条件的"诚实但不幸"的债务人，经过法定的程序之后依法予以免责。只有准确认识个人破产制度的功能，才能更好地理解和接受个人破产法，更好地推动个人破产立法。(4)针对个人破产制度的构建，我的核心观点：一是制定一部统一的个人破产法，普遍适用于商自然人和消费自然人；二是个人破产立法宜尽快推进，但不建议采纳个别地区先行试点的方式，而是应当在达成共识的基础上制定面向全国的统一的立法；三是个人破产所需要的配套制度事实上基本成熟，社会各界对个人破产制度虽然还有一些不同观

---

① See "China is Getting Tough on those who Fail to Pay Their Debts", *Economist*, May 30th 2019.

点，但与其等待观念的转变，不如通过启动个人破产立法，用市场化、法治化的破产审判司法实践来改变社会大众的认识，倒逼相关配套制度和机制的改革与完善。①

二、为何关注英国个人破产制度？

自2009年调入中国人民大学法学院任教以来，我连续10多年为本科生和研究生开设破产法课程，每年有两个月以上的时间在全国各地进行实证调研，发现企业破产法实施过程中有很多需要认真研究的真问题。我秉持从宏大叙事转入“小题大做”的研究思路，遵循以问题为导向的跨部门法跨学科跨领域跨行业的综合研究范式，依照自己的研究规划逐步开展针对性的课题研究。虽然平时对国外制度一直都有关注，而且在具体制度的研究中也免不了要进行一些微观层面的比较法研究，然而，我自己却没有想过要对域外的破产制度撰写专题著作，更没有想过要进行国别主题的研究。但有两个小事件促使了我关注英国个人破产制度并决定撰写这本著作。

2018年下半年，我接到了时任最高人民法院司法案例研究院院长钱晓晨同志（现为最高人民法院立案庭庭长）打来的电话，他当时兼任北京市破产法学会副会长，而且曾经在最高人民法院民二庭工作多年，推动了企业破产法司法解释的起草工作。他在电话中对我提出了一连串的问题：“为何个人破产制度在历史上远远早于企业破产制度出现，而我们现在企业破产制度出现了30多年，个人破产立法仍难以得到大家的认可？有没有可能专门研究一下个人破产制度的历史发展情况呢？”钱庭长的博学睿智我是了解的，他开阔的思路视野和丰富的实践经验总是能够带给我很多的启发。他问的我这连串问题，肯定是不好回答的问题。直到现在，我也很难说已经有了可以说服大家的理想答案，但正是因为这个电话和这一串有挑战性的问题，让我有了想写一本书来介绍个人破产制度的冲动，而且，这也是我在本书中专门花一章来探讨历史早期的个人债务清理规定，并费尽心思寻找历史文献来梳理总结英国478年来个人破产制度发展史的重要原因，要知道，这种制度史的研究是绝大多数英美学者都不太愿意花精力来

---

① 参见《遵循市场化法治化原则　健全市场主体退出制度——专家解析〈加快完善市场主体退出制度方案〉》，载《法治参考》2019年第16期（总第438期）。

做的事情。

2019年3月,我和张婷共同主编的《破产法茶座》(第3卷)正式出版,收入了一篇题为《个人破产免责与债务调整:美国及欧陆各国之经验》的文章,作者是美国约翰·马歇尔法学院(John Marshall Law School)的詹森·基尔伯恩(Jason J. Kilborn)教授,中文版由中国政法大学胡利玲教授和硕士研究生林周汪共同翻译。该文在"中国破产法论坛"官方微信公众号推送后,引发了大家的关注和好评,包括最高立法机关的朋友们,他们不仅联系我要了此文的英文原文,也问了一些我觉得在国内现有成果上难以找到完整答案的问题。个人破产的问题能够引起最高立法机关的关注,是很欣慰的一件事情,而作为学者,能够对立法机关关注的问题进行学理研究,并以学术方式助推国家的立法工作,无疑也是学者的使命和追求的体现。

以上两个小事件促使我开始系统地关注域外的破产制度,而在剑桥大学进行为期一年的访学恰好为我提供了研究英国破产制度的契机和条件。在收集英国破产法文献的过程中,我发现,英国虽然破产制度历史悠久,但破产法成为高校学者研究的重点问题,并不是很久以前的事情。正如英国学者所言,在不久的过去(大约30年前),英国绝大多数与法律行业不相关的人(甚至也包括一些从事法律工作的人)可能都没有听说过"破产"(insolvency)这个词或者不知道这个词的含义是什么。直到20世纪80年代,破产法才成为学术界论文写作的重要主题,开始出现在本科生和研究室的课堂中,在此之前,破产法即便受到关注,也主要是在商法模块中进行简单的介绍。而现在,许多大学都在商法课程体系中将破产法作为单独的主题来介绍,而不少大学更是将破产法作为本科生和研究生的选修课程,越来越多的硕士研究生和博士研究生开始撰写破产法方面的学位论文。在过去30年发展中,越来越多的法律从业者将破产法及其相关领域作为自己的执业专长,包括律师和会计师在内的从业者开始意识到,破产法对公司法、家事法、劳动法、银行法、财产法、消费者、环境保护法等众多法律领域产生了很重要的冲击和影响。自1986年以来,破产法也是政府关注的重要问题。①

英国目前专门研究破产法的学者并不多,大多都是在商法、公司法、法与经

① See Andrew Keay, Peter Walton, *Insolvency Law: Corporate and Personal*, 4 Edition, LexisNexis 2017, pp. 3 – 5.

济社会发展的研究领域中来关注破产法，由于英国没有部门法划分的框架的约束，所以，大家对破产法的研究其实是一种跨学科领域的综合性研究。根据英国朋友的推荐，加上我在剑桥大学法学院旁听《公司破产法》课程时获取到的文献资料情况，全英最具代表性的破产法著作应属牛津大学法学院罗伊·古德（Roy Goode）教授撰写的著作《公司破产法原理》（*Goode on Principles of Corporate Insolvency Law*），该书第 1 版出版于 1990 年。古德教授现已 87 岁高龄，作为英国商法和破产法的泰斗，其代表作《商法》（*Goode on Commercial Law*）和《公司破产法原理》无疑是商法和破产法领域的扛鼎之作。后者于 2019 年出版了第 5 版，由牛津大学法学院年轻的克莉丝汀·范·茨威顿（Kristin van Zwieten）副教授负责更新，这本书也是我在剑桥大学法学院旁听的《公司破产法》课程的首选必读书。此外，伦敦大学学院（University College London，UCL）伊恩·E. 弗莱彻（Ian E. Fletcher）教授撰写的《破产法》（*the Law of Insolvency*），利兹大学法学院安德鲁·凯耶（Andrew Keay）教授和伍尔弗汉普敦大学彼得·沃尔顿（Peter Walton）教授合著的《破产法：公司与个人》（*Insolvency law：Corporate and Personal*），伦敦政治经济学学院（London School of Economics and Political Science，LSE）凡妮·莎芬奇（Vanssa Finch）教授和兰卡斯特大学法学院大卫·米尔曼（David Milman）教授合著的《公司破产法》（*Corporate Insolvency law*）以及大卫·米尔曼教授独著的《个人破产法律、规制与政策》（*Personal Insolvency law，Regulation and Policy*），都值得有意关注英国破产制度的朋友们认真阅读。此外，鉴于英国现行破产法是以 1982 年发布的《科克报告》（*Insolvency Law and Practice：Report of the Review Committee*）为基础，该报告也是研习英国破产法必备之案头资料。整体来看，英国有关个人破产的专题性文献资料并不太多，大多数高校（包括剑桥大学法学院）的破产法课程主要也是围绕公司破产制度进行讲授，要想系统掌握和深入钻研个人破产制度，最可靠的途径还是自学。

我在阅读这些文献以及英国现行破产法立法文本的过程中，发现了英国个人破产制度一些特别有意思的问题。比如，英国为何敢于实施彻底的自动免责模式，并在 2002 年将免责期限由 3 年缩短为 1 年？英国为什么在 2016 年开始将所有债务人申请的个人破产案件都从法院移入破产服务局的管辖？实施了很长时间的刑事破产令为何要废止？R3 协会为何又不断呼吁重新恢复刑事破产令制度？2003 年废除的皇家税收优先权为何又要在 2020 年“逆势回归”？浮动抵押制度对破产制度产生哪些冲击?如何在税收优先权、浮动抵押权和普通债权之间进行平衡?英国的个人债务清理程序已经确立了破产清算加债务纾缓令、个人自愿安排的机制,为何还要致力于推出“喘息空间计划”?为何金融行为监管局(Financial Services Authority,FCA)会与个人债务清理产生如此紧密的关系?为何破产服务局至今未确立统一的破产行业管理机构而是由5家受认可专业实体(Recognised Professional Body,RPB)来管理?在阅读文献的过程中,我试图用一个系统的框架体系来观察和回答这些有趣的问题,并试图从中得出一些可资中国破产立法参考的域外经验,这些想法无疑也成为我撰写本书的直接动因。

三、如何关注英国个人破产制度?

理解英国的个人破产制度,应当将其置于个人债务清理的整体框架体系之中。英国现行破产法为《1986年破产法》(Insolvency Act 1986)。其中,“insolvency”在英文词典的解释为“无清偿能力”“破产”,实际上“insolvency”是我们中文语境中常说的广义上的破产,包括破产清算、破产和解、重整程序在内。以前的中文文献中,将“Insolvency Act 1986”译为《无力偿债法》或《资不抵债法》,其实是一种无法与中文语境对应的错误译法。

我们平常阅读的外文文献,有的用“insolvency law”表示破产法,有的用“bankruptcy law”表示破产法,对此,我们往往有这样的认识:“insolvency”和“bankruptcy”是同义词,都是指破产,但前者在英国常用,后者在美国常用。《布莱克法律词典》也是作这种解释。笼统来看,这种理解没有错,但具体到英国法上,这两个词却有着严格的区分。insolvency作为广义上的破产,包括了公司破产制度和个人破产制度。公司破产程序(insolvency)包括公司自愿安排(Company Voluntary Arrangement,CVA)、公司重整程序(administration)、公司接管程序(receivership)、公司成员自愿清算(members' voluntary winding up)、债权人自愿清算(creditors' voluntary winding up)、法院组织的公司清算程序(winding up by the court);个人破产程序(insolvency)包括个人自愿安排(Individual Voluntrary Arrangement,IVA)、债务纾缓令(Debt Relief Order,DRO)、破产清算(bankruptcy)。由此可见,“bankruptcy”在英国法上是绝对无法与“insolvency”画等号的,“bankruptcy”只是“insolvency”的一种程序形式,而且“bankruptcy”只限于个人破产而言,不出现在公司破产的语境中。

除《1986 年破产法》规定的各类程序之外,英国《1984 年郡县法院法》规定的管理令(在债务人有郡县法院或者高等法院判决的债务无法清偿的时候,向法院申请颁发令状对其财产进行管理以解决债务困境的制度)也是一种"insolvency"程序;即将于 2021 年推出的"喘息空间"计划(包括法定"喘息空间"和法定债务清偿计划)也是一种"insolvency"程序。简言之,英国的个人破产制度(insolvency)实际上包括破产清算(bankruptcy)、个人自愿安排、债务纾缓令、管理令、法定"喘息空间"计划,这些都是法定的个人债务清理程序。本书"附录 6:英格兰和威尔士年度破产案件数据统计表(2000 ~ 2019 年)"列举了破产清算、债务纾缓程序、个人自愿安排三种类型的破产案件年度数据,可以大致反映出这三项核心的法定个人债务清理程序各自的地位和作用。

与法定个人债务清理程序相区别的是非正式的个人债务清理程序,包括象征性支付计划(Token Payment Plan)、债务合并(Debt Consolidation)、债务注销(Debt Write-off)、与债权人的非正式安排(Informal Arrangement with Creditors)、全部一次性解决方案(Full and Final Settlement)、债务管理计划(Debt Management Plan),等等。这些非正式的债务清理程序受到金融行为监管局、财务咨询服务局(Money Advice Service,MAS)、债务管理标准协会(Debt Managers Standards Association,DEMSA)等机构的监管指引或行业协会准则的调整,可以在全英国范围内适用,有的可以起到冻结利息和费用的作用,有的还能实现债务减免或债务注销的目的,但所有的非正式程序都必须以自愿为原则,不具有法律强制执行效力。

个人债务清理程序的另一种分类:庭内程序与庭外程序。个人债务清理的非正式程序均属于法庭之外的程序,也就是说法院不会参与其中。个人债务清理的正式程序即"insolvency"涵盖的程序,基本都是庭内程序,但债务纾缓程序和法定喘息空间计划都是归属于破产服务局管辖的程序,法院不参与其中。这也是英国个人债务清理的特色之一,对于我们理顺政府与法院在个人债务清理程序中的职责分工,不无裨益,这也是本书在第八章、第九章专门介绍非正式的个人债务清理程序的重要原因。

以上是对英国个人破产制度及其债务清理程序的体系介绍。虽然个人债务清理的程序机制多元化特点十分明显,但破产清算程序的核心地位不容动摇。

本书在第四章强调,破产清算程序是整个个人破产体系中的“定海神针”,这是我在认真思考后下的结论。从历史来看,数百年的实践中,很长时期都是破产清算程序作为个人破产制度的全部内容,在现代经济社会发展中,确立了债务纾缓令、个人自愿安排、管理令等法定程序,作为破产清算程序的替代机制,但这些替代机制都以破产清算作为区分的对象,必要时可参照适用破产清算程序中的一些规定,而且都可以在法定情况出现时转入破产清算程序中。可以说,正是因为有破产清算程序摆在那里,其他程序才能够得以独立存在并且有效实施。因此,理解英国的个人破产制度必须首先弄清楚其中的破产清算制度,这也是我在临近定稿时决定将英国破产服务局最新修订的英国破产服务局《关于破产清算的指南》完整翻译并列为“附录1”的重要原因,这份指南可以为读者了解英国个人破产制度体系提供很好的阅读指引。

在程序运行中,行政职能和司法职能的区分十分重要,英国独具特色的破产管理体制在这方面提供了一种成熟的运作模式。本书在第三章详细阐述了各个参与英国个人债务清理的正式程序与非正式程序的代表性机构,并且对相关的行业协会和资格考试作了介绍,实际上就是想把英国的破产管理体制勾勒出来。英国破产服务局(也有学者译为“破产管理署”)是整个破产管理体系中的核心机构,而英国在破产程序中区分司法职能与行政管理职能的历史,则可以追溯到《1883年破产法》。在这么长久的历史发展中,破产管理机构和司法机构的关系发展虽已经相当成熟,但也会根据最新经济社会发展情况作出必要的调整。比如,为了减轻个人破产案件数量增加给法院带来的压力,英国修改破产法,自2016年4月6日起,债务人提出的破产清算申请(application),不再向法院提出,而是通过政府专门的网站入口提交申请,由破产服务局的审裁员来审查并决定是否颁发破产令。法院则只受理债权人或其他主体针对债务人提出的破产清算申请(petition)。此外,管理人的监督管理、破产程序中对债务人的调查、破产限制期间对债务人的监督和违法处理,以及在公司破产的情况下裁员带来的问题,都是由破产服务局来负责。

最后,我们还应当看到英国破产制度的历史因素。英国的个人破产制度不是一夜之间建成的,而是在近500年的历史演进中逐步确立起来的。因此,个人破产制度中的每一个具体的制度规则,都有着历史的渊源,其虽然经常会根据经济发展变化作出调整,但背后的原理和逻辑是要受到历史发展过程约束的。不仅如此,历史积淀下来的个人破产制度非常注重细节规则的设计。以破产限制措施为例,经年累月的立法积累,让破产限制令和破产限制承诺约束下的债务人在各个重要的方面都会受到任职资格的限制,这些不是破产法的逐项规定,而是体现在各个行业领域的立法之中,这也是本书附录3收入"破产限制令和破产限制承诺产生的84种受限情形"的重要原因,既是为我国个人破产立法中失权与复权规则设计提供参考,也是希望引起大家关注英国破产立法中的细节问题。理解英国个人破产制度的具体规则,必须以历史的、发展的眼光来看待宏观体系与微观规则,关注其在不同阶段的发展变化。总之,既要探索其起源,也要关注其走势,以避免出现一叶障目、断章取义的结果。

四、我们能学到哪些?

阅读英国的破产制度史,可以窥视出英国如何在立法演进中一步步确立起现代个人破产制度的基本要素,最终制定一部系统的法律。而通过对英国个人破产管理与行业监管的分析,可以让我们了解英国如何在个人破产实践中进行立法与行政、司法与行政之间的职责分工,如何在监管机构与破产从业者之间建立有效的传导和约束机制。长期以来,我们的破产立法过于关注美国法的经验,而美国个人破产制度的最早历史也是源于英国破产立法,但英国个人破产制度则至今仍与美国保持着较大的差异,为全世界关注和研究个人破产制度的国家和地区提供了一个有别于美国立法模式的参考范本。事实上,英国个人破产立法制度对澳大利亚、新西兰、新加坡以及我国香港特别行政区都产生了极深的影响。

我在本书的写作过程中,虽然内容取舍可以反映出我关注的问题点和兴趣点,但在具体制度的阐述方面,我注重的是客观呈现英国的个人破产和债务清理制度现状和发展逻辑,很少进行主观层面的评价。考虑到目前我国个人破产立法形势火热,对国外制度学习的需求较大,而中英两国在传统历史文化中对待破产制度其实具有很多相似之处,即都经历过对债务人欠债不还的法律制裁和制度文明的演进,因此,我尝试着在此自序中简单梳理一些可资学习的要点,以供理论界与实务界的同仁参阅或批判。

第一,我国的个人破产立法刻不容缓,需尽快启动立法进程。英国在早期将个人破产制度当作打击债务人欺诈逃债的工具,在后期尤其是《科克报告》确立了现代立法理念,将个人破产制度纳入整个国家信用体系和金融基础设施建设之中,强调为个人提供债务清理的程序,不仅是个人生存权的需求,还是金融安全保障和社会保障的制度需求。我国因为个人破产制度的缺失,既造成了企业破产法实施过程中企业主无法走出债务危机的困境,也导致了社会个人信用失真、信用修复机制欠缺和暴力催债与抢先执行现象不断的后果,并在一定程度上影响了个人的生存问题。

第二,个人破产立法必须坚持集体清偿与按比例分配的基本原则。英国自《1542 年破产法》开始,就确立了集体清偿和按比例分配的原则。英国早期的立法实践表明,欠缺集体清偿机制的债务救济制度必然会带来债权人争先恐后的执行竞赛,而确立集体清偿程序并采取按比例分配的原则,则可以更好地实现债权人之间的公平。中国目前的执行程序非常发达,而且引入了参与分配制度适用于被执行人为自然人和非企业法人的执行案件,但并非所有的债权人都能进入参与分配程序中依法受偿,参与分配事实上只是一种有限范围的公平分配,只有个人破产程序才是彻底的集体清偿机制。坚持集体清偿和按比例分配原则,还要求我们必须严格限制各种优先权的种类,除非法律有明确规定,否则不能随意增设优先债权类型。

第三,个人破产立法必须覆盖所有自然人,包括从事商业经营活动的自然人和纯粹的消费者。英国的个人破产制度史中,经历了长达 300 年之久的商人与非商人的概念区分和立法实践,不仅造成了法律实施中如何区分彼此的困惑,而且给个人破产制度无法涵盖的非商人带来了极大的不公正。中国目前的经济社会实践中,不仅从事商业活动的自然人(如企业主)存在强烈的个人破产需求,消费者因为疾病、灾难等原因造成的困境也迫切需要个人破产制度的救济。国家出台的《加快完善市场主体退出制度改革方案》提出“分步推进建立自然人破产制度”,实际上并非最佳的立法选择,不区分商业因素的统一立法才是发展的方向。

第四,个人破产立法必须对债务人的欺诈和逃废债务行为进行严厉的打击。英国的个人破产立法史,始终面临着债务人逃债与法律的制裁问题,最终以破产限制令和严厉的欺诈犯罪起到了有效的遏制作用,也督促了社会诚信意识的形成。中国的个人破产立法应当汲取经验教训,对于逃废债务的行为,要运用民事、行政和刑事措施以及资格限制的手段予以打击,避免个人破产程序沦为债务人逃废债务的工具。同时,在此过程中,也必须反映人类文明演进的成果,任何因债务问题而产生的监禁、过度的失权限制以及无法律依据的债务牵连,注定都是不合适的。

第五,个人破产立法必须为"诚实而不幸"的债务人提供重新开始的机会。英国的个人破产制度经历了较长时期的破产免责制度演进,最终确立了自动免责的制度,而且将自动免责的期限由5年缩短到3年并最终确定为1年,就是旗帜鲜明地要为债务人提供重新开始的机会。我国目前在"大众创业万众创新"的背景下,个人破产免责制度意义尤为重要,虽然由于诚信状况的差异,可能暂时无法接受自动免责的模式,而适宜采取许可免责的原则(但免责前的破产限制期限不宜过长),以更好地发挥个人破产制度"鼓励创新宽容失败"的理念,在不造成市场信用受损的前提下发挥个人破产制度激活经济活力的功能。如有学者所言,"一个社会是否宽恕它的债务人,如何宽恕或不宽恕,是一个具有经济和法律后果的问题,也触及了社会价值观的核心"。①

第六,个人破产立法应当注重司法职能与行政管理职能的合理分工。英国个人破产制度运行成功的一个宝贵经验就是,司法机关主要负责对个人破产中的法律争议问题作出裁判,破产财产管理和破产从业者的管理都由破产服务局来负责,这也是英国能够每年消化12万多件个人破产案件的重要保障。我国的企业破产法实施过程已经表现出了这方面的问题,法院在破产案件审理中担负起很多司法外的职能,我国目前的府院联动机制和管理人协会组织也在一定程度上调和了司法与行政的紧张关系,但法院仍然不堪重负,即便在府院联动机制较为健全的地区,也存在职能交错重叠的不合理现象。因此,个人破产立法必须汲取教训,对破产程序中的司法职能与行政职能进行合理的区分,并作出妥当的安排。但是能否借鉴英国模式设置我国的破产服务局?我觉得这是一个有待深入论证的问题。英国破产服务局的成功运作,与政府法定职责清晰明确和司法机关拥有极高权威的环境背景密不可分,欠缺这些环境因素,即便设立了破产服务局也可能难以协调好关系,甚至还可能出现"掣肘"之危机。

第七,个人破产立法应当构建多元化的债务清理机制。目前个人破产法备

① See Bruce H. Mann, *Republic of Debtors: Bankruptcy in the Age of American Independence*, Harvard University Press(2002), p. 2.

受关注的主要是破产清算制度,而类似和解与重整的程序机制也应当一并考虑,甚至司法内的正式程序与司法外的非正式程序也应当协调配合。因此,个人破产立法应当确立破产清算、和解与重整相结合的程序类型,既是满足不同资产负债结构的债务人的需求,也是贯彻成本效益原则,实现案件繁简分流的重要制度保障。

第八,个人破产立法必须考虑破产服务市场的培育和监管问题。英国个人破产制度的成功实践,离不开既充满竞争而又受到严格监管的破产服务市场,受认可专业团体和破产从业者在专业能力建设和行业自律方面都有着成熟的机制,即便是以机构中的个人作为破产管理人,也可以很好地服务和保障破产程序的有效进行。我国的个人破产立法,应当注重在我国《企业破产法》实施 10 多年的经验积累上,尽快培育一支可以为个人破产提供服务的管理人队伍,激活个人管理人名册,推动破产服务市场朝着专业和竞争的方向发展,本书“附录 4:英国《破产职业伦理准则》”可以成为我国破产管理人行业规范发展的参考。

第九,个人破产立法必须和个人债务清理的庭外机制构建相结合。完善的个人债务清理机制应当包括以个人破产程序为核心的正式机制和在法庭之外依靠私法自治原则来推动的非正式程序。英国以债务管理计划为核心的非正式清理程序为陷入债务困境的债务人提供了有效的救济途径,而且,金融行为监管局监管之下的债务管理公司、债务管理标准协会,确立了一系列的债务咨询管理的规则与守则,有效地培育和促进了债务咨询管理行业的健康发展,与破产从业者行业相得益彰互为补充。我国个人债务清理的庭外机制和庭内机制都极为欠缺,为债务人提供咨询管理服务的市场才刚刚起步,代表债权人进行债务催收的中介行业亟待规制,而行业管理标准十分匮乏,这些都是金融监管制度改进和债务清理机制构建中应当关注的内容,应当注重庭内与庭外机制的建立健全,本书“附录 5:《债务管理标准协会行为守则》”可以为我国庭外非正式程序的构建和债务咨询管理服务市场的发展提供有益的参考。

第一章　制度渊源:破产制度演进简史

破产制度总是备受关注却又时常引发争议。对破产持批评态度的人,总是提出一些新奇的观点,总让人觉得“破产是一种新发明”。实际上,破产是一项古老的法律制度。考察破产制度或者说债务清理制度的历史渊源可知,尽管很多破产法的重要变革都是在近代的历史中发生,但人们和家庭在沉重的债务负担下受苦并不是什么新鲜事。尽管很多人认为破产制度是意大利在中世纪为了回应无力偿债的商人而发展起来的,但也有人将破产制度的历史追溯到了古罗马时期的立法,事实上,“债务清偿”概念与“文明”的概念一样历史悠久。从迄今发现的人类最早的成文法典——古巴比伦的《汉谟拉比法典》到古希腊城邦的规定和古罗马《十二表法》的立法,从久远的宗教教义到官方法律文本,我们都能看到关于个人债务清理的规定,都能追踪到个人破产制度的历史踪影。本章首先对古代立法中的个人债务清理规定作简要描述,然后重点梳理英国个人破产制度的480年简史。

一、历史文献中的个人破产立法踪迹

有学者指出,古代的阶级关系往往体现为债权人与债务人的关系,在共和罗马的头200年,贵族与平民的激烈阶级斗争就是如此。[①] 这种关系的悲剧性结果最终体现在破产程序上，基于此，古代立法往往都有自己的破产制度。[②] 我们不妨透过古巴比伦、古希腊、古罗马以及宗教教义中的规定，来窥探历史最早期的个人债务清理的文本痕迹，寻找个人破产制度的历史雏形。

（一）古巴比伦王国《汉谟拉比法典》的偿债规定

公元前 18 世纪，巴比伦王国第一个王朝的第六个国王是我们熟悉的汉谟拉比（Hammurabi），他统治的时期为公元前 1792 年至公元前 1750 年。在此期间，他不仅扩大到了巴比伦帝国的版图，更是制定了迄今所知的人类最早的法典——《汉谟拉比法典》（Hammurabi's Code of Laws）。对经济关系的调整和对债务问题的处理是《汉谟拉比法典》的重要内容。当时“债”的主要形式是契约（此外还有侵权行为之债），契约有买卖、借贷、租赁、承揽、寄存、合伙、雇佣等表现方式。为了缓和社会矛盾，稳定经济秩序，《汉谟拉比法典》对高利贷作了限制。[③]

《汉谟拉比法典》第 117 条规定，如果债务人订立借贷契约后不能清偿到期债务，并由此出卖自己、妻子、儿子和女儿来赚钱还债，或者是被逼强迫劳动（成为债务奴隶），他们要为出钱买他们的人或者是他们的主人（proprietor）劳动 3 年，他们在第 4 年应当被释放。该法典第 119 条规定：“如果一个人负有债务，因而卖掉了他的为他生有儿子的女奴，那么奴主可向塔木卡（商人）交出塔木卡（原来）给他的银子，赎回他的女奴”。[④] 这两条规定的内容是在债务人无法偿债的情形下，以债务人家属的“劳务”和准家属的“人身”承担责任。

（二）古希腊时期的债务清理制度

在古希腊时期，并不存在破产制度。如果一个人欠了钱无法偿还，他和他的妻子、孩子以及仆人，都将成为债权人的“债务奴隶”，直到通过他们的身体劳动弥补了债权人的损失为止。古希腊的许多城邦规定，债务奴隶的期限最长为 5 年，而且债务奴隶的人身受到保护，这是其他奴隶所不能享受的。然而，债务人

① 参见徐国栋：《论罗马平民争取权利的非暴力不合作斗争——对平民的 5 次撤离的法律解读》，载《清华法学》2013 年第 3 期。

② 参见徐国栋：《罗马破产法研究》，载《现代法学》2014 年第 1 期。

③ 参见何勤华：《立法史上最完整的成文法典》，载《法制日报》2016 年 2 月 3 日，第 10 版。

④ 《汉谟拉比法典》，杨炽译，高等教育出版社 1992 年版，第 66 页。

的仆人可以被债权人保留到最后期限,而且常常被迫终生为他们的新主人服务,条件也通常要苛刻得多。

以雅典城邦为例,雅典农民的境况极其艰苦,借了财主的债若还不清,财主就在借债者的土地上竖起债务碑石,借债者就会沦为"六一农",他们为财主做工,收成的5/6给财主,自己只有1/6。如果收成不够缴纳利息,财主便有权在一年后把欠债的农民及其妻、子变卖为奴。然而,这一切都在公元前594年发生了巨大的变化。新上任的首席执政官梭伦启动了重要的立法改革,颁布了旨在打击没落氏族贵族、促进奴隶制经济发展的法律"解负令":由于欠债而卖身为奴的公民,一律释放;所有债契全部废除,被抵掉的土地归还原主,因欠债而被卖到外邦作奴隶的公民,由城邦拨款赎回。梭伦还宣布废除"债务奴役制",这表示未来不再有因欠债被纳为奴仆的事情发生,或者说,债务人的人身不再是偿债的保证。这些改革措施还溯及既往,给予所有过去因债务沦为奴隶的雅典人以人身自由,即便已经因债务被卖到海外的雅典人,梭伦也努力为他们讨回自由。① 用历史的眼光来看,梭伦改革非常了不起,不管改革出于怎样的背景和动机,废除债务奴役制是人类文明史上的伟大进步。

(三)古罗马时期破产法的形成

一位美国法学家指出:"我们今天所知道的破产法,就像我们的大多数立法一样,它是几个世纪以来发展和演变的结果。我们在探究破产制度的演变历史时,如同探索其他的司法话题,都会被引导回到英国,并穿过中世纪的欧洲,直到著名的《查士丁尼法典》。但是,即使在那里,也找不到制度的发端,我们被带领着走过凯撒的统治,直到生机勃勃的罗马共和国的黎明时分。从这一早期历史开始,我们将追寻着罗马破产法,因为它在共和国和早期帝国缓慢演变;我们将研究它,因为它最终被写入了《查士丁尼民法大全》(Corpus Juris Civilis)。"②这段话很形象地告诉我们,破产制度历史悠久,古罗马立法中有很多关于破产制度的内容。

徐国栋教授对古罗马时期的个人债务清理制度进行了专门的研究,他认为,"破产的本质是到期不履行债,所以,有什么样的债的概念,就有什么样的破产

---

① 参见韩伟:《梭伦的法治改革》,载《人民政协报》2016年5月3日,第12版。

② Roland Obenchain, "Roman Law of Bankruptcy", *Notre Dame Law Review*, Vol. 3(1928), p. 169.

法。"[①]古罗马关于债的概念,经历了"债务口约"(nexus)到"债"(obligatio)的演变,而立法也经历了从《十二表法》(Law of the Twelve Tables)到《关于债奴的佩特流斯和帕皮流斯法》(Lex Poetelia Papiria de nexis)的转型。在此过程中,古罗马关于债务清理和执行的制度,从财产拍卖程序发展出了财产让与程序,为人类历史上的破产制度发展做出了重要的贡献。

1.《十二表法》与债务口约(nexus)概念的执行

古罗马最早采用的债的概念是"债务口约"(nexus),在债务口约的订立过程中,当事人要说这样的套语:"若某某债务人到期不将某款项归还,应将他收为奴隶,使役之、出卖之、杀戮之。"[②]

古罗马在约公元前450年制定的《十二表法》,第三表为"执行",规定的主要内容如下:(1)对于自己承认的债务或对法院判决的结果,授予30日的恩惠期。(2)此后,实行拘禁。将债务人带到长官前。(3)此时如债务人仍不执行判决,或无人在长官前为他担保,则原告将他押至家中,拴以重量不轻于15磅的铁链或脚镣;如果愿意,可以加重分量。(4)债务人在拘禁期间,可自备伙食;如不自备伙食,则束缚他的人应每日供给二粒小麦1磅。如果愿意,可以加量。(5)双方有权达成和解,如果未达成和解,受判处者要受60日的羁押。在此期间,他应在3个连续的集市日被牵至大会场执政官面前,并被当众宣布所判定的金额。在第3个集市日,对其实行死刑,或把他卖于台伯河(Tiber)对岸的外邦。(6)到了第3个集市日,应将之切成块,块大或块小,都不算诈欺。[③]

对于《十二表法》上述内容的评价,我们可以从三个方面来分析。首先,从破产制度发展历史来看,上述条文(尤其是第6条)隐含了多个债权人对破产人尸体的分配以及债权人平等原则,出现了破产制度集体清偿的雏形。王欣新教授亦认为,《十二表法》的上述规定表明:"对债务人丧失清偿能力时债务的公平偿还问题,已经纳入法律调整的范围,破产法开始萌芽。"[④]其次,从债务执行的文明史角度分析,债务人是以他的人身作为债的担保,尽管很残酷,但相较于《汉谟拉

---

① 徐国栋:《罗马破产法研究》,载《现代法学》2014年第1期。

② 周枏:《罗马法原论》(下册),商务印书馆1994年版,第664页。

③ 参见徐国栋:《〈十二表法〉研究》,商务印书馆2019年版,第136~146页;徐国栋、阿尔多·贝特鲁奇、纪慰民译:《十二表法新译本》,载《河北法学》2005年第11期。

④ 王欣新:《破产法》(第4版),中国人民大学出版社2019年版,第19页。

比法典》的规定,《十二表法》尚未把债务人的家属的人身作为债的担保,属于"残酷中的人道"。[①] 最后,分割尸体的规定虽然残酷,但重在威胁,实际上很少实施。据考证,当时罗马人将负债不偿视同盗窃,而债权人的扣押尸体,乃是对债务人亲属的严重压力。因为罗马人视亡魂为神明,债务人尸首不能如礼安葬,则亡魂便不能安神天国,必怨而降祸于其亲属。亲属惧祸降及其身,自必多方设法代为偿债。[②] 徐国栋教授亦指出:分割实体有何意义？债权人拿着一块易腐的尸块有什么用？答案是以宗教制度威慑债务人的亲友代为偿债。因为按照罗马人的"安魂"观念,被交出了尸体的人不能得到葬礼,分割破产债务人的身体或者尸体,意味着剥夺其葬礼权,这是一种严重的宗教(魔法)制裁。迫于这一压力,债务人的家人和朋友会尽力为其还债,否则会影响他们在那边的命运,而且听任亲属朋友如此的人会受到破廉耻的人间惩罚,因此,他们会与债权人缔结和解避免之,这种威慑力使这一条文从来没有被实施过。[③] "法律上的这种规定,并不意味着实践中的普遍盛行。据学者韦伯格的考证,在无力清偿债务的债务人当中,除了地痞流氓、无赖之徒在债权人于集市上开庭呼喊时无人救助而最终受到严刑峻罚以外,多数平民债务人若确实因天灾人祸等意外事件而无力偿还债务,最后总是会有亲戚朋友或社会慈善人士出面慷慨解囊,代为清偿,将债务人从极端的困厄中解救出来"。[④]

由此可见,对债务人的处死分尸,一方面,反映出对多数债权人的公平分配;但另一方面,可能也是古罗马时代制约债务清偿的一种有效方法。

2.《关于债奴的佩特流斯和帕皮流斯法》与债(obligatio)概念的出现

公元前326年,罗马参议院制定了《关于债奴的佩特流斯和帕皮流斯法》,该法废除了债奴制度,解放了所有的债奴,从而使罗马法中的债不再以债务人的躯体作为承担责任的保证,实现了是对罗马人用财产执行取代人

---

① 徐国栋:《罗马破产法研究》,载《现代法学》2014年第1期。

② 参见周枏:《罗马法原论》(下册),商务印书馆1996年版,第869页。

③ 参见徐国栋:《〈十二表法〉研究》,商务印书馆2019年版,第144~145页。

④ 汤维建:《破产程序与破产立法研究》,人民法院出版社2001年版,第5页。

身执行的转变。[①] 有学者指出:对于罗马平民来说,这像是自由的开端,因为除了犯了某些罪行、仍在服刑的人外,任何人不应受到束缚或监禁,所欠的钱款应当用债务人的财产而不是躯体来偿还。[②] 该法的出台也意味着人格利益优先于经济利益的规则终于被确立起来。债务人和债权人之间的斗争是共和罗马最初2个世纪社会发展的主旋律之一,而《关于债奴的佩特流斯和帕皮流斯法》的颁行无疑是债务人胜利的成果,即平民与贵族斗争胜利的成果。[③]

然而,但这样的转变抽空了"nexus"制度的基础,所以,《关于债奴的佩特流斯和帕皮流斯法》必然要导致新的债的概念"obligatio"的出现。"obligatio"最早由盖尤斯在其161年前的《论日常事物》或《金言集》中使用,只有约束人们依据城邦的法律为给付的含义,已经没有人身责任的内涵了。[④] 债的这种概念正是破产法的基础。

3. 拍卖财产制度与强制性破产程序

公元前2~3世纪,古罗马创立了拍卖财产(bonorum venditio)的制度,是由裁判官在财产占取(missio in bona)制度的基础上发展而来。财产占取制度是裁判官授权原告对逃跑的未履行债务的被告的全部财产实行占有,以督促被告参加证讼程序,以便诉讼能继续进行。因为占有的原告并不具有出售财产的权利,

---

① 该法的颁布过程被历史学家记载如下:公元前326年,有个叫普布利乌斯的少年因父亲欠债沦为帕皮利乌斯的债奴。尽管普布利乌斯的年龄和长相只能引起人们的怜悯,但是它们却使帕皮利乌斯欲火中烧,干出了伤风败俗的勾当。他认为普布利乌斯的年龄和姿色可以补偿他的贷款利息,于是先用猥亵的言语勾引这个少年,然后开始威胁恐吓他,并且不断提醒他所处的地位。最后,当他看到这个少年向往自由更甚于满足他眼下的处境时,便下令剥光少年的衣服,用鞭子死命地抽打一顿,然后抛到了大街上。备受摧残的少年向人们诉说高利贷者的淫欲和残忍,群众愤怒了,一部分出于对少年的怜悯,一部分是联想到了他们自己和他们的孩子的处境。人们冲进广场,又从广场上成群结队地涌向库里亚会场。突如其来的骚乱迫使执政官召开元老院会议。当元老们来到库里亚会场时,人们跪倒在每一个元老面前,把少年那鲜血淋漓的背脊亮给他们看。就在这一天,债务奴役的锁链由于一个人的肆虐而被打碎了。执政官受命向人民宣布,除了尚未受到惩罚的真正的罪犯外,对任何人都不得施以枷锁禁闭。所欠债务应以债务人的财产而不是以其人身作抵偿。就这样,遭受债务奴役的人被释放了,并且禁止今后再搞债务奴役。参见巫宝三:《古代希腊、罗马经济思想资料选辑》,商务印书馆1990年版,第257页及以下。

② 参见[意]彼得罗·彭梵德:彭梵得:《罗马法教科书》,黄风译,中国政法大学出版社2005年版,第270页。

③ 参见向东:《"物保"概念的演进—— 基于罗马法的考察》,载《私法研究》2016年第2期;徐国栋:《罗马破产法研究》,载《现代法学》2014年第1期。

④ 参见[意]朱塞佩·法尔科内:《义务和法锁:追溯债的经典定义之起源》,齐云译,载徐国栋主编:《罗马法与现代民法》(第6卷),厦门大学出版社2008年版,第96页。

拍卖财产制度就给了占有的原告这个权利。它是在有多数债权人的情形，裁判官应一个或多个取得占有的债权人的请求授权他们占有债务人财产到一定期限，期满后，授权债权人会议选出一个财产托管人负责编制拍卖计划、债权和债务的状况以及拍卖的条件，然后拍卖财产给出价最高者。买受人接替债务人的法律地位，在规定的期间内对债权人履行债务的制度。裁判官要为待拍卖的财产任命一个保佐人（curator bonorum）。他代表债权人的利益，可以提出撤销诈害行为之诉。财产拍卖制度在有的时候名义上是个人破产的法律形式，实际上可能构成对企业破产的法律调整。①

拍卖财产制度适用于8种案型：(1)被判处为将来的审判提供证据却不为自己辩护的人；(2)依法让与财产的人；(3)与未成年人订立合同且不以自己的名义为自己辩护的人；(4)为诈欺目的隐藏起来的人；(5)不出面应诉的人以及远离罗马或诉讼地又无代理人的人；(6)没有继承人的人；(7)继承人被怀疑不能遵从裁判官提供保证的命令的情形，提供了出庭担保但后来未出庭的人，被自权收养的人和归顺夫权的人的财产；(8)受死刑判处的人。这8种案型并非都为了解决破产问题，只有第(2)种和第(7)种肯定是，第(6)种可能是，即在遗产破产的情形是。所以，拍卖财产制度与破产制度只是相交而不重合。不幸的是，财产拍卖制度消除涉案人的总体财产，从而导致其人格破灭。且导致"破廉耻"，也就是从社会中开除，被排斥担任许多公职的可能。西塞罗更形象地说，破廉耻就是从人的清单上被擦掉。对于有身份的人来说，遭受破廉耻者要去掉金指环（骑士阶级的标志）和其他一切等级标记。之后，财产零卖（bonorum distractio）制度对于财产拍卖制度进行了改进，它不要求拍卖涉案人的全部财产，而只拍卖其中的一部分，应该是能满足债权的部分。这样，债务人的总体财产没有丧失，其人格得以保留，没有破廉耻的结果。财产零卖最初是原则中的例外，它意味着一项特权，适用于元老阶级成员和未成年人。这样，尊者和未成年人得到了保护。后来，其适用范围逐步扩张，最后取代了财产拍卖制度。财产零卖制度对未成年人的保护蕴含着允许跌倒的人重新开始的理念，以及不把破产看作犯罪行为的理念，这些恰恰是现代破产法的理念。② 当然，无论是财产拍卖还是财产零卖程序，都属

---

① 参见徐国栋：《罗马破产法研究》，载《现代法学》2014年第1期。

② 同上。

于强制性的破产程序。

4. 财产让与制度与自愿破产程序

公元前46至公元前45年《关于财产让与的优流斯法》颁布,罗马法进入了自愿破产程序的阶段。《关于财产让与的优流斯法》允许债务人自愿将其全部财产让与给债权人,从而避免任何人身性措施(如强制执行)并避免破廉耻。该法还允许破产债务人在能够证明自己遭受不可抗力事件而财产毁损时,减少其财产让与的额度。财产让与制度最初只适用于罗马,后来被其名字已不可考的皇帝推广到行省;财产让与制度最初只适用于私人之间的债务,后来戴克里先和马克西米利安把这一制度推广到对公家的债务。

财产让与制度的适用条件:一是债务人必须诚信让与其全部财产,并且不能以诈欺手段获得贷款,由此换得的回报是在破产程序结束后获得责任的免除。一旦发现破产人有诈欺行为,他获得的责任免除将被取消。一旦被查实破产人实施了诈欺,财产让与失效。二是债务人遭受了灾厄,也就是遭遇了船难、抢劫、火灾等情形。换言之,没有遭遇灾厄而支付不能的债务人不得利用这一制度。三是让与人按照程式制作一个申明,表明自己让与自己的全部财产给债权人的意愿。这是财产让与制度的自愿性的体现。①

财产让与制度至少在以下三个方面对罗马法进行了创新:一是在强制破产的基础上发展出自愿破产;二是放弃破产惩罚论,宁愿把破产看作一种解决危机的手段,由此免除了对破产人的破廉耻处罚;三是把破产法独立化。财产拍卖是破产法与其他法共用的一个程序,而财产让与制度是专门的破产程序。罗马法中的财产让与制度是流行于欧美的为了债权人利益的全部财产让与(assignment)制度的蓝本,以这个蓝本为基础,发展出了现代破产法。由于这些创新以及它与现代破产法的极为接近,把恺撒的《关于财产让与的优流斯法》看作现代破产的始祖,并不夸张。②

当然,罗马法对破产制度的贡献还包括其立法中对遗产破产、银行破产、特有产破产、返还嫁资的丈夫破产、受敬畏者破产等情形所作的规定,都对人类破产制度的发展产生了深远的影响。立陶宛米科拉斯罗梅里斯大学法学院的学者

---

① See Theodor C. Albert, "The Insolvency law of Ancient Roman", *California Bankruptcy Journal*, Vol. 28, No. 3. (2006).

② 参见徐国栋:《罗马破产法研究》,载《现代法学》2014年第1期。

研究指出,罗马法律制度中的债务人债权人关系法以及执行程序揭示了破产程序的最早历史标记,也反映出了破产程序的基本原则,其为全球破产程序的发展所做的贡献可以重点归纳为以下九个方面:(1)以财务责任替代人身责任;(2)公开拍卖作为债务人财产变现的一种方式得以出现;(3)从财产整体拍卖制度到财产零卖制度的转变;(4)出现了在宣誓不寻求私欲的情况下承担债务人财产拍卖工作的主体;(5)建立30日的债务宽限期(债权争议解决程序);(6)建立"通知"的制度,将债务人的债务追收程序启动的信息告知债权人,并邀请他们加入该程序中来;(7)禁止从债务人的家用设备中获得清偿;(8)债务人和债权人之间的和平解决(peace settlement)机构的起源;(9)确立保罗诉权(actio pauliana),作为保护债权人的一种方式。①

(四)宗教教义中的债务清理安排

《圣经》对破产的界定:一个新的开始。《圣经》第2卷《出埃及记》(Exodus)中,不允许对贷款收取利息(第22章,第25~27节)。在《圣经》第15卷《申命记》(Deuteronomy)中,第15章的前两节给出了具体明确的指示,每隔7年,任何债务都将被完全免除,为那些负债的人带来一个自动的、全新的开始。在犹太教(Judaism)和圣经《律法》(Torah)或者基督教《旧约全书》(Old Testament)中,摩西律法(Mosaic Law)规定,每一个第7年为安息年(Sabbatical Year),在这一年,犹太社区成员(不包括异教徒 gentiles)所欠的所有债务都依法强制免除(release),第7个安息年之后即第49年之后的一年,是一个称为"五十年节"或"禧年"的安息年(Year of Jubilee),在这一年,犹太社区成员以及外国人的所有债务依法免除,所有的债务奴隶也都依法释放(release)。以色列人每到第49年的七月初十,也就是赎罪日那天,遍地吹号,提前宣告禧年的到来。

在伊斯兰《可兰经》(Quran)中,一个无力偿债的人被认为是可以有宽限的时间来偿还债务的。《可兰经》第2章第281节记载道:"一个人如果有困难,让他有喘息的机会,直到他轻松的时间到来为止。但如果你知道,你慷慨地给予(如自愿免除债务人的债务),这样对你更好。"伊斯兰破产法的基本理念来自《可兰经》的思想,而在伊斯兰破产法以及整个伊斯兰教法中,最核心的原则就是社会

---

① See Stasys Velyvis, "Vilija Mikuckiene, Origin of Bankruptcy Procedure in Roman Law", *Jurisprudence*, 2009,3(117),pp. 285 -297.

责任与慈善(social responsibility and charity)。伊斯兰破产制度的两个基本要素:一是公平对待债务人,避免对因经济困难而无力偿债的债务人施加惩罚;二是没有债务免责的对应概念。这个严厉的规定貌似与慈善的规则不一致,但实际上这是穆斯林被引导去履行他们的义务和承诺这一事实的自然延伸。美国学者的研究表明,在《可兰经》指导下的伊斯兰破产制度较为发达,伊斯兰合作组织成员国的立法者都希望能够借助丰富的伊斯兰法学体系,根据经济衰退和现有国家破产法的缺陷,对其现行破产法进行重新评估。尽管 21 世纪的客观经济、社会和政治环境都发生了很大的变化,但从丰富的伊斯兰法律传统中汲取营养,破产制度仍有适应当前情况的内部演变和改革的巨大空间。①

二、英国个人破产立法 478 年简史

英国的个人破产制度自《1542 年破产法》诞生到《1986 年破产法》的确立及其后续立法改革,经历了 478 年的历史演进与实践发展,破产法在此过程中被迫适应着不断变化的经济条件和有关社会公正的新看法,一些代表性的立法文本也注定成为历史的重要记载。

(一)《1542 年破产法》:首次引入按比例分配原则

英国个人破产制度起源于最早期的普通法。虽然中世纪的商人法承认破产制度,并借用了古罗马法律中的“放弃财产”(*cessio bonorum*)制度,但现代意义上作为对债务人财产进行收集和变现并在债权人之间按比例分配(*pari passu*)的正式意义上的破产制度,则是最早通过《1542 年破产法》(Bankrupts Act 1542)确立起来的。《1542 年破产法》是亨利八世(Henry Ⅷ)时期英国议会颁布的一部法律,收入“公法”(Public Law)第 34 编和第 35 编,又名《针对破产人的法案》(An Act against such Persons as do make Bankrupt)。② 学者基本公认,这是英美法中的第一部破产法。

《1542 年破产法》是亨利八世时期立法的典型代表,和都铎王朝的许多其他法令一样,这是一份冗长的文件,序言冗长,充满了帝国时期的浮夸言辞;注重细节,充满了例外和保留条款。该法在其极为冗长的序言(preamble)中谴责债务人

---

① Abed Awad & Robert E. Michael, “Iflas and Chapter 11: Classical Islamic Law and Modern Bankruptcy”, *The International Lawyer*, Vol. 44, No. 3 (2010), pp. 975 – 1000.

② 34 & 35 Henry Ⅷ, c. 4.

欺骗债权人的行为，指示有关当局带走债务人及其所有资产，按照债权人的金额和相应的比例分配债务人资产售卖后获得的金额。该法在序言中写道：各式各样狡猾的人，从债权人手中获得大量的财物，然后逃跑、藏匿，或者保有自己的房子，不想着清偿任何债务，却随心所欲地消耗着从债权人那里得到的财物，为了自己的快乐和精致生活，违背了一切理性、公正和良知。大法官（Lord Chancellor）应当有权依据本法案，对这些人的人身采取监禁措施，或者对其个人财产进行扣押然后出售，以用于对上述债权人的清偿，满足债权人的需求，在分配时，根据债务的数额，在债权人之间按比例进行分配。因此，这部法律在英美法史上首次将按比例分配原则引入立法中。

英美学术界认为，《1542 年破产法》的最大贡献就是确立了"按比例分配原则"，这也是现代破产制度中财产分配的核心原则。[①] 此外，将债务人财产进行汇总和变现，以及为了全体债权人的利益而管理和分配破产财产，这是现代破产法的两个重要特征，也都能在《1542 年破产法》中找到渊源。[②]

《1542 年破产法》在当时的社会环境中得以出台的一个重要原因是，英国的普通法（common law）未能为债务追收建立起一套充分有效的制度。在当时的英国法下，债权人可以根据资信令状（writ of *capias ad satisfaciendum*）的要求，扣押债务人的人身或者资产，但不能两者同时为之。监禁债务人事实上并不是普通法的创造，而是一种成文法的表现，可以追溯到 1263 年。就扣押资产而言，其指导原则是"先到先得"，这一表述成为确定优先次序的准则。普通法上的执行程序（如执行令状或债务人财产扣押令）只适用于土地或有形资产的情况，缺乏这类硬资产的债务人也就成为主要的监禁目标。在当时的立法现状下，债权人普遍认为，国家更感兴趣的是看到债务人被惩罚，而不是为债权人提供一套有效追收债务的机制，然而，这种简答粗暴的自助制度并不利于良好公共秩序的形成。[③] 因此，建立一套债务人财产集中管理和债务集中清理的破产制度成为一种客观需求，这也是《1542 年破产法》的立法背景。

---

① See Kristin van Zwieten, *Goode on Principles of Corporate Insolvency Law*, 5th student edition, Sweet & Maxwell (2018), at 1 - 10, pp. 9 - 10.

② See Louis Edward Levinthal, "The Early History of English Bankruptcy", *University of Pennsylvania Law Review*, Vol. 67 (1919).

③ See David Milman, *Personal Insolvency Law: Regulation and Policy*, Ashgate (2005), p. 6.

从现代破产法意义上来看,《1542 年破产法》除了确立了对债务人财产进行归集和为全体债权人利益管理破产财产,以及引入了按比例分配的原则之外,在其他方面并没有太多的改进,因为该法案的目的是打击逃避债务的行为,制定生效的法律被明确地设计为一项刑事法规,以使在向擅长逃避债务的个人追讨债务方面有困难的商人放心,这也被认为是整个都铎王朝时期社会问题的另一个侧面。[①]《1542 年破产法》仍然保留了破产是犯罪的观点,以至于"债务人申请这种程序,实际上是寻求最高限度的惩罚,相当于丧失公民身份,而且是严重丧失公民身份"。[②] 也正因如此,学术界仍然有一部分人认为,《1542 年破产法》很难说是一部真正的破产法,而《1705 年破产法》才是英国真正意义上的第一部破产法。[③]

(二)《1570 年破产法》:区分商人与非商人并建立破产专员制度

尽管《1542 年破产法》确立了传唤和审查据信隐匿破产财产的人、惩罚潜逃的债务人等严厉的制度规定,实践中,欺诈性破产仍然不断增加,立法机关认为有必要作出更好的规定来禁止这种行为,并规定什么样的债务人将被宣布为破产人,因此,伊丽莎白时期的《1570 年破产法》(Bankrupts Act 1570)应运而生。[④]

关于《1570 年破产法》,至少有以下三个方面的内容值得我们特别记载:

首先,《1570 年破产法》明确规定所适用的对象是商人。关于商人与非商人的区别,在英国破产法发展史中存续了 300 多年,最早的立法渊源就是《1570 年破产法》,最终在《1861 年破产法》出台后结束了这种分野。《1542 年破产法》出台后,虽然实践中的一般做法都是将其适用范围限制在商人身上,但法案本身并未明确作这种规定,而《1570 年破产法》则将此区分法定化,明确表述该法只适用于商人或者其他特定的主体,"其他特定的主体"主要是指以批发、零售等方式,通过讨价还价、交易、再加工等行为从事商品贸易活动的人,或者是通过买卖

---

① 1485 年 8 月,伯爵亨利·都铎(Henry Tudor)在法国援助下杀死理查三世,夺取王位,建立都铎王朝(Tudor Dynasty),史称亨利七世。都铎王朝统治英格兰王国直到 1603 年伊丽莎白一世去世为止,历经 118 年,共经历了五代君主,统治英格兰王国及其属土周围地区。都铎王朝处于英国从封建主义向资本主义过渡时期,被认为是英国君主专制历史上的黄金时期。

② *In re A Debtor*, 2 K. B. 66(1910).

③ See Louis Edward Levinthal, "The Early History of English Bankruptcy", *University of Pennsylvania Law Review*, Vol. 67(1919).

④ 13 Elizabeth Ⅰ, c. 7.

来维持生计的人。该法案还对宣告债务人破产的具体情形作了明确的规定。

其次,《1570 年破产法》将破产的管理权赋予破产专员,对于破产制度的后续发展产生了重要的意义。根据该法的规定,为了债权人的利益,将破产财产和破产事务的管理交给上议院大法官委员会任命的"智慧、诚实而谨慎的人"作为破产专员(commissioner)来负责。破产专员必须根据债权人申报的债权额按比例向债权人进行清偿,并且必须公告他们管理和分配破产财产的方式。那些收集和分配破产财产的"诚实而谨慎的人"事实上也是债权人,当然,他们最关心的是对债务人的财产进行适当、公正和迅速的清算。根据该法的逻辑,对破产财产的管理权属于债权人(由专员来行使),无须烦琐机械的正式司法程序,最佳的路径就是在尽可能的范围内允许债权人自己来控制对破产财产的管理。[①] 破产专员的制度一直持续到了 1883 年。

最后,《1570 年破产法》建立了无期限的破产财产(perpetual bankruptcy estate)。如果债务人在破产财产分配之后仍然还有未清偿的债务,则该债务不能豁免,而且破产专员和债权人都有权以各种手段获得债务人之后获得的财产,并将其变现后分配给债权人,直至债权得到足额清偿为止。[②]

此外,针对《1542 年破产法》实施过程中出现的转移、隐匿财产和欺骗债权人的行为,英国还在 1571 年制定了《欺诈性转让法》(Fraudulent Conveyances Act 1571),[③]为之后破产程序中撤销欺诈性交易奠定了基础。该法之后被《1925 年财产法》(Property Act 1925)第 207 条所取代,欺诈转让行为的可撤销属性在《1986 年破产法》第 423 条中得到了确认。

(三)《1603 年破产法》:首次确立反破产欺诈的调查制度

《1542 年破产法》和《1570 年破产法》都将破产人视为在债务上欺骗诚实人的罪犯,破产人很容易被破产专员予以监禁。虽然已经有了很多针对债务人逃废债务的制度设计,英国关于破产的沮丧情绪依然存在。靠买卖为生的人不断出现新的疾病和问题,相应的欺诈和欺骗也在不断增加,他们通过恶意、蓄意破产,阻碍了交通和相互间的商业往来,甚至影响了整个王国的"心脏"。当时,人

① See Louis Edward Levinthal, "The Early History of English Bankruptcy", *University of Pennsylvania Law Review*, Vol. 67(1919).

② See 13 Elizabeth Ⅰ, c. 7, sec. Ⅹ(1570).

③ See 13 Elizabeth Ⅰ, c. 5(1571).

们总是抱怨说，破产人的行为总是如此隐秘和微妙，以至于很难被发现或曝光。针对上述情况，英国制定了《1603 年破产法》(Bankrupts Act 1603)，又名《针对破产债务人更好地救济债权人法案》(An Act for the Better Relief of the Creditors Against Such as Shall Become Bankrupt)。[①] 该法确立了针对破产人的调查制度(examination)，专门调查破产人如何处理他的事务，以发现那些欺诈和欺骗行为，这也是《1986 年破产法》调查制度的最早历史渊源。

《1603 年破产法》专门规定了对破产人的调查程序，破产专员被赋予了更大的权力来监禁那些试图逃避接受全面调查的人。[②] 破产专员有权监禁那些被认为是占有了破产财产的人；如果有人拒绝出席调查会或者拒绝提供证据材料，破产专员有权对其实施监禁并不得保释，直至他最终回答了问题或者提交了证据材料。对于那些作伪证的破产人，法律规定了更为严厉的处理措施。一旦调查发现有人实施了故意的伪证行为，由此对债权人造成了价值 10 英镑以上的伤害，则该行为的实施者将会受到惩罚。构成刑事犯罪者，法院将会判处他在某个公共场所站在刑台上两个小时，把他的一只耳朵钉在刑台上，然后割掉。[③] 这种惩罚在《1623 年破产法》和《1705 年破产法》中得到进一步的加剧。

(四)《1705 年破产法》：首次确立破产免责制度

《1542 年破产法》虽然在英国法上属于第一部破产法，但该法案只是规定了一个集体清偿债权债务的程序和引入了按比例分配原则，却没有规定免除债务人的债务，也没有免除债务人未来的收入或获得的财物的执行，因此，与现代意义上的破产法依然相去甚远。随后的《1570 年破产法》《1603 年破产法》虽然各有创新，但是主要集中在对债务人欺诈和欺骗逃债行为的打击制裁方面，在破产免责问题上依然没有任何突破。

在 18 世纪早期，对不幸的破产人的严厉态度开始出现了缓和的迹象，《1705 年破产法》(Bankruptcy Act 1705)就是在这种背景下诞生的。[④] 该法规定，被宣告破产的人交出财产之后，允许他们从财产中支付必要的生活费用(allowance

---

① See 1 James Ⅰ, c. 15(1603).

② See Louis Edward Levinthal, "The Early History of English Bankruptcy", *University of Pennsylvania Law Review*, Vol. 67(1919).

③ See Robert DeMarco, "History of Bankruptcy-Part 7", available at: http://demarcomitchell.com/history-of-bankruptcy-part-7/, 2019-12-21.

④ See 4&5 Anne c 17.

for maintenance),更为重要的是,批准免除他们在破产程序启动时仍然欠付且在破产程序中未能清偿的债务,此即现代个人破产制度所必备的破产免责制度(discharge)。基于此,有学者认为《1705年破产法》才是英国历史上最早的破产法。当然,也有人认为,个人破产法的目标主要是两个:一是确保债务人的财产在所有债权人之间进行公平分配(防止债权人的个别执行、抢先执行);二是防止破产债务人做出损害债权人利益的行为(防止债务人逃废债务)。此外,通过集体清偿的方式保护诚实的债务人不受其债权人的侵害,在某些破产制度中是力求达到的,但这绝不是破产法律制度的根本特征。① 即便如此,学者依然对《1705年破产法》确立免责制度给予了极高的评价,认为"随着免责制度的引入,英国法律具备了现代破产制度的所有要素。后续的破产法发展历史主要是关于破产财产的管理问题,立法者脑海中的问题集中在,究竟应当由国家还是债权人来主导破产程序"。② 自1705年起,破产免责机制在接下来的150年里成为英国法律中争论的焦点,但主要争论在于它是法律赋予债务人的特权,还是应该被视为债权人独占控制(债务人财产)权利范围内的让步。③

免责制度之所以出现,是因为人们逐渐认识到,在许多情况下,破产人可能是令人怜悯的对象,而对债务人的无限制的监禁根本无法补偿债权人的损失。最初的免责要求是在1645年起草的一份宣言和申诉书(Declaration and Appeal)中被强烈地提出来,并由100个被囚禁在舰队里的债务人签署。他们是许多人的代言人,因为在英格兰和威尔士约有8000个被囚禁的债务人,他们极力主张他们所受到的待遇是违宪的。1648年,物价非常高,被囚禁的债务人遭受的痛苦异常严重。然而,直到1649年9月和12月,才得以通过有关的法案,规定穷人如果不能偿还债务,除了衣服和工具外,在债务人财产不超过5英镑的情况下,他们要在法官面前宣誓,然后通知债权人之后即可获得释放。④ 当然,这里侧重的是释放被囚禁的债务人,而不是强调债务本身的豁免。

---

① See Louis Edward Levinthal, "The Early History of Bankruptcy", *University of Pennsylvania Law Review*, Vol. 66(1918).

② Louis Edward Levinthal, "The Early History of English Bankruptcy", *University of Pennsylvania Law Review*, Vol. 67(1919).

③ See David Milman, *Personal Insolvency Law: Regulation and Policy*, Ashgate(2005), p. 6.

④ See Louis Edward Levinthal, "The Early History of Bankruptcy", *University of Pennsylvania Law Review*, Vol. 66(1918).

《1705年破产法》规定,如果诚实的债务人能够遵从法律的要求,则他们应当获准免责。而且,除了债务豁免之外,法律还规定,在一定的限制条件之下,符合条件的破产者可以从破产财产中得到5%的份额用于生计,最多可达200英镑。[①] 立法关于债务人免责的规定,不仅是基于怜悯考虑的结果,更是认为商业信用是为了债权人和债务人的利益而给予的,信贷的发放必然涉及一些风险,所有的债务人都应该以他的财产作担保,而不是他未来的收入,当然更不是他的个人自由。根据《1705年破产法》的规定,破产免责既不是自动免责,也不是自动生效,而是经批准才能获得的免责。批准免责是一项由破产专员来行使的司法行为,破产专员如果认为债务人符合法律规定的条件,在破产程序中配合破产专员和债权人,就可以裁定给债务人颁发免责证书(certificate)。破产免责也不禁止对之前的债务提起任何诉讼,但是,法律允许破产人以免责证明作为不再清偿的抗辩(affirmative defense)。

《1705年破产法》给债务人提供免责的机制具有十分重大的意义,然而,我们不能忘记,该法的制定仍然是以债权人保护为唯一的目的。首先,该法案的完整名称为《防止破产者经常性欺诈的法案》(an Act to Prevent Frauds Frequently Committed by Bankrupts),而且依然限定为仅适用于商人提出破产申请。该法案在序言中指出:"许多人破产,与其说是由于损失和不可避免的不幸,不如说是由于他们企图欺骗和阻碍债权人,不想履行他们应尽的正当债务和义务"。[②] 其次,不要忘记,该法案引入了死刑来制裁欺诈的破产人,这也是英国法历史上对欠债不还者最为严厉的制裁措施。最后,议会在该法案制定一年之后又通过了《1706年破产法》,主要的目的就是将债权人同意作为债务人获得免责的先决条件之一。[③]

(五)《1732年破产法》:债权人任命受托人来管理破产事务

乔治二世时期的议会通过了一部综合修正后的破产法即《1732年破产法》(Bankruptcy Act 1732)。[④] 该法保留了之前对符合条件的债务人免责的规定,保留了让符合条件的债务人从破产财产中支取必要生活费的规定,但也保留了对

① See 4 &5 Anne, c. 4, sec. Ⅷ(1705).

② See 4 &5 Anne, c. 4(1705).

③ See 6 Anne, c. 22, sec. Ⅱ(1706).

④ See 5 Geo. Ⅱ, c. 30(1732).

实施欺诈行为的债务人处以死刑的规定。[①]《1732 年破产法》本质上与《1705 年破产法》没有太大区别,只是在程序上规定的更仔细,将更多的注意力放在了债务人在什么情况下可以从破产财产中获得多少比例的财产用于生存支出。[②]

从历史发展来看,该法案最明显的贡献在于,其在程序开始之初,就将日常管理工作从公共机构(如破产专员)转移给了由债权人任命的受托人(assignee)。[③] 这种细微的变化体现的却是英国破产法演进过程中对管理性职责与司法性职责合理分工的探索与实践,对于后期英国破产管理体制的形成具有积极的意义。

(六)《1861 年破产法》:废除商人与非商人的区分

《1861 年破产法》(Bankruptcy Law 1861)的最大贡献在于,废除了商人与非商人的区别,即所有无力偿债者都可以依法适用破产制度。[④] 如前所述,《1542 年破产法》虽然未明确规定仅限商人适用,但实践中大多如此操作;《1570 年破产法》则明文规定破产制度只能适用于商人。自此,商人(trader)与非商人(non-trader)成为破产法史上严格区分的概念。在 1869 年之前,只有靠买卖为生的商人才可以申请破产,才能成为破产人(bankrupt),其他人陷入债务困境却只能称为无力偿债者(insolvent debtor),两者有着严格的区分。[⑤]

1861 年之前的商人与非商人概念的区分,带来的是截然不同的法律制度和法律后果。《1570 年破产法》实施以来,破产制度仅仅适用于无力偿债的商人,其他陷入债务危机的个人,则仍然被置于私人债务监禁制度之下。19 世纪早期的数据表明,每年有数千名债务人被监禁,唯一可取的数字是他们通常只被监禁

---

① See 5 Geo. Ⅱ, c. 30, sec. I and Ⅶ(1732).

② See Robert DeMarco, "History of Bankruptcy-Part 7", available at: http://demarcomitchell.com/history-of-bankruptcy-part-7/, 2019-12-21.

③ See David Milman, *Personal Insolvency Law: Regulation and Policy*, Ashgate(2005), p. 7.

④ See Bankruptcy Law 1861, sec. 69.

⑤ 到 18 世纪晚期,商人的外延扩大到了绝大多数技能娴熟的手工业者(skilled craftsmen)。有时候,人们为了能够成为破产制度的适用对象,不惜错误或者误导性地描述自己的职业,商人(dealer)或者小商贩(chapman)的概念经常被使用,农民(farmer)被明确排除在商人的范畴,但历史上也有过农民破产的记录。个人合伙人可以成为破产人,公司则不在其列,直至《1844 年股份公司法》(Joint Stock Companies Act 1844)出台,公司才作为一个独立的法律实体对待,随后的《1844 年股份公司清盘法》(Joint Stock Companies Winding-Up Act 1844)才规定公司可以清算,可以像自然人一样成为破产人(bankrupt),由此确立了公司破产制度。See Kristin van Zwieten, *Goode on Principles of Corporate Insolvency Law*, 5th student edition, Sweet & Maxwell(2008), at 1-10, p. 11.

几个月。而且,关于该制度还有令人讨厌的一个方面,就是那所谓的中间程序(mesne process):法院可在债权人并未事先取得对被告的最终判决的情况下,下令逮捕涉嫌债务人。尽管这种所谓的中间程序遭遇公众的谴责,却依然持续了数个世纪,直到1838年的《科特纳姆勋爵法案》(Lord Cottenham's Act)才正式废止这个中间程序。①

对债务人进行监禁的历史,是英国法上很多研究成果关注的问题。"破产是犯罪,破产人是罪犯"的观念在英国法早期历史上根深蒂固,商人与非商人的区分更加加剧了这种观念在实践中的固化。法律制度在破产的商人和无力偿债者之间的显著区别,使破产人被视为不幸的商人,而任由郡法院监禁处置的无力偿债者则被斥责为不负责任的债务人,这种区别甚至被看作某种形式的阶级偏见的佐证。②

议会试图通过法院的干预来防止监禁真正的无力偿债者,并通过改善债务人监狱中的恶劣条件来抵消其最恶劣的特点。《1813年英格兰无力偿债者法》[the Insolvent Debtors(England) Act 1813]建立了专门用于缓解个人债务的法庭,是一个深层次的改进。这个司法机构允许对债务人暂停逮捕,要求有序处理债务,一直运行到1861年破产制度扩大到非商人为止。

特别值得一提的是,在《1861年破产法》统一适用于所有自然人之后,对债务人进行监禁的问题也纳入了立法者的视野。《1869年债务人法》(Debtor Act 1869)废除了对债务人的监禁制度,为个人债务清理实践走向文明的方向做出了积极的贡献。然而,该法并不彻底,故意不支付判决中确定的债务仍可能导致对债务人的监禁,直至100年之后的1970年《司法行政法》(Administration of Justice Act 1970)颁布,才废止这种监禁。然而,1970年的改革也是不彻底的,因为债务人如果对国家或者国家组织(如地方政府)负债,仍然可能被监禁。据估计,在1999年约有6000人因为未能支付罚款和市政税而被监禁。国家为自己保留一项私人债权人认为不可接受的制裁,这是破产政策的典型做法。此外,监禁仍可适用于不支付赡养费或子女抚养费的情形。需要注意的是,单一合同责任

---

① See 1&2 Vict, c. 110.

② See W. Steinmetz (ed.), *Private Law and Social Inequality in the Industrial Age*, Oxford University Press(2000), pp. 485 – 504; David milman, *Personal Insolvency Law: Regulation and Policy*, Ashgate(2005), p. 8.

导致的监禁将违反《欧洲人权公约》。①

（七）《1883 年破产法》：区分司法职能与管理职能

1861～1883 年，破产制度并未有太大的变化。值得一提的是，《1869 年破产法》首次规定了优先破产债权，主要包括税收以及员工、仆人、劳工的工资。②《1883 年破产法》（Bankruptcy Act 1883）则是英国法历史上具有里程碑意义的立法。

《1883 年破产法》由当时新上任的英国贸易委员会主席乔瑟夫·张伯伦（Joseph Chamberlain）提出议案，于 1883 年 8 月 25 日最终通过。张伯伦先生在该法案二次审议时指出："任何一部好的破产法，必须同时包含两个主要的目标：一是对破产财产进行可靠的管理，并将财产在债权人之间进行公平有效的分配；二是体现预防比治疗要好的理念，采取有效措施改善商业道德氛围，促进诚实的交易，减少失败的数量。易言之，议会必须尽最大的努力来保护'打捞物'并减少'沉船'的数量。"③

《1883 年破产法》最大的历史贡献在于，确立了破产程序中公、私结合的管理模式。理解这一点，需要从之前的法律关于破产财产的管理说起，张伯伦在法案审议过程中也对之前的历史作了简要的回顾。在 1831 年之前，可以说是债权人对破产财产拥有完整的控制权。从各方面来说，对这种情况都是不满意的。在《1831 年破产法》首次引进了官方管理的制度，确定了一种官方受托人（Official Assignees），附属于伦敦破产法院（London Bankruptcy Court）而非全国范围内的法院，官方受托人被授予管理破产财产的职权。1840 年，官方任命了一个皇家委员会来考虑破产的问题，这个委员会建议将官方受托人制度扩展到全国范围实施。1842 年，官方受托人制度获得在全国普遍实施的批准，大家一致称赞。1847 年，有一个特别委员会一致认为，所有的意见和证据都支持这项新制度，商业界也普遍赞同，认为这是一个巨大的进步。1849 年，两院又设立了一个特别委员会，负责处理破产方面的其他问题，但是就官方受托人的问题而言，该

---

① See David Milman, *Personal Insolvency Law: Regulation and Policy*, Ashgate (2005), p. 8, footnote 39.

② See Bankruptcy Law 1869, sec. 32.

③ M. D. Chalmers, M. A. & E. Hough, *The Bankruptcy Act* 1883 *with Introduction, Index and Brief Notes*, Waterlow & Sons (1883), Introduction Ⅶ – Ⅷ, para. 2.

委员会没有提出任何意见,之后的法案也确认了这些官方受托人的职能。1861年,也就是官方受托人制度实施30年之后,这个制度却遭遇到了普遍性的谴责(condemn),议会通过有关法案来限制他们的职权、削减他们的机构数量。1864年,一个著名的委员会对官方受托人制度作了一个全面的报告,建议彻底废除该制度。1869年,官方受托人制度全面废止,公众再次进入了自愿主义的体系,也由此引发了绝对的混乱和普遍的不满。有人对这个制度的历史命运作了调查总结:为何最初这个制度如此受欢迎,很快在全国拓展适用,得到了两个委员会的支持,然而在20年之后名声败坏,30年之后更是遭受普遍的抵制呢?结论认为,原因之一就是,该制度归属于法院管辖之下,而非由政府责任部门负责。①

基于这些历史发展情况的分析,《1883年破产法》在破产立法史上确立了新的出发点。该法将破产程序的职能分为司法功能(judicial function)和管理功能(administrative function)两大部分,司法功能当然仍归法院管辖,监督管理和控制的功能则委任给政府的职能部门即贸易委员会负责。债权人仍然保留对破产财产的控制权,但如果破产人出现无力偿债是因为他自己的疏忽大意或者欺诈行为,则必须接受独立的调查以决定是否对其进行处罚。破产财产管理人将接受贸易委员会的监督,贸易委员会有权要求他们做出保证,有权审计他们的账册,有权对他们的履职行为进行普遍性的监督。根据《1869年破产法》的原理,破产程序仅涉及债务人及其债权人的利益。《1883年破产法》则贯彻破产问题关系到整个社会的原则,规定所有的破产程序中,无论是以破产清算、和解(composition)还是债务偿还计划(scheme of arrangement)的方式终结,债务人的事务都应当接受调查,债务人必须向贸易委员会的官员报告,必须接受公开的调查(public examination),这是所有债务人必经的"旋转栅门"(turnstile)。债务人能否进入和解或者获得免责,都必须基于对其破产前的行为进行调查后的结论来决定。②

根据《1883年破产法》第68~70条的规定,确立官方接管人(official receiver)制度,官方接管人的职责主要是与债务人行为以及破产财产的管理相关,具体包括:一是通过调查、揭露以及对债务人的欺诈、疏忽大意的交易、肆意

---

① See M. D. Chalmers, M. A. & E. Hough, *The Bankruptcy Act* 1883 *with Introduction*, *Index and Brief Notes*, Waterlow & Sons(1883), Introduction Ⅷ－Ⅸ, para. 3.

② Ibid., Introduction Ⅹ, para. 4.

挥霍行为进行处罚,来保护公众利益;二是在程序开始的早期,通过给债权人提供一些信息来保护债权人利益,如果没有这些信息,债权人会很无助,因为事实上他们自己没有办法获得这些信息;三是作为破产财产的接管人履行职责或者担任经理(manager),直到官方任命了破产管理人(trustee)或者特别经理(special manager)为止。[①]

《1883 年破产法》不仅在这种公与私、司法与行政方面的结合管理模式上取得了重大的进步,还在减少对小额破产程序的监管方面作了努力。该法取得的进步,直到今天都能被大家所承认和接受,即使 1985 年、1986 年破产法以及后续修改对破产制度进行了结构性的改革。[②] 如英国学者所言,目前的破产制度体系仍然很大程度上建立在维多利亚时代对债务和无力支付的态度上,而这种态度尤以《1883 年破产法》为代表。[③]

(八)《1914 年破产法》:300 多年立法实践之集大成者

1883 ~ 1914 年,出现过《1890 年破产法》《1913 年破产法》等破产法的立法文本,而且在破产免责等具体制度规则方面进行了细微的改革,不过,这些法律文本很快都被整合为《1914 年破产法》(Bankruptcy Act 1914)。[④] 该法在 1914 年 8 月 10 日通过,自 1915 年 1 月 1 日期实施,直至 1976 年才被废止,其所确立的破产法结构,一直维持了 60 年之久。

《1914 年破产法》的完整名称是《整合与破产有关的法律的法案》(an Act to Consolidate the Law Relating to Bankruptcy),从某种意义上来说,《1914 年破产法》是 300 多年来破产立法实践之后的集大成者,前期立法中相对成熟的制度,如适用范围、程序的启动(Receiving Order)、对债务人的公开调查、和解、债务安排计划、破产宣告、对债务人人身和财产的控制、破产财产的管理、破产财产的变现、破产财产的分配、破产管理人制度、破产免责制度等,都纳入了该法中,为个人破产的制度规则提供了一个系统的样本。当然,该法仅适用于自然人破产。但是,《1948 年公司法》第 317 条规定,《1914 年破产法》中的很多条文可以直接适用于公司破产情形中。由此可见,《1914 年破产法》对于推动英国个人破产制

---

① See Bankruptcy Act 1883, sec. 68 – 70.

② See Fletcher, *The Law of Insolvency*, fifth edition, Sweet & Maxwell (2017), p. 10.

③ See David Milman, *Personal Insolvency Law: Regulation and Policy*, Ashgate (2005), p. 8.

④ See 4 &5 Geo. 5 c. 59.

度与公司破产制度的融合起到了积极的作用。

(九)《1976 年破产法》:首创自动免责制度

《1976 年破产法》(Insolvency Act 1976)带着 5 年后自动免责的创新规定出现。需要注意的是,该法并不是一个独立的新法律,而是在以前的立法基础上做些改进,以修正的形式出现。换言之,《1976 年破产法》并未整体废止《1914 年破产法》,仅是对《1914 年破产法》《1948 年公司法》《1959 年郡法院法》等法律文本的个别条款进行了增删修订。

《1976 年破产法》的出台动因,源自 1973 年英国加入欧洲经济共同体之后,必须考虑欧共体 6 个创始成员国提出来的破产、清算、债务安排和解以及相似程序的公约草案。[①]《1976 年破产法》这部简短的法案,规定了破产人在适当的情况下无须接受公开调查,并修改了破产免责的程序,使破产人在某些情况下可以自动免责。另外一些情况下的免责则必须经法院审查后决定。

《1976 年破产法》第 6 条规定,如果法院认为合适,可以下令免除对债务人进行《1914 年破产法》第 15 条规定的公开调查。在作此决定的过程中,法院应该考虑案件的各方面情况,尤其是:(1)债务人是否已经完整披露了他的交易事项;(2)债务人之前是否存在过被宣告破产年的情形;(3)债务的数量和性质;(4)债务人的破产是否会成为公众关注的问题;(5)法律和规则规定的其他情形。法院颁发这样的令状,必须基于官方接管人的申请而为之,但如果是取消这样的令状,则可以基于官方接管人、债务人、债权人或者破产管理人的申请而为之。[②]《1976 年破产法》第 7 条第(1)款规定,在法院宣布结束了债务人的调查,或者下令免除对债务人进行公开调查的情况下,法院可以颁发令状,指示如债务人已被裁定宣告破产且该裁定未被撤销,则宣告破产之日起的 5 周年期满后自动免责。[③]

有学者指出,《1976 年破产法》深受 1975 年司法报告(Justice report)的影响,开启了一个“债务人友好型”(Debtor-friendly)的立法改革新时代。[④] 自此之后,

---

① See Kenneth Cork(chariman), *Insolvency Law and Practice*: *Report of Review Committee*, Cmnd. 8558(1982), para. 57.

② See Insolvency Law 1976, sec. 6.

③ See Insolvency Law 1976, sec. 7.

④ See David Milman, *Personal Insolvency Law*: *Regulation and Policy*, Ashgate(2005), pp. 10 – 11.

一直到 1985 年，英国破产立法史上没有重要的制度改革，而《1985 年破产法》和《1986 年破产法》的出台以及后续立法修改，属于英国现行立法的内容，将在下一章进行分析。

第二章　当代立法:《1986 年破产法》与制度框架

英国是普通法的发源地,判例法影响深远,但在破产法律制度构建方面,成文法占据了主导地位。在 470 多年的破产制度历史演进过程中,英国通过成文立法的方式确立了集体清偿、按比例分配、破产免责、官方接管人管理、破产限制措施等较为成熟的制度,成为现代个人破产立法的典型样本和各国破产立法改进的重要参照。

英国的立法层级主要分为基本立法(primary legislation)和委任立法(secondary legislation)。基本立法是指议会制定的法案(Acts of Parliament),现行有效的《1986 年破产法》就属于基本立法;委任立法又称为授权立法(delegated legislation)、附属立法(subordinate legislation),是指内阁大臣或者其他机构根据议会法案的授权,以法定文件的形式制定的法律,主要用于细化议会法案,使基本立法能够在日常生活中有效执行和运作。委任立法的法定文件形式主要包括条例(regulation)、规则(rule)、命令(order)、公告(proclamation)。委任立法主要在以下四种情形下发生:一是需要减轻议会在立法时间上的压力;二是法律内容技术性太强,不适合由议会法案作规定;三是需要针对快速变化或者不确定的形势作出处理;四是允许在紧急情况下采取迅速的行动应对。委任立法需要接受议会的监督,但具体需要遵循什么样的程序,取决于委任立法的授权法即母法(parent act)的规定。[①] 现行有效的《2016 年英格兰和威尔士破产规则》就是由大法官根据《1986 年破产法》制定的典型的委任立法。

英国现行破产制度的立法文本,主要是基本立法中的《1986 年破产法》(Insolvency Act 1986)和委任立法中的《2016 年英格兰和威尔士破产规则》[The Insolvency(England and Wales)Rules 2016]。其中,《1986 年破产法》经历过 1994 年、2000 年等多次修正案的修改,《2002 年企业法》(Enterprise Act 2002)、《2007 年法庭、法院与执行法》(Tribunals, Courts and Enforcement Act 2007)、《2015 年中小企业和就业法》(Small Business, Enterprise and Employment 2015)等多部法律也分别对其进行了较大幅度的修改。《2016 年英格兰和威尔士破产规则》彻底取代了《1986 年破产规则》及其系列修正案,但仅适用于英格兰和威尔士地区,而苏格兰、北爱尔兰则另行有专门的法律安排。此外,欧盟法律、判例法也都对英国的破产制度产生了重要的影响。

本章主要介绍《1986 年破产法》(包括 1986 年出台后至 2020 年 3 月 31 日期间的修改变化情况)和《2016 年英格兰和威尔士破产规则》的基本情况,以个人破产制度的内容为主,兼顾企业破产立法的相关情况。

一、《科克报告》与《1986 年破产法》

1977 年 1 月 27 日,英国工党执政时期,任命了一个由肯尼斯·科克爵士(Sir Kenneth Cork)担任主席的委员会,该委员会包括法律界和会计领域的代表,同时,破产管理当局也指定了 3 位成员加入委员会。该委员会的主要职责是对英国当时的破产法及相关法律制度进行全面的审查评估,具体包括:(1)评估英格兰和威尔士地区的公司破产、个人破产、清算以及接管制度的法律及其实施情况,考虑如何进行必要且可行的改革;(2)审查设计一套综合的破产法律制度的可能性以及现行制度可以协调和整合的程度;(3)提出适当的、可行的非正式程序以作为个人破产及公司清算的替代机制;(4)提出具体的改革建议。

1977 年 2 月,该委员会召开了第一次会议,然后持续运行了 5 年。1979 年

---

① See Richard Kelly, *Statutory Instruments*, Briefing Paper, Number 06509, 15 December 2016.

10月,该委员会提交了中期报告,并于1980年对外公布。[①] 1981年4月,该委员会提交了最终的报告(Insolvency Law and Practice, Report of the Review Committee),简称《科克报告》(Cork Report),并于1982年对外公布。《科克报告》分为两个部分:第一部分(第1～14章)对英国破产制度的经济、历史背景作了交代,评估了当下的执行与破产程序,讨论了破产法的基本原则,然后分析了破产制度综合改革的情况,并提出了建立破产程序的替代性机制的建议。第二部分(第15～51章以及所有的附件)涵盖破产案件的司法管辖,清算人、接管人、破产管理人的资格与责任,破产财产的变现和分配、担保债权、优先债权、财产追收等制度,并对欺诈交易、破产犯罪、破产人以及公司董事的失权与复权、公开调查的必要性以及其他各种问题进行了分析,提出了具体的改进建议。[②]

《科克报告》开篇即从信用社会的背景分析入手,强调破产问题关系到债务人、债权人和社会三方面,认为破产不仅仅有集体清偿、按比例分配、破产免责的作用,更是有着重要的社会和金融含义。《科克报告》第198段指出,制定一部良好的破产法,主要有以下目标:(1)认识到我们生活的这个世界和财富的创造依赖于一个建立在信用基础上的制度体系,相应地,这样一个制度体系需要有破产程序来应对它的损失。(2)在早期(而非晚期)来诊断和处理即将到来的破产情形。(3)在必要的时候,减轻无力偿债者(尤其是自然人)的负担,保障他们免受其债权人的骚扰及其无理要求,兼顾无力偿债者(如个人及其家人)应继续合法享有的权利。同时,要考虑到债权人的权利,因为他们自身的地位也会因破产程序而受到影响。(4)防止个别债权人之间发生冲突。(5)以最短的延误和最小的成本来变现破产财产以用于清偿债务。(6)以公平和公正的方式在债权人之间分配变现所得,将剩余财产交还给债务人。(7)确保以可靠和称职的方式管理财产变现和分配的过程。(8)查明债务人失败的原因,在债务人的行为或者是公司职员及其代理人的行为应当受到批评或惩罚的时候,决定对他们实施什么样的惩罚措施。(9)认识到破产并不是只影响到债务人和债权人的利益,也影响到其他社会利益或者社会中其他组织的利益,应当确保这些公共利益受到认可和保

---

① See Kenneth Cork (chairman), *Bankruptcy: Interim Report of the Insolvency Law Review Committee*, Cmnd. 7968(1980).

② See Kenneth Cork(chairman), *Insolvency Law and Practice: Report of the Review Committee*, Cmnd. 8558(1982).

障。(10)提供制度途径保存能够对国家经济生活做出有益贡献的有活力的商业企业。(11)设计一套掌管破产事项的法律框架,并让该法律框架得到普遍的尊重和遵守,但又须具备足够的灵活性,以适应和应付现代世界瞬息万变的情况;特别要建立一套简单、容易理解,不出现异常和矛盾的地方,能够为解决金融和商业问题提供切实可行的解决方案,能够高效、经济地执行的法律制度。(12)确保英国破产程序在国外得到应有的承认和尊重。《科克报告》还特别指出:"如果这些目标被认为是对现代破产法原则的一种公平描述,那么就必须从根本上修订和合并现在构成我们现行法律的各种法定程序,以实现这些立法的目标。在我们看来,零敲碎打或拼凑修补的时代早已过去。"

1984 年,英国贸易工业部发布《破产法修订框架》白皮书,这是基于《科克报告》而作的具体的立法修改方案。① 《科克报告》和之后政府的白皮书直接推动了新的破产法在 1985 年 10 月 30 日的颁布,即《1985 年破产法》,但该法只有极少数条款付诸了实施,因为英国政府考虑到《1985 年公司法》出台之后,公司法中有关破产的条款应当整合到破产法中来,而有关公司董事责任的处理又更宜单独制定法律,所以,英国政府决定推迟实施《1985 年破产法》绝大多数条款,并开始制定一部新的破产法。

1986 年,英国新的破产法即《1986 年破产法》颁布,该法整合了《1985 年破产法》的绝大多数内容以及《1985 年公司法》中关于公司破产的内容,成为英国历史上第一部将个人破产制度与公司破产制度融合在一起的立法。与此同时,英国政府还整合了有关公司董事资格取消的相关法律,制定了《1986 年公司董事资格取消法》(Company Director's Disqualification Act 1986)。《1986 年破产法》和《1986 年公司董事资格取消法》都是自 1986 年 12 月 29 日起实施,一直到今日都为现行有效的法律。

由此可见,《1985 年破产法》是基于《科克报告》的原理和建议,对一个多世纪以来个人破产和公司破产实施情况进行了最为全面审查之后的立法结果,虽未付诸实施,但其整体内容最终构成了《1986 年破产法》的核心内容。因此,《科克报告》也成为《1986 年破产法》的基础。英国官方和学术界也一直对《科克报

① See Department of Trade and Industry, *A Revised Framework for Insolvency Law*, White Paper, Cmnd. 9175(1984).

告》给予极高的评价，认为《科克报告》相当于引进了一部全新的法典，[①]其所确立的原则“在处理破产问题上雄心勃勃，富有挑战性且影响深远”。[②] 实践中，法院在解释破产立法时也时常引用《科克报告》的内容，足见该报告对于英国破产立法、司法和学术研究的重要价值。

二、《1986 年破产法》基本框架

《1986 年破产法》总共有 444 条和 14 个附件，同时调整个人破产和公司破产，其最初的内容主要由三部分构成：一是吸收了几乎整部《1985 年破产法》的内容，但不包括该法的第 12～14 条、第 16 条、第 18 条以及附件 2，因为这些条文内容被分离出来整合进了《1986 年董事资格取消法》。二是吸收了《1985 年公司法》中的第 467～650 条、第 659～674 条。三是吸收了其他相关法律的特定条文，主要是来自《1970 年破产服务（会计和投资）法》[Insolvency Services(Accounting and Investment) Act 1970]、《1976 年破产法》、《1985 年苏格兰破产法》[Bankruptcy(Scotland) Act 1985]的条文。根据《1986 年破产法》颁布之初文末所附的条文来源列表，属于新写入的条文主要是第 380 条、第 437～439 条、第 443～444 条，附件 11 的第 22～28 段以及附件 12～14。[③]

自 1986 年至 2019 年，一系列的立法活动对《1986 年破产法》进行了直接的修改或者产生了间接的影响。如果登录英国政府官方网站，可以看到 1986 年公布时的版本和截至登录时的最新修订版本，后者涵盖了所有立法对其修改变化的情况。

《1986 年破产法》总共规定了三种正式的个人债务清理程序：一是破产清算程序（bankruptcy）；二是债务纾缓令（Debt Relief Order，DRO）；三是个人自愿安排（Individual Voluntary Arrangement，IVA）。从适用范围上来看，个人破产制度适用于自然人（包括商自然人和普通消费者）。自 1994 年 12 月 1 日起，《1986 年破产法》适用于无力偿债的合伙组织。[④] 根据《1986 年房屋互助协会法》在 1989

① See Len Sealy, David Milman, Peter Bailey, *Seal & Milman: Annotated Guide to the Insolvency Legislation* 2019, Sweet & Maxwell(2019), p. 1.

② See *Insolvency Law, an Agenda for Reform*, Justic 1994, p. 13.

③ See Table of Derivations, available at: http://www. legislation. gov. uk/ukpga/1986/45/appendix/1/enacted, 2020-03-30.

④ See Insolvent Partnerships Order 1994 [SI 1994/2421].

年的修正案以及《1997 年房屋互助协会法》的规定,《1986 年破产法》(包括北爱尔兰的相关法律)适用于建房互助协会(Building Societies)。①

根据《1989 年公司法》第 7 编的规定,对于金融市场的特定合约,破产法的适用和权利及补救措施的执行需要做调整。这些特定的合约主要是指与"受认可的投资交易所"(recognised investment exchanges)、"受认可的结算机构"(recognised clearing houses)、特定的海外投资交易所和结算机构、特定的货币市场机构(money market institutions),以及英格兰银行规定的结算安排(settlement of arrangements)有关的合约。《1989 年公司法》第 7 编的规定主要从以下三个方面发生影响:(1)它使各种金融市场的合约结算程序生效,当合约中的一方当事人进入破产时,取代了通常的破产法规则;(2)在市场合约中出现了质押债权的情形时,它保留了(甚至在有些案件中增强了)质押权人(chargee)的优先地位;(3)它保障了与市场合约或者市场质押所指向的财产有关的权利和救济措施。此外,《1991 年金融服务与破产条例》《1999 年金融服务与破产(最终结算)条例》也对与金融领域支付、担保安排有关的特殊情形作了规定。②

此外,还需要注意,遗产破产制度依然存在,因为"死亡并不当然地使债务得到缓解"。③ 而刑事破产令程序则已经被废止。

三、《2016 年英格兰和威尔士破产规则》基本框架

《2016 年英格兰和威尔士破产规则》是根据《1986 年破产法》授权制定的委任立法。《1986 年破产法》第 3 部分第 15 编授权大法官(Lord Chancellor)制定有关公司破产和个人破产的具体规则。个人破产规则仅适用于英格兰和威尔士地区,由大法官在征得内阁大臣(Secretary of State)同意之后制定,如果规则涉及法院的程序,还需要征得最高法院首席大法官(Lord Chief Justice)的同意。同时,

---

① 建房互助协会(building societies)是英国及其他英联邦成员国家(如澳大利亚等)存在的一种特殊的金融机构,主要为其会员提供住房抵押贷款,同时也提供储蓄存款、信用卡、个人贷款等银行业务。该协会由其会员(储蓄存款人和借款人)共同拥有,根据一人一票的原则来制定政策和任命董事。See Building Societies Act 1986 ; Building Societies Act 1997.

② See the Company Act 1989; Financial Market and Insolvency Regulations 1991(SI 1991/880); Financial Market and Insolvency(Settlement Finality)Regulations 1999[SI1999/2979].

③ See David Mohyuddin QC, etc. , *Personal Insolvency*: *Law and practice*, Fifth edition, LexisNexis (2017), p. 7.

大法官在制定破产规则之前，还必须征求破产规则委员会（Insolvency Rules Committee）的意见。《1986 年破产法》规定，依据《1976 年破产法》第 10 条成立的"个人破产和公司清算规则咨询委员会"继续保留，履行前述咨询职能。该委员会必须由以下人员组成：一名高等法院商事庭的法官，一名巡回法庭法官，一名高等法院的破产注册官，一名地区法官，一名执业的诉讼律师，一名执业的事务律师，一名执业会计师。①

《2016 年英格兰和威尔士破产规则》由大法官在 2016 年 10 月 18 日制定，10 月 25 日提交给议会审查，自 2017 年 4 月 6 日起施行，同时废止了《1986 年破产规则》及其 29 个修正案。② 尔后，经由《2017 年英格兰和威尔士破产规则（修正案）》③《2017 年欧盟破产条例（修正案）》《2017 年英格兰威尔士破产规则和苏格兰破产规则（综合和间接修正案）》④而数次修订。

《2016 年英格兰和威尔士破产规则》除"导论"之外，另有 22 编和 11 个附件，兹简要介绍如下：

"导论"由 7 个条文构成，其中，第 1 条规定了本规则的引证名称和实施日期。第 2 条指向附件 1，是一份废止的文本清单（revocations）。第 3 条规定本规则的适用范围，仅适用于英格兰和威尔士地区，不适用于苏格兰和北爱尔兰地区，也不能调整苏格兰地区的接管人。第 4 条指向附件 2，规定的是过渡期条款和保留条款。第 5 条明确内阁大臣有权制定破产程序中有关公职人员行为规范的条例。第 6 条指向附件 3，列举了本规则中规定的违法行为及其处理的问题。第 7 条明确了内阁大臣定期对规则进行评估的职责。内阁大臣须不时组织对该规则实施情况的评估检查，得出结论并对外发布报告，报告中必须列出根据该规则建立起来的监管制度试图实现的目标以及实际实现的程度，并评估是否需要对目标进行调适。第一份评估检查报告应当在规则实施之日起满 5 年之前发布，之后每份报告发布的间隔周期亦不得超过 5 年。

第 1 编属于通用条款，涵盖文件的标准样式、文件的送达服务以及网络的适

---

① See Insolvency Act 1986, sec. 421, 413.

② See The Insolvency (England and Wales) Rules 2016, sch. 1.

③ See The Insolvency (England and Wales) (Amendment) Rules 2017.

④ See The Insolvency (England and Wales) Rules 2016 (Consequential Amendments and Savings) Rules 2017.

用问题,包括 10 章内容,总计 58 个条文。

第 2 编关于公司自愿安排(Company Voluntary Arrangement,CVA)的规定,包括 7 章内容,总计 45 个条文。

第 3 编是关于公司管理程序(administration)的规定,包括 12 章内容,总计 70 个条文。

第 4 编是关于公司接管程序(receivership)的规定,包括 3 章内容,总计 24 个条文。

第 5 编是关于公司成员自愿清算(members' voluntary winding up)的规定,包括 4 章内容,总计 22 个条文。

第 6 编是关于债权人自愿清算(creditors' voluntary winding up)的规定,包括 7 章内容,总计 48 个条文。

第 7 编是关于法院组织的公司清算程序(winding up by the court)的规定,包括 16 章内容,总计 119 个条文。

第 8 编是关于个人自愿安排的规定,包括 8 章内容,总计 38 个条文。第 1 章为术语解释的条款;第 2 章为"准备债务人的自愿安排方案(proposal)";第 3 章为"申请临时中止行权令(interim order)";第 4 章为"没有取得临时中止行权令";第 5 章为"债权人审议个人自愿安排方案";第 6 章为"个人自愿安排批准之后的行动";第 7 章为"依法申请取消破产令"。

第 9 编是关于债务纾缓程序的规定,包括 7 章内容,总计 27 个条文。第 1 章为解释性条款,主要对债务人家庭和除外债务进行了界定;第 2 章为"债务纾缓令的申请";第 3 章为"对申请的审查和对债务人收入和财产的测算";第 4 章为"颁发或者拒绝颁发债务纾缓令";第 5 章为"反对与撤回"(objection and revocation);第 6 章为"可以向法院提出的各种申请"(applications to the court);第 7 章为"担任董事等职务的许可"。

第 10 编为"破产清算"(bankruptcy)的规定,包括 21 章内容,总计 171 个条文。第 1 章为"法定要求偿债书"(statutory demand);第 2 章为"债权人提出破产清算申请"(petition);第 3 章为"债务人提出破产清算申请"(application);第 4 章为"临时接管人"(interim receiver);第 5 章为"破产人的事务披露";第 6 章为"破产管理人"(trustee);第 7 章为"特别经理"(special manager);第 8 章为"针对破产人的公开调查"(public examination);第 9 章为"豁免财产的置换";第 10 章为

“收入支付令”;第11章为“收入支付协议”;第12章为“申请由英国税务局和海关提供文件资料”;第13章为“抵押财产”;第14章为“破产程序启动后取得的财产”(after-acquired property);第15章为“担任董事等职务的许可”;第16章为“破产令的取消”(annulment);第17章为“免责”(discharge);第18章为“成本费用从破产财产中优先支付”;第19章为“二次破产”(second bankruptcy);第20章为“刑事破产”(criminal bankruptcy);第21章为“破产清算中的杂项规则”。

第11编为“破产限制令(承诺)、债务纾缓限制令(承诺)以及破产注册”,包括8章内容,总计23个条文;第1章为解释性条文;第2章为“破产限制令与债务纾缓限制令”,包括提出申请、表示反对和作出决定等内容;第3章为“临时破产限制令与临时债务纾缓令”,包括申请颁发限制令、作出决定、申请驳回限制令、决定驳回等内容;第4章为“破产限制承诺与债务纾缓限制承诺”;第5章为“破产注册的一般规定”;第6章为“个人破产注册登记”,包括个人自愿安排、破产令、债务纾缓令的注册登记和删除;第7章为“破产限制令和债务纾缓令的注册”;第8章为“注册信息的更正以及被注册的债务人死亡”。

第12编为“法院程序及其运行”(court procedure and parctice),包括11章内容,总计65个条文。

第13编为“官方接管人”(official receivers),总计5个条文,涉及官方接管人的任命程序、职责等问题。

第14编为“公司管理程序、公司清算程序与个人破产清算程序中的债权人主张权利和财产分配”,包括3章内容,总计45个条文。

第15编为“作出决定”(decision making),包括12章内容,总计46个条文,涵盖会议召开、投票表决、会议记录等问题。

第16编为“代理和公司代表”(proxies and corporate representation),总计9个条文。

第17编为“债权人委员会和清算委员会”,包括7章内容,总计29个条文,涉及委员会的功能定位、成员构成、会议召开等问题。

第18编为“工作人员的报告和报酬”(reporting and remuneration of office-holders),包括4章内容,总计29个条文。该编也指向附件13关于报酬的计算方法列表。

第19编为“公司清算与个人破产清算程序中的免责”(disclaimer in winding

up and bankruptcy),总计 11 个条文。

第 20 编为“债务人及其家庭面临暴力危险:不得透露当前地址”(debtors and their families at risk of violence:orders not to disclose current address),总计 7 个条文。

第 21 编为“欧盟理事会条例”(regulation of the Council of the European Union,即 EU Regulations),总计 8 个条文,主要在于协调英国破产法与欧盟之间的关系。

第 22 编为“允许用被禁止的名字担任公司董事等职务”(permission to act as director etc. of company with a prohibited name),主要是解释《1986 年破产法》第 216 条,总计 7 个条文。

四、苏格兰破产立法与债务执行手段

英国的破产法为个人债务清理提供了管理令、个人自愿安排、债务纾缓令、破产清算等多种可供寻找的程序机制,然而,这些都不适用于苏格兰。苏格兰议会确立了一套独树一帜的个人债务清理制度。苏格兰有独立的个人破产法,更有一些在破产清算之外的个人债务清理的立法,包括:受保护的信托契约(Protected Trust Deed,PTD),与英格兰、威尔士地区适用的个人自愿安排相类似;最小资产程序(Minimal Assets Process,MAP),与英格兰、威尔士地区适用的债务纾缓程序相类似。苏格兰的破产清算程序(Sequestration)也与英格兰、威尔士地区适用的破产清算程序(bankruptcy)不一样。

(一)公司破产立法概况

苏格兰的公司破产,与英格兰、威尔士一样,主要适用《1986 年破产法》,但《2016 年英格兰威尔士破产规则》不适用于苏格兰,因为苏格兰根据《1986 年破产法》制定了适用于公司接收、管理、自愿安排、破产清算方面的规则。目前,最新规则主要是《2018 年苏格兰破产规则(接收与清算程序)》[1]和《2018 年苏格兰破产规则(公司自愿安排与管理程序)》,[2]这两个规则均自 2019 年 4 月 6 日起施行。

---

① Insolvency(Scotland)(Receivership and Winding up)Rules 2018.

② Insolvency(Scotland)(Company Voluntary Arrangements and Administration)Rules 2018.

苏格兰公司破产规则的出台,被认为是苏格兰30多年来公司破产方面一次最重要的变化。苏格兰公司破产规则吸收了《2016年英格兰威尔士破产规则》的经验,但同时又有很明显的南北差异,比如,在官方接管人报酬方面的规定就不一样。而且,苏格兰公司破产规则更加强调用性别中立的语言和比法律语言更通俗易懂的术语来表述,减少不必要的重复。苏格兰公司破产规则并未改变破产法的实体规则,但改变了公司破产行为的程序规则,致力于降低公司破产的成本和提高公司破产程序的效率。

苏格兰公司破产规则修改的重要变化包括:第一,取消了自动要求召开现场会议的规定,但是在符合10:10:10规则的情况下,债权人能够要求召开现场会议。10:10:10规则,是指代表债权额10%以上的债权人、人数超过10%的债权人或者是10位以上的债权人,可以提出召开现场债权人会议的要求。第二,规定了视为同意规则和合格的表决程序规则。第三,债权人可以选择不接收破产管理人发来的某些特定信件,但可以在任何时候作出改变,改为同意接收。然而,债权人不能选择拒绝接收有关债权清偿分配的通知。此项改变旨在节约成本。第四,规定采用专门的网站和电子通信方式联系债权人。这是一项节约成本、倍受欢迎的改变,因为在旧的规则中,采取何种通信方式,都需要事先征得债权人的同意。第五,当债务金额不超过1000英镑的时候,可以在不要求债权人正式主张的情况下,实施小额债务清偿(small dividend payments)。第六,确立了更为灵活的会计期、破产管理人的报酬确定时间和财产分配时间。第七,破产管理人可以自由裁量,决定在他们认为合适的报刊上发布公告。第八,更加严格保护个人信息。①

(二)个人破产立法概况

英国《1986年破产法》关于个人破产的制度规定,并不能适用于苏格兰地区,因为苏格兰有一套独立且自成体系、颇具特色的个人破产法律制度。苏格兰的现行个人破产立法主要包括:

1.《苏格兰2016年破产法》

《苏格兰2016年破产法》是苏格兰地区专门的个人破产法,也是苏格兰现行

① See Christina Barr, "A New Era for Corporate Insolvency Law in Scotland", available at: https://brodies.com/blog/dispute-resolution/a-new-era-for-corporate-insolvency-law-in-scotland/, 2020-03-30.

调整个人破产最为重要、最高位阶的立法文本,于 2016 年 3 月 22 日经苏格兰议会审议通过,2016 年 4 月 28 日经女王批准后生效。[①]《苏格兰 2016 年破产法》整合了以下法律规定:《苏格兰 1985 年破产法》、[②]《苏格兰 1993 年破产法》、[③]《苏格兰 2007 年破产与债务执行法》[④]第 1 部分(bankruptcy)、《苏格兰 2010 年房主与债务人保护法》第 2 部分(sequestration and trust deeds)、《苏格兰 2014 年破产和债务咨询法》、[⑤]《苏格兰 2013 年保护信托契约条例》[⑥]以及其他相关法令。其中,《苏格兰 1985 年破产法》《苏格兰 1993 年破产法》《苏格兰 2014 年破产和债务咨询法》随着《苏格兰 1993 年破产法》的颁布实施而被整体废止(废止的法律文本清单,详见《苏格兰 2016 年破产法》附件 9)。

《苏格兰 2016 年破产法》共计 18 编 238 条,并另有 9 个附件。其中,18 编的内容分别为:(1)破产申请;(2)破产受理与撤销;(3)破产程序的初期、法定会议和管理人选任;(4)管理人与债权人委员会;(5)破产财产归集;(6)债务人可供清偿的责任财产;(7)债权人利益的保护;(8)管理人对破产财产的管理;(9)对债务人的调查;(10)债权、利息和分配等问题;(11)免责;(12)管理人履职结束后发现的财产;(13)破产限制令和临时破产限制令;(14)为债权人设立的自愿信托契约;(15)中止行权(moratorium on diligence);(16)破产管理机构(accountant in bankruptcy);(17)其他规定;(18)一般规定。

2.《苏格兰 2016 年破产条例》

《苏格兰 2016 年破产条例》是苏格兰部长根据《苏格兰 2016 年破产法》《苏格兰 2002 年债务安排和财产扣押法》[⑦]等法律规定制定的法律文件,总共 34 条,于 2016 年 11 月 24 日经由苏格兰批准通过,自 11 月 30 日起施行。[⑧]

随着《苏格兰 2016 年破产条例》的正式实施,《苏格兰 2010 年破产(破产证

---

① Bankruptcy(Scotland)Act 2016.

② Bankruptcy(Scotland)Act 1985.

③ Bankruptcy(Scotland)Act 1993.

④ Bankruptcy and Diligence etc.(Scotland)Act 2007.

⑤ Bankruptcy and Debt Advice(Scotland)Act 2014.

⑥ Protected Trust Deeds(Scotland)Regulations 2013.

⑦ Debt Arrangement and Attachment(Scotland)Act 2002.

⑧ The Bankruptcy(Scotland)Regulations 2016.

书）条例》[①]《苏格兰2015年普通金融工具等修正条例》[②]以及《苏格兰2014年破产（财务咨询与收入扣除）条例》[③]一并被整体废止。

3.《苏格兰2002年债务安排与财产扣押法》

《苏格兰2002年债务安排与财产扣押法》于2002年11月由苏格兰议会通过，12月17日获得英国女王的批准。[④] 该法案最主要的内容分为两块：一是规定了苏格兰个人债务清理中的独特机制即债务安排计划（Debt Arrangement, Scheme, DAS），这是一项至今为止实施效果良好且正在被英格兰和威尔士学习借鉴的重要制度；二是规定了对债务人拥有的动产进行执行以及对债务人的住宅如何执行的特殊规定。

4.《苏格兰2011年债务安排计划条例》

《苏格兰2011年债务安排计划条例》于2011年2月通过，自2011年7月1日起施行，旨在贯彻实施《苏格兰2002年债务安排与财产扣押法》关于债务安排计划的制度。[⑤] 同时，废止了《苏格兰2004年债务管理计划条例》[⑥]及其后续修正案。《苏格兰2011年债务安排计划条例》先后经历了2013年、2014年、2015年、2018年、2019年多次的修订。

（三）苏格兰的债务执行程序

苏格兰法中的债务执行（diligence）是指在法院判决之后债权人依法采取的追偿债权的行动，即苏格兰法律中债务执行的各种程序。《苏格兰2007年破产与债务执行法》是关于债务执行最重要的法律依据。

如果债务人负有债务且未能清偿到期债务，债权人可以选择债务执行程序。但是，债权人必须事先取得可以在苏格兰实施的法院的判决或令状，或者是事先取得债务文件，如即决状（Summary Warrant）。

法院的判决或者令状给予了债权人采取法律规定的债务执行方法来追收债权的权利，但是，在大多数案件中，债权人必须事先给债务人寄出正式的"债务清偿通知"（charge to pay or charge for payment）。债权人的"债务清偿通知"分为

---

① Bankruptcy（Certificate for Sequestration）（Scotland）Regulations 2010.

② The Common Financial Tool etc.（Scotland）Amendment Regulations 2015.

③ Bankruptcy（Money Advice and Deduction from Income etc.）（Scotland）Regulations 2014.

④ Debt Arrangement and Attachment（Scotland）Act 2002.

⑤ Debt Arrangement Scheme（Scotland）Regulations 2011.

⑥ Debt Arrangement Scheme（Scotland）Regulations 2004.

两种形式:"charge to pay"主要适用于债务金额在 5000 英镑以下的情形;"charge for payment"通常适用于债务金额在 5000 英镑及以上的案件中。"债务清偿通知"由郡治安官(sheriff officer)亲自递交给债务人,债务人应当在 14 日之内清偿债务,否则,债权人就可以采取债务执行手段。如果债权人的债权金额在 3000 英镑以上,债权人也可以直接申请债务人破产。

与此同时,债权人还必须给债务人提供债务咨询信息手册(Debt Advice and Information Package),包括债权人可以采取哪些执行手段,哪些机构可以为债务人提供咨询和帮助。目前,苏格兰财务咨询部门或者公民咨询局都可以为债务人提供财务咨询和解决债务困境的帮助。

根据苏格兰现行立法的规定,债权人为了追收债权,可以采取的执行手段主要包括:

1. 针对债务人收入的执行

对债务人收入的执行(diligence against earnings),包括收入扣除(earnings arrestment)、抚养费扣除(current maintenance arrestment)和联合扣除令(conjoined arrestment order):[①]

(1)收入扣除,是指债权人可以指令债务人的雇主,从债务人的收入中直接扣除一部分以用于单一债务的清偿。债权人必须有法院生效的判决作依据,而且必须是已经给债务人寄送了"债务清偿通知"且给债务人的 14 日还款期限已经届满(执行未予支付的司法罚款除外),并且已经给债务人提供了债务咨询信息手册。

(2)抚养费扣除,即债权人可以从法院申请取得抚养费扣押令,然后从债务人定期获得的收益中直接扣除一部分用作抚养费的支付。

(3)联合扣除令,是指依据法院的命令,从债务人的收入中扣除一部分用作支付两种不同类型的债务或者同一类型的多笔债务。例如,收入扣除和抚养费扣除有可能同时存在,虽然是两种不同的债务执行,但必须将这两种扣除组合起来当作一种扣除来对待。需要注意的是,无论是收入扣除还是抚养费扣除,都是要求债务人的雇主从债务人的净收入(扣掉税款和国民保险费用之后的收入)中

---

① 从英文字面上看,"arrestment"在此处应当是指"扣押",然而,针对收入的这部分的执行手段,强调的都是由债务人的雇主依据指令,从债务人应取得的收入中扣除一部分用作债务清偿。因此,翻译为"扣除"可能更加符合本意,也更有利于大家理解这些手段的具体含义。

直接扣除相应部分支付给债权人。然而,联合扣押令要求债务人的雇主将扣除的部分支付给法院,由法院来进行分配。

关于扣除额的计算,主要规定在《苏格兰 1987 年债务人法》的第 3 编和附件 2 中。[①] 具体来说,债权人可以要求债务人雇主从债务人收入中扣除的数额,依据最新的扣除表来计算,并取决于债务人收入的总数和收入支付的频率(每日、每周或每月)。如果债务人的收入低于扣除表中规定的数额,则债务人的雇主将不得从债务人的收入中实施扣除。关于抚养费的扣除,具体的扣除金额依据《苏格兰 1987 年债务人法》第 53 条的规定来计算,并保护债务人的每日最低收入额,受保护的每日最低收入额大约每 3 年更新一次。如果收入扣除和抚养费扣除针对同一个债务人,而债务人的收入不能满足两个扣押的扣除需求,则依据《苏格兰 2007 年破产和债务执行法》第 199 条规定的公示来计算应当扣除并支付给每一个债权人的具体金额。

2. 财产扣押

财产扣押手段(arrestment)是指允许债权人获取债务人的动产,包括债务人保管之下的资金和物品,也包括在第三人占有之下的属于债务人的财产,如债务人银行账户中的资金。目前,调整财产扣押的法律依据主要是《苏格兰 1987 年债务人法》《苏格兰 2007 年破产和债务执行法》以及普通法的规则。

债权人采取这种执行手段,必须事先已经得到了法院的判决。与前述收入扣除手段不同的是,对大部分债权人来说,采用财产扣押的执行手段,不要求债权人已经给债务人寄送了“债务清偿通知”这一条件。然而,如果是公法之债的债权人(如地方政府或者英国税务海关总署),则这类债权人必须事先向法院申请一个特别简易授权令(summary warrant),在获得法院授权令之后,仍然要给债务人发出“债务清偿通知”。

3. 针对不动产的财产禁止令

财产禁止令(inhibition)是指禁止被告(债务人)处置他的可继承的财产,包括债务人的土地或者其他不动产(房子、商业物业等)。一旦财产禁止令生效,债务人就不得出售、转让或者以其他方式处置他的财产,也不得以这些财产作为担保获得新贷款。

---

① Debtors(Scotland)Act 1987.

财产禁止令也可以适用于法院正在审理债务清偿纠纷但尚未作出判决的情形,以保全债务人的财产直至法院作出最终的判决,相当于是一种附条件的债务执行手段。财产禁止令一般可以涵盖债务人拥有的全部可以用于继承的财产,除非有明确限定于某些特定的财产。

债权人如果要启动财产禁令,必须事先取得了法院的判决或者有其他相关的债务文件,而且,财产禁止的计划以及债务咨询信息手册必须事先提供给债务人。财产禁止令自在禁令和判决登记系统(Register of Inhibitions and Adjudications)中登记后生效,禁止的期限一般是 5 年,5 年之后自动失效。《苏格兰 1868 年土地合并法》[①]《苏格兰 2007 年破产和债务执行法》对此有具体的规定。

需要注意的是,财产禁止令在性质上更像一种财产保全手段,如果债务人进入破产或者其他按顺序清偿债务的程序,债权人并不能因此获得任何债权清偿顺位上的优先地位。

4. 针对债务人动产的扣押

债权人可以对债务人的动产实施扣押(attachment),以作为清偿其债权的手段。与前述第二种手段即财产扣押不同的是,财产扣押更多的是针对第三方控制之下的财产,而针对债务人动产的扣押主要是针对债务人拥有的或者债务人占有之下的财产。债权人不能对债务人住宅中的物品实施扣押,除非有法官(sheriff)颁发的特别扣押令(order for exceptional attachment)。现行法律依据主要是《苏格兰 2002 年债务安排与财产扣押法》第 2 编。

债权人如果要采取这种动产扣押手段,必须事先取得法院的判决或者相关的债务文件,给债务人发出"债务清偿通知"(charge for payment)和债务咨询信息手册,并且通知中的宽限期已经届满。

《苏格兰 2002 年债务安排与财产扣押法》第 11 条列举了特定的不能扣押的财产清单,包括交易工具、债务人职业发展所需要的书籍、债务人有合理需求且不超过特定价值的交通工具、作为债务人主要居住地的可移动住宅。

在一些特定的日期和时间,除非有法官的特别授权,否则不得对债务人的财产实施扣押。特定的日期主要是指星期天、公共假日;特定的时间主要是指上午

---

① Titles to Land Consolidation(Scotland)Act 1868.

8 点之前和下午 8 点之后。实施财产扣押的法官有权打开“闭锁之地”，以对财产进行评估和扣押。

法院工作人员在扣押财产的 14 日内，必须向法官报告。一旦得到法官的批准，工作人员就可以安排拍卖所扣押的财产。拍卖所得价款首先用于支付法院工作人员的费用和支出，然后用于清偿债权人的债权，剩余部分返还给债务人。如果所扣押的财产没有卖出去，则所有权转移给债权人。

针对债务人动产的扣押也可以用在法院正在审理债务清偿纠纷但尚未作出判决的情形，这种预防措施可以用来保护债务人的财产，等待法院行动的结果，在这种情况下被称为临时扣押。

5. 临时扣押

临时扣押（interim attachment）是一种暂时的执行手段，类似附条件的执行，目的是在法院审理过程中保护债权人的利益。临时扣押限制债务人处理其占有的动产，直至法院作出最终的判决结果为止，但也不允许债权人转移和出售该财产。在临时扣押之后，法院可以根据申请，随时为了财产的安全作出规定。《苏格兰 2002 年债务安排与财产扣押法》第 1A 编对临时扣押作了规定，临时扣押的财产范围，同样受到《苏格兰 2002 年债务安排与财产扣押法》第 11 条的限制。

临时扣押令作出之前，法院必须确定日期组织听证，以便让债务人或其他有利害关系主体有机会陈述。在大多数案件中，听证都是在颁发临时扣押令之前召开，但如果法院确信债权人在主要的诉讼中有正当的理由或者有真实存在的易受损害的风险，法院也可以决定先颁发临时扣押令，然后再召开听证。

临时扣押不允许债权人采取其他的手段处置扣押的财产。在法院的判决作出之后，如果要出售扣押的财产，必须事先进行评估和实施正式的财产扣押。

6. 特别扣押

特别扣押（exceptional attachment）是指针对债务人住宅中的非生活必需品实施扣押并进行拍卖的程序，这种程序规定在《苏格兰 2002 年债务安排与财产扣押法》第 3 编（Part 3），只在非常特殊的情形下适用。法官在颁发特别扣押令的时候，必须考虑很多因素，包括债务的性质、债务人是否在住宅中居住，以及债务人和债权人是否就债务清偿订立了协议。法官应当确信债权人已经采取了合理的措施与债务人之间就债务清偿进行了协商，并检查债权人是否已经或正在执行财产扣押和收入扣除等手段，通过特别扣押可以合理期待债务的清偿，将会产生的合理费用总额一般为 100 英镑。

与普通财产扣押不同的是,根据特别扣押令扣押的物品将立即从居住处移走,除非这样做是不实际的。扣押物一经搬出,自搬出之日起 7 日内不得拍卖。在这 7 日期间,如果法官认为在这种情况下这是适当的,债务人可以向治安官申请一个停止扣押并将所扣押的物品归还给债务人的命令。

7. 货币扣押

货币扣押(money attachment)允许债权人扣押债务人处所内的货币(现金,包括外币硬币和钞票、邮政汇票、银行票据等)。债权人如果要启动货币扣押,必须事先取得了法院的判决或者有其他相关的债务文件,而且,给债务人寄出了正式的"债务清偿通知"(charge for payment),宽限期已经届满。如果是个人债务人,债权人还必须事先向债务人提供债务咨询信息手册。《苏格兰 2007 年破产与债务执行法》第 8 编对货币扣押作了规定。

此外,苏格兰的债务执行手段中还有一些其他的表现方式,但以上 7 种是最为常见的执行手段。总体来看,苏格兰的立法提供了一些推定的法律手段,让债权人得以通过影响债务人的人身、保证债务人的财产不被转让,或将债务人的财产据为已有等方式来努力追偿债务,这些措施可以是针对债务人的动产,也可以针对不动产。

第三章　机构角色:英国破产程序中的管理体制

英国的个人破产制度经历了较长时期的历史演变和实践发展,破产市场以及债务清理市场中的行政管理、公私合作、执业机构及其行业自治,都已经非常成熟。个人债务清理(含个人破产)的正式程序与非正式程序中涉及的主要监管机构和行业组织,是我们理解英国破产管理体制时需要关注的重点内容。

从个人债务清理的正式程序(以破产为核心)运行的角度分析:负责商业能源产业战略部(Department for Business, Energy and Industrial Strategy, BEIS)的内阁大臣,依据《1986 年破产法》的授权,享有颁布命令和条例的权力并对行业监管负责。商业能源产业战略部负责破产政策方面的问题,由执行机构破产服务局(Insolvency Service)代表其履行职责。受认可专业团体(Recognised Professional Body)是内阁大臣通过破产服务局监管的对象,目前主要有 5 家。破产从业者(insolvency practitioner)必须获得受认可专业团体的授权,才能从事破产法规定的业务。为了更好地处理监管机构与监管对象、行业协会之间的关系,确保政策规定的一致性和行业高质量发展的可持续性,英国还成立了破产管理联合委员会(Joint Insolvency Committee),破产服务局及目前的 5 家受认可专业团体都是破产管理联合委员会的成员。所有意欲成为破产从业者的人,都必须参加官方组织的破产职业统一资格考试(Joint Insolvency Examination)。

从个人债务清理的非正式程序(以债务管理计划为核心)运行的角度分析:陷入困境的自然人可以寻求债务咨询管理机构、公民咨询服务局等组织单位提供帮助,可以申请庭外的债务管理计划(Debt Management Plan,DMP)来缓解债务压力;债务管理标准协会是以债务咨询管理公司为主的行业协会,其在金融行为监管局(Financial Services Authority,FCA)、金融督查服务机构(Financial Ombudsman Service,FOS)的指导和监管下,实现债务咨询管理行业的自律和自治。除此之外,很多的公益组织、慈善机构都参与到个人债务清理市场中,推动了个人债务清理的多元化、规范化发展。

本章主要介绍内阁大臣、破产服务局、官方接管人、受认可专业团体、破产从业者协会、破产联合管理委员会、金融行为监管局、金融督察服务机构、财务咨询与养老金服务机构、债务管理标准协会等机构的性质及其在个人破产制度和个人债务清理程序中的角色定位。

一、内阁大臣与破产管理

内阁大臣(Secretary of State)是英国破产立法中地位和作用都十分明确的重要角色,但由于中英文翻译在很多时候存在非对应性,我们要在中文的语境中理解内阁大臣的主体地位,并不是一件很容易的事情,我们试图从英国的政府结构说起。

英国政府是世界上最古老的政府之一。广义的英国政府包括英国的议会(上议院和下议院)、内阁政府和最高法院;狭义的英国政府是指内阁政府。作为君主立宪制国家,女王是国家元首,而首相是政府首脑,首相任命的部长们(Ministers)是政府领导人,在女王之下以大臣相称。根据英国宪法惯例,在大选中胜出的政党党魁即为首相,内阁由首相任命的内阁大臣组成。由于英国是议会主权国家,首相任命的内阁大臣必须来自议会,可以是上议院的议员,也可以是下议院的议员,在近代历史中,主要是来自下议院的议员。首相任命内阁大臣必须经过女王的正式认可,因此,英国的政府也称为"女王陛下政府"(Her Majesty's Government)。目前,英国政府由首相(Prime Minister)、内阁(Cabinet)、政府部门及其执行机构(departments and agencies)组成。

首相是“女王陛下政府”的首脑，对所有的政策和决定负有最终责任；首相还监督公务员和政府机构的运作，任命政府成员，是下议院的主要政府人物。根据英国立法和政府职能的设置，首相还兼具另外两个重要的头衔：第一财政大臣（First Lord of the Treasury）和公务员部大臣（Minister for the Civil Service）。

内阁则由政府的高级官员即内阁大臣（Secretary of State）组成，主要包括财政大臣（Chancellor of the Exchequer）、外交大臣（Secretary of State for Foreign and Commonwealth Affairs）、内政大臣（Secretary of State for the Home Department）、兰开斯特公爵郡大臣（Chancellor of the Duchy of Lancaster）、大法官兼司法大臣（Lord Chancellor and Secretary of State for Justice）、国防大臣（Secretary of State for Defence），等等。在内阁成员名单中，最高位置的当然是作为政府首脑的首相，排在最末位的则是不管部大臣（Minister without Portfolio）。根据英国政府官方网站对其职能的描述，现任不管部大臣负责内阁办公室脱欧准备和立法工作，并以这一身份出席几个委员会，当然，他也出席内阁会议。除此之外，其他一些重要位置的人物也参加内阁会议，主要是下议院议长、总检察长（Attorney General）以及财政、工业、住房等少数关键部门的国务大臣即部长（Minister）。英国政府中的部长们不一定是该部门的最高领导人。比如，与破产管理有关的部门是商业能源产业战略部，其官方网站显示共计有 6 位领导（Ministers）。排在第一位的是内阁大臣，现任为阿洛克·沙玛议员（The Rt Hon Alok Sharma MP），全面负责该部门的工作，并将商业、工业战略、科学、创新和能源的责任结合起来。紧随其后的是负责商业能源和清洁增长的部长（Minister of State for Business, Energy and Clean Growth），也出席内阁会议。此外，还有负责大学、科学、研究和创新的部长，负责工商业发展的部长，负责中小企业、消费者和劳动力市场的部长，负责气候变化与公司责任的部长。排在最后一位的是无薪国务大臣（Unpaid Minister of State）。

政府部门及其执行机构包括三个层面的机构：一是内阁部门（ministerial departments），现今共 25 个内阁部门。二是非内阁部门（non-ministerial departments），现今共 20 个非内阁部门，它们通常具有监管或检查功能，均由高级公务员（senior civil servants）负责，而非部长负责。税务海关总署、最高法院、统计局、土地注册局等均属于非内阁部门的序列。三是执行机构及其他公共机构（executive agencies and other public bodies），现今共计 408 家机构。其中，执行机构(executive agencies)属于政府部门的组成部分,通常是提供服务而非决定政策,政策的决定是那些监管他们的部门的职责,破产服务局、金融行为监管局、金融督查局服务机构等,都属于部门执行机构之列。其他公共机构则是指虽然具有不同程度的独立性但仍然直接向国务大臣即部长(ministers)负责的机构,主要包括执行性质的公共机构(如环境署)、咨询性质的公共机构(如公共生活标准委员会)、裁决性质的公共机构(如竞争申诉审裁处)和独立的监督委员会(如女王陛下的监狱视察团)。

以上是对英国政府组成的简要分析,为下文提供背景资料。接下来我们分析破产法中的内阁大臣及其管理职能。《1986 年破产法》明确规定的内阁大臣(Secretary of State),是指全面负责商业能源产业战略部运行的内阁大臣,亦称为商务大臣(Business Secretary)。根据英国破产法及其破产规则的规定,内阁大臣有着非常多的法定权力,他对官方接管人的任命、撤销和任职条件负责,并对破产从业者的资格负责。

具体而言,内阁大臣在破产法实施过程中的地位和作用,主要体现在 3 个方面。

(一)制定条例和规则的权力

内阁大臣与大法官负有共同制定破产规则的权责。此外,为了贯彻执行《2016 年英格兰和威尔士破产规则》规定的有关破产管理人、临时接管人职能,内阁大臣有权就个人破产程序中的以下问题作出规定:(1)破产管理人或临时接管人的账册、账户及其他记录的制作和保存;(2)管理人账户的审计;(3)破产管理人对待破产人的账册文件资料的处置方式,以及破产从业者及其他负有责任的主体对这些资料的处置方式;(4)破产管理人向债权人以及债权人委员会成员提供有关破产程序、破产人的交易事项、法律规定费用的支付情况的文件资料;(5)破产管理人分配破产财产的方式,包括对无人主张权利的资金和利息的处理;(6)进入管理人手中的资金的处理方式,以及付入破产服务局账户中的资金的利息支付问题;(7)官方接管人在担任临时接管人或破产管理人的时候,应当向其支付的报酬总额以及总额的确定方式。①

对上述问题的规定,可以赋予法院自由裁量权,可以将不遵从的行为纳入刑

① See The Insolvency(England and Wales)Rules 2016, rules 5(2).

事违法的范畴,可以针对不同的案件类型、不同的地区作出不同的规定,可以在认为有必要且合适的情况下,制定突发性的、补充性的或者过渡性的规定。① 内阁大臣有权通过命令(order)的方式,增加或者减少破产清算程序中的7种法律规定的金钱数额。②

特别值得注意的是,《2015年中小企业和就业法》还授予了内阁大臣在破产从业者行业监管过程中的一项法定权力,允许内阁大臣在认为合适的时候,建立一个单独的、独立的监管机构来替代现在的5家"受认可专业团体"(Recognised Professional Body,RPB),此项权力将在2022年10月过期失效,内阁大臣目前正在通过破产服务局面向行业征求意见,以决定是否行使该项权力。

(二)在破产清算程序中的作用

在破产清算程序中,如有必要,内阁大臣可以履行下列职责:

1. 召集委任首位破产管理人的债权人会议未能作出此项任命,或者破产管理人职位出现空缺的时候,内阁大臣可以作出委任破产管理人的决定,或者根据官方接管人的请求拒绝任命管理人。③

2. 在内阁大臣任命破产管理人之后,可以下指令取消之前的任命。④

3. 在未成立债权人委员会或者官方接管人担任破产管理人的案件中,内阁大臣行使债权人委员会的职责。⑤

4. 保持对破产从业者及其账户、文件记录情况的监督。⑥

5. 官方接管人担任破产管理人,认为职务履行完毕,或者是大部分债权人决定反对解除管理人职务的时候,由内阁大臣决定解除破产管理人职务的时间。⑦

6. 签发一个证书(certificate)给管理人,说明尽管事实上构成破产财产一部分的债务人婚姻居所没有变现,管理人申请对这种无法变现的婚姻居所进行查封扣押,以便管理人召开最后一次债权人会议的做法是不合适也不明智的。⑧

---

① See The Insolvency(England and Wales)Rules 2016,rules 5(3)(a)-(c).

② See Insolvency Act 1986,sec. 418.

③ See Insolvency Act 1986,sec. 295(2),300(6).

④ See Insolvency Act 1986,sec. 298(5).

⑤ See Insolvency Act 1986,sec. 302(1)(2).

⑥ See Insolvency Practitioners Regulations 2005,SI 2005/524,reg. 15.

⑦ See Insolvency Act 1986,sec. 299.

⑧ See Insolvency Act 1986,sec. 332.

(三)破产服务局账户管理

内阁大臣在破产程序中收取的所有款项均应当付入破产服务局的账户中,该账户由内阁大臣和英格兰银行保存,内阁大臣控制从此账户支付的所有支出。[①] 破产管理人应当将自己在破产管理过程中收取到的钱款14日之内汇入账户,金额在5000英镑以上的钱款应当立即汇入账户。如果破产服务局账户中的钱超过了破产财产管理的需要,内阁大臣必须通知国家债务委员会(National Debt Commissioners),将超过的部分转入破产服务局的专属投资账户。[②] 任何无人主张的利息或者余额,因太少而无法在有权获得分配的人之间进行分配的,内阁大臣应当将钱付入统一基金(Consolidated Fund)。[③]

二、破产服务局与官方接管人

英国破产服务局(Insolvency Service)作为英国政府的执行机构,隶属于英国商业能源产业战略部,通过支持那些陷入财务困境的人、处理金融违规行为和实现债权人利益最大化,来帮助提振经济信心。[④] 在公司破产和个人破产程序中,破产服务局往往代表内阁大臣行使《1986年破产法》、《1986年公司董事资格取消法》、《1996年就业权法》(Employment Rights Act 1996)、《1985年公司法》等法律及其委任立法所赋予的法定职责,包括官方接管、破产调查、职工遣散管理、行业监管等职责。

(一)破产服务局的内设机构

破产服务局由破产服务局的法律服务处(Legal Services Directorate)、官方接管人机构(Official Receiver Service)、调查与执行小组(Investigation and

---

① See Insolvency Act 1986, sec. 403(1).

② See Insolvency Act 1986, sec. 403(2).

③ See Insolvency Act 1986, sec. 407.

④ 需要注意,对于"Insolvency Service"的机构名称,有人译为"破产管理署"。中国香港特别行政区的破产制度受英国影响,也有破产管理署。根据香港特别行政区政府的官方英文网站,破产管理署的英文名称是"Official Receiver's Office",这是中国香港特别行政区政府下面的一个专门的部门。而在英国,"Insolvency Service"是隶属于商业能源产业战略部,"Official Receiver"则是"Insolvency Service"的下设机构,而且,"Insolvency Service"除了由"Official receiver"代表其担任官方接管人、对破产企业和个人进行调查之外,还要协助内阁大臣进行立法完善、负责行业监管等服务性工作。因此,笔者选择将"Insolvency Service"译为"破产服务局",将"Official Receiver"则译为"官方接管人",而官方接管人组成的"Official Receiver's Office"则译为"官方接管人办公室"。

Enforcement Service)、刑事执法小组(Criminal Enforcement Team)、破产从业者监管小组(Insolvency Practitioner Regulation Section,IPRS)等内设机构组成(官方接管人机构将在后文介绍)。

法律服务处提供广泛的法律、业务和政策咨询。破产服务局通过民事和刑事程序,以公众利益为目的来清算公司,限制那些在公司破产或存续期间行为不当的人,并在商业能源产业战略部职权范围内,将触犯刑法的人绳之以法。法律服务处与破产服务局、商业能源产业战略部、政府法律行业及公、私部门的同事合作,采取适当的执法行动,遏制金融违规行为,支持商业能源产业战略部的产业战略。需要注意的是,法律服务处不接受公众的投诉和举报,只接受其他执行机构或者破产服务局其他团队转交过来的案件。

调查与执行小组在公司进入强制清算程序、个人被颁发破产令或者债务纾缓令的情况下,官方接管人负责对这些案件的管理和调查。在有关破产的公司的调查程序中,破产服务局根据民法而不是刑法向法院提起取消资格的诉讼。无论是对公司的调查还是对个人的调查,基本都是一种民事的手段,但是破产服务局可以将收到的任何信息转交给检察机关或监管机构,因为它们有更适当的权力来处理这些不当行为。

刑事执法小组本属于商业能源产业战略部的组成部分,于 2017 年 1 月 1 日转入破产服务局。该小组是处理与破产有关的欺诈及相关公司失当行为的主要刑事执法机构,负责遏制公司及破产公司的欺诈行为,并检控破产法及其相关违规行为。这些违规行为由破产服务局的其他小组、公司注册处及其他机构转介。它们还处理在商业能源产业战略部范围内产生的各种刑事问题。在适当的情况下将进行刑事调查,或将案件移交他人监管执法。其中一名调查人员将收集证据并听取证人陈述。由部门的律师来判是否有足够的证据让每名嫌疑人都能够被定罪,以及把案件提交法庭是否符合公众利益。在有足够证据的情况下,通常会提起诉讼,除非检察官确信这样做不符合公众利益。具体实践需遵循皇家检察规则来作这个决定。

破产从业者监管小组在全英国范围内代表内阁大臣对受认可专业团体进行监管,包括负责监测受认可专业团体的受规制行为,破产服务局的《破产从业者管理年度审查报告》(Annual Review of Insolvency Practitioner Regulation)则提供每年所进行的工作的摘要。

(二)官方接管人

官方接管人(Official Receiver Service)是破产服务局的组成部门,但由于其地位突出,而且独立性较强,故单独予以介绍。官方接管人制度根据《1883年破产法》创设,最初主要是在个人破产程序中发挥作用,现今职能范围已经扩大到公司破产领域,其地位和作用十分重要。根据《1986年破产法》的规定,官方接管人是指在个人破产清算程序(bankruptcy)、公司清算程序(winding up)、个人自愿安排、债务纾缓程序等多个广义的破产程序中,依据《英国破产法》第401条的授权开展工作的人。

官方接管人作为破产服务局的组成部分,由内阁大臣任命具体的工作人员(人员总数需要财政部的批准)。官方接管人参与破产案件接管工作,其薪水应当由议会提供的资金支付;官方接管人的任职条件等其他条款,由内阁大臣决定(须经财政部同意);内阁大臣可以下达对官方接管人免职的指令。官方接管人机构是一个有着相对独立地位的特殊组织,其每一个官方接管人都应当根据内阁大臣的指令隶属于英国高等法院或者有破产案件管辖权的地方法院(同一个官方接管人也可以同时隶属于两个法院),并根据授权担任该法院管辖的破产案件中的官方接管人。①

官方接管人目前在全英国拥有38个办公室,每个办公室都有一名官方接管人来领导,同时根据地区分组由地区经理(Regional Managers)来管理,分别在伦敦、爱丁堡、伯明翰设有3个总部。官方接管人一经任命,就有多重身份:法定的公职人员(statutory office holder)和破产服务局雇用的公务员(a civil servant employed by the Service)。同时,他还具有法院工作人员的身份,因为一旦被任命为官方接管人,其在政府部门的公务员身份也会发生相应的变化,官方接管人同时也是法院的工作人员。②

官方接管人作为法定公职人员的职责,主要是由《1986年破产法》设定。官方接管人还享有内阁大臣赋予的其他职能。在运作层面,作为公职人员的官方接管人会遵从破产服务局局长以及首席执行官发出的任何指令、指示及指引。如何区分法定公职人员和雇佣的公务员这两种角色呢?举例来说,当他给公司

---

① Insolvency Act 1986, sec. 399.

② See Andrew Keay & Peter Walton, *Insolvency Law: Corporate and Personal*, 4 Edition, LexisNexis (2017), pp. 33 – 34.

董事或者破产人发出基本信息调查表(Preliminary Information Questionnaire)和约见信(appointment letter)的时候,他就是在行使《1986年破产法》第132条、第289条规定的作为法定公职人员的职责;如果他寄送的是"当你来到官方接管人办公室会发生什么事情""破产指南""董事指南"之类的宣传资料时,他就是在行使破产服务局雇佣的公务员的服务职责。

官方接管人的主要职责:调查破产人在破产之前和破产程序中的财务事务,发现了破产人任何涉嫌触犯刑律的行为或者不诚信的行为,都必须及时向法院报告。官方接管人可以询问银行、建房互助协会等可以提供有关破产人的资产和债务情况的组织。官方接管人也可以向第三方询问其他任何与破产案件有关的事情。

根据英国破产法的规定,破产人必须依法配合官方接管人的调查工作。比如,必须将财产清单和其他信息提供给官方接管人;当官方接管人为了破产程序的目的或者为了与申请破产限制令有关的原因而要见破产人时,破产人必须在规定的时间出席见面,这一要求也适用于破产人取得免责之后的情形。如果破产人无正当理由拒不遵守上述义务规定,将构成藐视法庭罪并因此受到相应的惩罚。①

三、受认可专业团体与破产行业监管

英国的破产行业是一个受到严格监管的专业领域,目前的《1986年破产法》《2016年英格兰和威尔士破产规则》《2002年企业法》《2015年中小企业和就业法》等法律规定是调整破产行业监管的重要立法文件。

根据《1986年破产法》第388条的规定,以破产从业者的身份行事,是指在公司破产程序中担任清算人(liquidator)、临时清算人(provisional liquidator)、重整管理人(administrator)、行政接管人(administrative receiver),担任公司自愿安排中的代理人(nominee)或者监察人(supervisor),担任个人破产程序中的破产管理人(trustee in bankruptcy)、临时接管人(interim receiver)、临时管理人(interim trustee)、苏格兰地区受保护信托的受托人(trustee under a deed)、个人自愿安排中的代理人(nominee)或者监察人(supervisor)、遗产破产中的管理人(administrator)。如果要成为这些破产程序(正式的债务清理程序)中的破产从业者,除了必须通过统一的资格考试(见下文分析)之外,还必须得到任意一家受

① Insolvency Act 1986, sec. 291.

认可专业团体的许可。而在执业过程中,除了遵守法律的明确规定、行业准则之外,还需要遵守内阁大臣、破产服务局、受认可专业团体以及其他行业协会机构的规定和要求。

(一)受认可专业团体

受认可专业团体是指经内阁大臣批准,有资格对其成员进行执业授权并监督破产从业者的专业机构,一般都是行业协会。根据《1986 年破产法》的规定,内阁大臣可以通过命令(order)的方式,宣布自己认为符合条件的行业机构为"受认可专业团",并允许其向破产专业成员提供完全授权(full authorisation)或部分授权(partial authorisation)。其中,所谓完全授权,是指被授权者具有从事公司破产业务和个人破产业务的资格;部分授权,是指被授权者仅具备从事公司破产业务或者个人破产业务的资格。① 需要注意的是,英国的"破产从业者"均为执业的个人(注册会计师和律师)而非其所在的执业机构。

自 2016 年 9 月以来,英国内阁大臣宣布的受认可专业团体总共为 5 家:(1)特许注册会计师协会(Association of Chartered Certified Accountants,ACCA);(2)破产从业者协会(Insolvency Practitioners Association,IPA);(3)英格兰和威尔士特许会计师协会(Institute of Chartered Accountants in England & Wales,ICAEW);(4)苏格兰特许会计师协会(Institute of Chartered Accountants of Scotland,ICAS);(5)爱尔兰特许注册会计师协会(Chartered Accountants Ireland,CAI)。

截至 2019 年 1 月底,上述 5 家受认可专业团体各自拥有的破产从业者数量如表 1 所示。

表 1 受认可专业团体破产从业者数量 单位:人

名称	ICAEW	IPA	ICAS	ACCA	CAI	合计
已接受委任的破产从业者(Appointment-taking IPs)	594	455	74	78	43	1244
尚未接受委任的破产从业者(Non-appointment-taking IPs)	200	96	18	5	2	321
总计	794	551	92	83	45	1565

① Insolvency Law 1986, sec. 390A, 391.

从目前数据分析来看,破产是一个相对较小的职业领域,目前英国有1565名破产从业者,其中1244人正在接受破产委任。破产从业者的执业机构从全球的四大会计师事务所,到中小型事务所乃至个体从业者。一些破产从业者只接受个人或公司的破产委任,但更多的破产从业者同时从事这两个领域的工作。一些破产从业者持有在会计和审计领域工作的授权,而另一些则只专注于破产。此外,还需要考虑地域方面的因素,在英格兰和威尔士以外的地区接受破产委任,还需要考虑当地不同的破产规则和立法,如苏格兰的破产制度就自成体系且独具特色。

(二)破产行业监管架构

在整个行业监管的架构中,我们有必要了解破产服务局与受认可专业团体之间的关系。破产服务局负责对破产行业进行监管,主要是通过两个途径:一是监督监管政策和专业标准的制定,监督相关立法的有效实施,并在法律和实践方面为破产专业人士提供指导;二是通过破产服务局下设的破产从业人员监管小组,代表内阁大臣来监督受认可专业团体。在2016年9月之前,大多数的破产从业者通过受认可专业团体获得授权,内阁大臣通过破产服务局也可以对少数专业人士授予其破产从业者资格。2016年10月开始,破产服务局正式废止了这种权力,即自己将不再代表内阁大臣授予某人破产从业者的资格。易言之,破产服务局将直接的授权职能全部交给了内阁大臣认定的5个受认可专业团体,而自己则收回了授予执业资格之手,全面回归到监管"监管者"(regulator of regulators)的角色定位,从而让授权职能与监管职能得以保持一定的距离。①

2010年公平贸易办公室(the Office of Fair Trading)发布了一份名为《公司破产从业者市场:一个市场研究》。② 2013年,布里斯托大学的伊莱恩(Elaine)教授发表了《破产从业者费用审查报告》,并将这份报告专门提交给了破产服务局。③这两份报告都指出了破产行业监管存在的三大问题:一是对破产从业者的监管制度缺乏清晰明确的监管目标;二是除撤销对受认可专业团体的认可(这是非常

① See Lorraine Conway, *Regulation of Insolvency Practitioners*, Briefing, Number: 5531, 9 September 2019, p. 6.

② Office of Fair Trading, *The Market for Corporate Insolvency Practitioners: A Market Study*, 2010.

③ See Elaine Kempson, *Review of Insolvency Practitioner fees-Report to the Insolvency Service*, July 2013.

严重的情形才适用的)之外,破产服务局缺少其他有效的监管手段;三是无担保债权人对破产管理费用的控制权问题和尚有剩余财产的情况下对债务人的特别对待问题。①

2015 年 10 月《2015 年中小企业与就业法》出台,针对上述报告反映的问题作出了明确的回应:首先,明确了统一适用的破产监管目标。根据该法的规定,受认可专业团体必须按照它们认为最重要的方式行事,以实现以下监管目标:(1)建立一个系统的破产从业者监管制度,确保受破产从业者行为影响的人都能得到公平对待,强调制度规则的透明、可问责、恰当并确保一致的结果;(2)鼓励一个独立且有竞争力的破产执业行业,其成员以公平合理的成本提供高质量的服务,行事透明且正直,并在任何情况下都能考虑到所有债权人的利益;(3)增进债权人利益的最大化和获得回报的效率;(4)保护和促进公共利益。② 其次,改变原来的做法,要求破产从业者的费用和支出需要与债权人进行沟通并得到他们的同意。最后,内阁大臣有权对受认可专业团体采取行动,在涉及公共利益的情况下,也有权直接对破产从业者采取行动。如前所述,该法还赋予内阁大臣一项创设单一、独立的监管机构以取代现行受认可专业团体的权力,这项权力如果不行使,将在 2022 年 10 月过期失效。

破产服务局 2019 年 7 月发布了一份《破产从业者监管制度评估的意见征集报告》,其中就将是否组建单一、独立的破产从业者监管机构作为一个重要的问题,列入意见征集的报告中以听取各方意见。按照立法的授权,内阁大臣可以考虑从现有的受认可专业团体中指定一家机构单独承担对破产从业者的授权和监管,也可以考虑到在破产行业以外的领域选定一家机构,还可以条例(regulation)的形式组建一个新的机构来承担此职责。③ 改还是不改?如何改?这些都是内阁大臣和破产服务局面临的重要问题。但不管怎样,立法授予的这项权力不允许破产服务局成为这样一个单一、独立的行业监管机构。

---

① See Lorraine Conway, *Regulation of Insolvency Practitioners*, Briefing Paper, Number: 5531, 9 September 2019, p. 7.

② Small Business, Enterprise and Employment Act 2015, sec. 138.

③ See Insolvency Service, *Call for Evidence: Regulation of Insolvency Practitioners-Review of Current Regulatory Landscape*, July 2019, p. 14.

四、破产从业者协会与统一资格考试

破产从业者协会(Insolvency Practitioners Association)是英国破产法领域一个非常重要的行业组织,它作为破产服务局确认的五大受认可专业团体之一,履行执业资格授予和行业规管职能。除此之外,该协会还在英国的破产专业水平考试和破产职业资格统一考试制度中发挥了十分重要的作用。

(一)破产从业者协会

破产从业者协会在1961年成立,当初只是作为一个专门研究破产问题的会计师讨论小组。经过早年的发展,它在成员数量和协会地位方面都有所上升,成长为一家破产行业协会。1973年更名为现在的名字。现在的破产从业者协会,是官方指定的5个受认可专业团体中的第二大团体,也是唯一一个全部成员都属于参与破产管理或与破产有关的工作,或对破产有兴趣的人士的团体。协会目前的个人会员、单位会员和学生会员共计2000余位。协会除了为自己的会员提供服务之外,还依据合同的约定为特许注册会计师协会授权的执业人员提供监督和检查服务。

破产从业者协会在成为受认可专业团体之后,还参与组建了负责协调整个行业的破产从业人士代表、提供培训和技术指导服务的独立的协会,即目前影响很大的“商业复苏专业协会”,因其致力于商业拯救(rescue)、恢复(recovery)与革新(renewal),故又称为“R3协会”。

提高专业水准是破产从业者最重要的目标和追求。破产从业者协会每年都会对被授予执业资格的破产从业者进行评估考察,每3年进行一次针对专业水准、专业质量和价值的检查。协会通过执业许可和会员资格的管理,鼓励协会成员对破产专业内外的破产问题有更广泛的认识和了解。

破产从业者协会还有以下三点特别值得一提的贡献:第一,该协会是第一个实施破产特定专业行为和职业道德指南的机构,目前通过破产联合管理委员会来制定这些统一适用的指引和准则,而破产从业者协会在制定破产专业标准方面一直走在前列;第二,该协会在破产实务人员和从事与破产有关工作的人员的考试制度发展中发挥了专业引领作用,为1989年开始的破产职业资格统一考试奠定了基础;第三,该协会至今仍在组织破产法领域的证书考试。[①]

(二)破产职业资格统一考试

破产职业资格统一考试(Joint Insolvency Examination,JIE)是所有希望成为破产法中规定的破产从业者的人都必须参加的一个准入资格的考试。该考试制度由破产从业者协会早期的破产专业考试发展而来。破产从业者协会于1981年首次举办专门的破产专业考试,当时会计师团体正将破产法律文件从其考试中剔除。协会还为非专业团体成员的人士提供机会,让他们通过认可的考试,在破产专业领域发展自己的职业生涯。1989年,破产从业者协会组织的考试发展为破产职业统一资格考试,现已成为破产从业人员的标准资格要求,无论是律师还是会计师都可以申请报考。

破产职业统一资格考试的报名,必须先到受认可专业团体去注册,然后提交报名材料。理论上来说,报考时没有任何文化程度和教育基础水平的要求,任何人都可以报考,然而,这些考试测试的实际知识和技能是一个有执照的破产从业人员将在日常工作中获得的知识和技能。因此,只有具有相关领域的实践经验(最好有3年以上的经验)才值得去报考。该考试每年9月截止报名,报名费为1000英镑。每年11月考试,自2018年开始全部实施"机考"的形式(提前3天将试卷下载到考场的电脑中存储,以防出现系统和网络故障)。次年3月发布考试成绩,通过者参加6月举行的毕业典礼。

资格考试的内容分为两张试卷:一张试卷考查公司破产制度,一张试卷考查个人破产制度,每张试卷的考试时间为3.5小时。考试采取开卷的形式,但他们只能带一本书(*Butterworths Insolvency Law Handbook*)进考场,不允许带其他任何纸质材料和电子设备。考试组织单位不编制考试教材,但会发布考试大纲。考试范围不限于前述可携带入考场的手册的范围,即考试应充分了解其他可能适用的有关法律及判例,熟悉破产从业者协会发布的《破产执业陈述》(Statements of Insolvency Practice)、《破产指南文件》(Guidance Papers)、《职业道德准则》(Ethical Code)以及其他相关的专业出版物。考试涉及的法律规定和指南,截至当年4月30日生效的文件,考题不要求其他更多的案例法内容,但考生如果能够运用案例法规则来分析问题,将是加分的亮点。考试试卷由统一考试

---

① 有关破产从业者协会的更多介绍,可登录其官网查看:www.insolvency-practitioners.org.uk。

委员会组织评阅并决定通过的分数线,每年的通过率不会超过50%。①

破产职业资格统一考试取得职业资格所需的标准,与受认可专业团体及法律团体所拟定的最终资格考试所需的标准相同。考试难度大,竞争激烈,然而,每年仍然有200多人报考。破产从业者协会也特别指出:"尽管要求很高,但做一名破产从业者,也可能是最具挑战性、最具参与性和最有价值的职业之一。这是一个多样化和迷人的职业追求,这一职业将最终授予你丰富的商业经验和技术知识,并超越很多的职业领域。"②

(三)破产专业领域的水平证明考试

通过破产职业资格统一考试是一件不容易的事情。为了提供考生在此考试之前的学习和训练,也为了给学生和初入行者提供一个证明自己破产法知识领域专业能力的机会,破产从业者协会每年组织破产法专业知识能力水平的考试(并非职业资格或行业准入的考试)。这个考试的名称为"破产专业能力证书(Certificate of Proficiency in Insolvency)考试",通过选择题和材料问答题的方式,考查考生的破产法知识。考生如果拥有该证书,可以在求职时作为证明自己专业能力之用,雇主也普遍认可该证书的含金量。通过该考试,可以申请成为破产从业者协会的会员。

考虑到有些报考的可能专门为公司提供破产方面的服务,有些则是专门为人提供破产法方面的服务,破产从业者还专门组织"公司破产专业能力证书(Certificate of Proficiency in Corporate Insolvency)考试"和"个人破产专业能力证书(Certificate of Proficiency in Personal Insolvency)考试",为那些正在破产行业工作或对破产有兴趣的个人设计的考试,无论他们是否打算成为有执照的破产从业人员,都可以报名参加考试,考试在每年的6月和12月举行。破产从业者协会还专门为这3个考试制定了相应的规则。③

---

① 关于"破产职业资格统一考试"的更多信息,可浏览官方网站:https://jieb.co.uk/the-exams/notes-to-candidates/。

② 参见破产从业者协会官网的介绍:https://www.insolvency-practitioners.org.uk/examinations/jie。

③ See CPI/CPPI/CPCI Rules and Regulations, available at: https://www.insolvency-practitioners.org.uk/examinations/cpi-rules-regulations.

五、破产联合管理委员会

破产联合管理委员会(Joint Insolvency Committee)成立于1999年,主要从行业监管、职业道德和最佳实践的角度出发,制定、改进和维持破产标准。根据《破产联合管理委员会规则》的表述,该委员会是讨论破产问题和制定标准的平台,旨在透过以下途径,维持、改善和促进破产实务的水准:一是制定透明的、适当的、一致的、有针对性、"最佳实践"性质的执业陈述、道德准则和指导文件。二是促进成员之间的讨论,以确保破产从业者在符合规管目标的情况下,尽可能得到有关授权机构的一致处理。三是提供与任何其他适当机构讨论任何此类事项的论坛。它同时也对立法发表评论。该委员会成员的开支将由他们所代表的机构支付,召开会议的费用将由受认可专业团体轮流负担。①

破产联合管理委员会由以下几个方面的人员组成:(1)受认可专业团体。目前的5家受认可专业团体,每家都有权委派一位成员代表(通常是破产从业者)参加联合委员会,还可以从其秘书处中安排一人出席会议以协助他们的代表开展工作。(2)监管机构(oversight body)。目前主要是英国破产服务局和北爱尔兰破产服务局。(3)外界成员(lay members)。根据《破产联合管理委员会规则》第3.3条的规定,至少要邀请3家外界成员参加到联合委员会中,一般任期为3年,经委员会决定可以延长任期。(4)观察员(observers)。包括苏格兰法学会、北爱尔兰法学会、苏格兰破产会计师和R3协会。观察员可安排出席会议,其中观察员可随时由委员会酌情决定撤换或替换(见表2)。委员会秘书处设在英格兰和威尔士特许会计师协会。

---

① See Rules of the Joint Insolvency Committee, article 2.1, 5.1, 5.2. Effective from: 20 June 2018.

表 2　破产联合管理委员会成员

机构(Body)	身份(Status)
英国保险协会(Association of British Insurers)	外界会员
英国房地产联合会(British Property Federation)	外界会员
爱尔兰特许会计师(Chartered Accountants Ireland)	受认可专业团体
英国税务与海关总署(HM Revenue and Customs)	外界会员
破产从业者协会(Insolvency Practitioners Association)	受认可专业团体
特许信贷管理学会(Chartered Institute of Credit Management)	外界会员
英国特许注册会计师协会(Association of Chartered Certified Accountants)	受认可专业团体
英国破产服务局(Insolvency Service)	监管机构
北爱尔兰破产服务局(Insolvency Service, Northern Ireland)	监管机构
英格兰威尔士特许会计师协会(Institute of Chartered Accountants in England & Wales)	受认可专业团体
苏格兰特许会计师协会(Institute of Chartered Accountants of Scotland)	受认可专业团体

破产联合管理委员会每年召开 4 次会议,在会议之间也会通过一个小组进行工作,至今已经制定了普遍适用于破产从业者的《破产职业道德准则》《破产执业陈述》《破产指南文件》等规范性文件,在跨机构、跨部门甚至跨领域(如外界会员的参与)的政策、准则文件方面的统一和及时修订更新方面发挥了积极的作用。

六、金融行为监管局

2007 年爆发的金融危机让英国政府认识到了银行监管的失败,因此,英国制定了《2012 年金融服务法》,确立了新的金融监管制度,并于 2013 年 4 月 1 日正式废除了金融服务管理局(Financial Services Authority, FSA),改而由两个机构来行使金融监管的职责:一是审慎监管局(Prudential Regulation Authority);二是金融行为监管局(Financial Conduct Authority)。前者是隶属于英格兰银行的宏观调控机构,后者则是聚焦于金融服务和消费者保护领域的微观监管机构。

金融行为监管局是英国 5.9 万家金融服务公司和金融市场的行为监管机构,是逾 1.8 万家金融服务公司的审慎监管机构。从法律地位上来看,金融行为监管局是执行政府政策的独立公共机构(independent public body),但其组织形式为担保有限责任公司,运转所需的资金完全来自其所监管的对象缴纳的费用。

金融行为监管局的战略目标是确保有关市场运作良好,而具体的运作目标是:第一,保护消费者——为消费者提供适当程度的保护;第二,保护金融市场——保护并加强英国金融体系的完整性;第三,促进竞争——为了消费者的利益,促进有效的竞争。不难看出,消费者保护是金融行为监管局的首要目标,而这也正是金融行为监管局在个人债务清理领域能够发挥重要作用的根本原因。

首先,金融行为监管局在消费者贷款和接受其他金融服务的过程中提供保护。一方面,要求被其监管的信用卡发卡行、信贷经纪人、典当行、提供分期付款购买协议的企业、P2P 贷款机构以及债务管理和催收公司等金融服务机构必须遵守法律法规和金融行为监管局制定的规则和指引,必须公平对待消费者。另一方面,建立消费信贷登记系统(Consumer Credit Register)、金融服务登记系统(Financial Services Register),帮助消费者识别哪些机构可以提供贷款业务或其他金融服务,避免上当受骗。

其次,金融行为监管局在个人债务管理计划中提供保护,并与财务咨询服务机构保持合作关系,共同维护消费者的利益。同时,金融行为监管局对债务管理标准协会等行业组织进行监管,任何公司和组织想从事债务管理和咨询服务的工作,都必须经过金融行为监管局的批准以获得授权。金融行为监管局为所有获得授权的公司设定了最低的、所有公司都得遵循的行为标准,明确投诉的程序和机制,以促进个人债务清理市场的健康发展。

七、金融督查服务机构

金融督查服务机构(Financial Ombudsman Service)是一个经议会批准设立的独立的公共机构,基本职责是公平公正地处理有关金融企业(financial businesses)与其客户之间的投诉。[①] 我们可以从其组织结构、资金来源、周边关

---

① "Financial Ombudsman Service",也有人译为"金融申诉服务机构""金融申诉专员服务局""金融监察服务局"。从其实际工作内容来看,该机构主要是处理针对金融服务企业的投诉,而且,受理投诉必须以经过了企业内部的处理程序为前置条件,因此,申诉服务的概念是比较准确的。不过,金融督查或者监察的概念,也符合该机构在金融监管体系中的角色地位。经过笔者几番查找对比,最终采纳了该机构官方网站提供的投诉表(中文模板)的表述,将其译为"金融督查服务机构",将"ombudsman"译为"督察员"。特此说明。

系三个方面来理解该机构的独立性和法律地位。

(一)组织结构

金融督查服务机构是一个法定的争议解决系统,设立的依据是《2000年金融服务与市场法》第16编(Part XVI)和附件17。根据《2000年金融服务与市场法》第225条的规定,系统运营者(scheme operator)是管理金融督查服务系统的法人实体(body corporate),采取“无股份的担保有限责任公司”形式(limited by guarantee and not having share capital),即金融督查服务有限责任公司。根据《2006年公司法》第6条的规定,“无股份的担保有限责任公司”是公共利益公司的主要形态。[①] 因此,金融督查服务机构的工作是非营利性的。

金融督查服务有限责任公司的组织结构主要包括三个部分:一是董事会(board of non-executive directors);二是执行团队(executive team),含首席督察员(chief ombudsman)和督察员小组;三是独立评估员(independent assessor)。[②]

董事会由金融行为监管局任命的董事组成,董事会主席由金融行为监管局在得到财政部批准之后任命。每一位董事都不代表任何特定的组织和部门,而是代表着公共利益;每一位董事都是独立的成员,他们不涉及任何投诉个案的处理,因此,他们也被称为“非执行董事”(non-executive)。董事会考虑非常广泛的战略问题,并确保金融督查服务机构资源充足,能够独立有效地开展工作。具体职责还包括:(1)任命督察小组;(2)批准金融督查服务机构的年度报告和财务报告;(3)发布董事会会议记录;(4)组成审计委员会、提名委员会、薪酬委员会。

执行团队负责日常工作的领导和管理,对董事会负责。执行团队的作用:(1)编制预算和管理预算;(2)监督公司执行战略和承诺;(3)确保公司有效地运行;(4)管理风险应对。执行团队包括首席执行官(Chief Executive Officer, CEO)、首席财务官(Chief Financial Officer, CFO)、首席督察员(Chief Ombudsman)、首席信息官(Chief Information Officer, CIO)、人事部、战略发展部等人员机构,其中,督察员小组是非常重要的业务执行部门。督察员由董事会主席和董事会负责任命监察员,专门负责处理客户提出的投诉。董事会需要从督

---

① Company Act 2006, sec. 6.

② 关于金融督查服务公司的组织结构和角色定位,可参见该公司的章程(Articles of Association of Financial Ombudsman Service Limited)。网址:https://www.financial-ombudsman.org.uk/files/2625/articles_of_association.pdf,最后访问日期:2020年1月9日。

查员小组中任命一位为首席督察员。目前，首席督查员和首席执行官由一人担任，足见督察员小组在金融督查服务机构中的重要地位。在业务流程上来看，对于消费者提出的针对金融服务企业的投诉，如果无法用非正式的方式解决，督察员将作出最后决定。这里所指的非正式的方式，主要包括调解程序。一般来说，投诉递交到金融督查服务公司，先由审裁员（adjudicator）对案情进行评估，组织当事人调解以达成和解；如果调解不成功，则由审裁员进行调查后作出正式的结论，供当事人采纳；如果当事人不认可该正式结论，则提交督察员作出最终决定。当然，投诉者也有权不接受督察员的最终决定，继续诉诸法院。但只要选择接受该最终决定，则消费者和金融服务企业都需要接受该决定的约束。进行了全面调查的案件，其档案保留 6 年，如果没有继续对案件进行全面调查，则将保留 3 年。督察员的决定将永久保留。

独立评估员负责处理针对金融督查服务机构提出的投诉，为机构正确运行提出建议，是保证金融督查服务机构公正、有效运行的重要部门。为了突出这种职务的独立性，独立评估员有专门的、独立于金融督查服务公司的网站。[①] 独立评估员虽然由金融督查服务公司的董事会任命，但它不是机构日常运营的部门，也不对首席督察员和首席执行官负责。尽管独立评估员的工作受到董事会制定的授权范围（Terms of Reference）限制，但其观点、评论和建议均是自由的，不受公司及其董事会的影响、指导和控制。独立评估员办公室将保留其案件档案 6 年（如果不是独立评估员可以解决的投诉，则为 3 年）。

（二）资金来源

议会在批准成立金融督查服务机构的时候就强调两点：一是"获得自由、独立的争端解决服务，对于公众对金融服务的信心至关重要"；二是"金融服务企业应当承担解决投诉的成本，而不能由顾客承担"。基于此要求，金融督查服务公司一直是以非营利为目的，持续为消费者提供免费服务。

金融督查服务公司的运营成本主要由两部分的经费来源解决：一是所有被金融督察服务涵盖并被金融行为监管局规制的金融服务公司，无论是否有涉及他们的投诉，都需要缴纳相应金额的年费。年费标准由金融行为监管局根据金融督查服务机构预期收到的个案数目来计算，征缴范围从小型金融咨询公司每

---

① 网址：https://www.independent-assessor.org.uk/。

年45英镑到商业银行每年100多万英镑不等。不仅如此,金融督查服务机构还向不受金融行为监管局监管但选择自愿受金融督查服务机构管辖的金融服务企业收取年费。二是涉案金融服务企业缴纳的投诉个案处理费用。需要注意的是,所有缴纳了年费的金融服务企业,都有权享受每年25个免费的案件处理。此外,对投诉的个案处理,并不因收到金融服务企业的费用而有所区别。

(三)周边关系

首先,金融督查服务机构与金融行为监管局之间的关系。两者不仅在业务服务对象上有交叉重叠,更是在人事任命上呈现上下级关系。金融督查服务公司董事会成员由金融行为监管局任命,董事会主席由金融行为监管局征得财政部批准之后任命。此外,金融督查服务机构和其他金融服务企业都必须遵守金融行为监管局发布的有关投诉处理的规则[如金融行为监管局手册"争议解决:投诉(DISP)"]。

其次,金融督查服务机构与债务管理标准协会之间的关系。如《债务管理标准协会行为准则》所言,金融督查服务机构的业务规则也是债务管理标准协会所要遵守的规则,债务管理标准协会的准则并不是金融督查服务系统替代程序;消费者可以向债务管理标准协会提出,也可以向金融督查服务机构提出,两者不存在前置关系。

最后,金融督查服务机构与金融服务企业之间的关系。金融服务企业是金融督查服务机构监督管理和服务的对象,同时,两者还存在财务上的关联,但这种财务关系并不影响金融督查服务机构公平公正地处理投诉问题。此外,金融督查服务机构受理投诉的案件,必须以该问题已经在金融服务企业经过了内部的处理程序为前提条件。

八、财务咨询与养老金服务机构

2019年年初,英国政府劳动和养老金部(Department for Work & Pensions)决定设立一个服务机构,叫作财务咨询与养老金服务机构(Money and Pensions Service),涵盖了之前的财务咨询服务机构(Money Advice Service)、养老金咨询服务机构(Pension Advisory Service)和养老金智库(Pension Wise)。财务咨询与养老金服务机构是一个独立的执行机构,由英国劳动和养老金部提供资助。该机构的愿景是,让每一个人的现金和养老金都能实现最大化。在债务咨询管理方面,该机构主要是跟财政部合作,执行相关的政策。

财务咨询服务机构是财务咨询与养老金服务机构三个组成部分之一,主要负责对英国范围内的居民进行消费者金融知识教育、提供财务咨询服务和推动财务管理能力的提升。

此外,与公民财务咨询、债务管理相关的公共服务机构,还包括公民咨询服务局(Citizens Advice Service)、财务咨询协会(Institute of Money Advice)、财务咨询联盟(Money Advice Liaison Group,MALG)等组织和行业机构。

九、债务管理标准协会

债务管理标准协会(Debt Managers Standards Association)成立于2000年,旨在促进债务管理行业的良好实践,保护公众和债权人的利益。债务管理公司拥有债务管理标准协会的会员资格,意味着债务人可以信赖债务管理公司(debt management company,DMC)能够遵循债务管理标准协会的行业准则,这是一份与大量债务管理公司和主要放贷人协商后制定的行业守则,旨在鼓励债务管理公司提供高质量的服务,以此增进公众和债权人行业的信任。2015年9月,债务管理标准协会与专业债务解决中介行业协会(Association of Professional Debt Solution Intermediaries,APDSI)进行了合并,成为拥有更多会员(包括债务咨询顾问机构、破产执业者和债务管理公司)和更具代表性的行业协会。债务管理标准协会持续促进债权人与会员之间的交流,包括定期的合规论坛和周报,同时,通过他们的学习平台提供面对面的培训服务。

债务管理标准协会与英国金融行为监管局和财务咨询服务局保持定期的合作,债务管理标准协会也是标准财务报表治理小组(the Standard Financial Statement Governance Group)的成员。

第四章　破产清算：英国破产体系中的底线基准

根据《1986年破产法》和《2016年英格兰和威尔士破产规则》的规定，英国的破产清算程序（bankruptcy）仅适用于自然人，不适用于企业组织。在公司破产制度中对应的同等概念是公司清算程序（liquidation）。此外，《1986年破产法》规定的破产清算程序只适用于英格兰和威尔士，苏格兰有自己独立的破产清算程序（sequestration），北爱尔兰的个人破产制度也相对独立。本章主要结合《1986年破产法》《2016年英格兰和威尔士破产规则》及其最新的立法修正案，系统介绍英国个人破产清算制度。

一、破产清算程序的基本界定

破产清算程序是英国个人债务清理中的正式程序机制。当个人无法偿还到期债务，即出现"支付不能"（insolvent）的状态时，他们可以依法申请破产清算，取得破产令并可以依法获得破产免责。破产清算与其他正式的债务解决方案（债务纾缓令、个人自愿安排和管理令）、非正式的个人债务清理机制（如债务管理计划等），共同构成了整个英国的个人债务清理体系，以确保陷入困境的个人能够选择进入最适合他的债务解决方案，处理好他的财务状况。

在破产清算程序之外发展债务解决的替代机制,是包括英国在内的各国破产制度的发展趋势,但所有的替代机制都是以破产清算程序的客观存在作为前提条件的。实际上,破产清算程序是英国个人债务清理中最严格的程序,也是个人破产制度中最核心的内容。之所以说它最严格,是因为它的程序规则最为发达,他对债务人的调查处理最为严厉;之所以说它是核心内容,是因为它曾经在很长的历史时期都是代表了整个破产制度的内容,即便有债务纾缓令(Debt Relief Order,DRO)、个人自愿安排等机制加入破产法的范畴中来,破产清算程序依然发挥着无可替代的作用,既有其程序本身的集体清偿和公平分配功能,也有倒逼个人依法从事交易行为、审慎管理财务情况的功能,还可以促使其他债务清理程序的有效实施。在笔者看来,破产清算制度是整个破产制度体系中的"定海神针"和底线基准,以此为基础方可将其他债务解决机制有机组合,构成一个科学、系统的个人破产制度。

根据《1986年破产法》第381(1)条的规定,破产人(bankrupt)是指依据破产令(bankruptcy order)被宣告破产的债务人,其中,破产令就是指宣告债务人破产的命令。破产清算的申请分为两种:一是债务人申请(bankruptcy application),经陷入财务困境的债务人提出申请,由审裁员(adjudicator)作出是否颁发破产令的决定;二是债权人申请(bankruptcy petition),经适格的债权人提出申请,由法院作出是否颁发破产令的决定。

对于债务人而言,破产清算程序的好处在于,它可以让自己从沉重的债务负担中解脱出来,获得重新开始的机会。同时,破产清算程序也提供了一种在债权人之间公平有序分配债务人财产的机制。破产清算程序的不利之处在于,它将提高破产人今后获得贷款的难度,因为债务人进入破产程序的记录,将在债务人的信用记录文件中保留6年(从破产令颁发日开始计算)。

二、债务人申请与审裁员裁决

(一)债务人的申请

根据《1986年破产法》第263H条的规定,自2016年4月6日起,所有债务人提出的破产清算申请(bankruptcy application),不再向法院提出,而是通过政府专门的网站入口提交申请。[1] 从破产原因角度分析,债务人只需要出现了不能清偿到期债务的情形,就可以选择申请破产,所需要支付的费用是680英镑。如果债务人的总负债少于2万英镑或者债务人没有任何资产,那么他可以选择获得债务纾缓令,而这只需要支付90英镑的申请费。

根据《1986年破产法》第263I条的规定,提出破产清算申请的债务人,除了存在"不能清偿到期债务"的情形之外,还应当符合以下条件:(1)债务人的主要利益中心地[2]在英格兰或者威尔士。(2)债务人的主要利益中心地不在适用《欧盟理事会条例》(EC Regulation)的欧盟成员国范围内,但是债务人定居在英格兰或威尔士;或者在向审裁员提申请之前的3年内的任何时间,在英格兰或者威尔士有经常居住、拥有住所或者有商业运营的事实。

根据《1986年破产法》第263J条的规定:第一,债务人的破产申请必须包括债权人的情况、自己所负债务和责任以及债务人资产等情况的详细说明;第二,债务人必须在规定的时间内支付法律所要求的与申请有关的费用或保证金,否则,债务人的破产申请不会被考虑;第三,债务人不可以撤回申请;第四,在审裁员作出决定之前,如果债务人经济状况发生了变化足以偿还债务或者债权人向法院提出了针对债务人的破产申请,债务人都必须及时通知审裁员。

根据《1986年破产法》第263O条的规定,债务人在申请过程中的以下情形,可能构成故意或者过失的犯罪行为(offence):(1)在递交给审裁员的破产申请中作虚假陈述或者隐瞒事实;(2)在给审裁员提供与破产申请有关的信息时作虚假陈述或者隐瞒事实;(3)未能根据破产法的要求就相关事项通知审裁员。无论审裁员最终是否作出了破产令,都不影响上述行为的违法性质,债务人也不得以全部或者部分违法行为发生在英格兰和威尔士以外的地方而作为抗辩的理由。

对于债务人的上述违法行为,由内阁大臣联合刑事检控专员来启动诉讼程

---

① 债务人提交破产申请的网址:www. gov. uk/bankruptcy/apply。需要注意的是,尽管在英国的非官方文件中,包括破产从业者的文件表述中,都可以用"bankruptcy application"和"bankruptcy petition"来表示破产申请,也有"debtor petition"的表述。但是,在《1986年破产法》和《2016年英格兰和威尔士破产规则》的立法文本中,"bankruptcy application"专指由债务人向审裁员提出的申请,旨在要求颁发破产令;"bankruptcy petition"专指债权人向法院提起的申请,旨在要求对债务人颁发破产令。See The Insolvency(England and Wales)Rules 2016, rules 1.2.

② 根据《欧盟理事会条例》(EC Regulation)第3条的规定来确认债务人的主要利益中心地(the centre of the debtor's main interests)。

序,或者征得刑事检控专员同意后启动诉讼程序。

(二)审裁员的审查

对于债务人提出的申请,统一由政府部门任命的审裁员(adjudicator)来进行审查并作出决定。审裁员的法律地位和职权来自《1986 年破产法》第 9 编第 A1 章。[①] 根据该章第 398A 条的规定,在英格兰和威尔士地区,审裁员办公室的人员由内阁大臣任命;内阁大臣可以指示由议会提供的资金支付审裁员的工资;审裁员的任职条件也可以由内阁大臣作规定;内阁大臣可以下令将审裁员办公室的人员调离。需要注意的是,如果某人已经被任命为官方接管人,就不可以再被任命为审裁员。此外,部长可以任命内阁部门的官员为审裁员助理,协助执行审裁员的职责。

根据《1986 年破产法》第 263K 条的规定,审裁员在接到债务人的申请材料之后,重点对以下事项进行审查:(1)审查是否对债务人有管辖权,即债务人是否具备第 236I 条规定的条件;(2)债务人是否具备不能清偿到期债务的情形,即是否发生了破产原因;(3)尚未有债权人针对债务人提出破产清算的申请(petition);(4)债务人之前没有因为申请中所涉及的任何债务而被颁发过破产令。

在审查的过程中,审裁员可以通过其认为合适的英格兰及威尔士选区的选民登记册,以确定债务人的身份及居所;也可以通过自然人破产登记系统、官方接管人或者征信机构进行相应的查询,以确认债务人的真实情况。如果符合破产法规定的条件,审裁员必须作出破产令,宣告债务人破产;如果条件不具备,则应当拒绝颁发破产令。无论是何种决定,审裁员都必须在规定的期限内作出。根据《2016 年英格兰和威尔士破产规则》规定,审查员应当自债务人提交破产清算申请之日起的 28 日内作出决定,如果需要债务人提交进一步信息,审查周期可以延长 14 日。审查员逾期未作出决定的,视为拒绝颁发破产令。[②]

审裁员如果作出拒绝给债务人颁发破产令的决定,必须通知债务人并说明拒绝的理由,并告知债务人有权要求审裁员复议。如果债务人在 14 日内提出复议申请,债务人必须说明要求复议的理由,但不得包括审裁员之前作决定时未能

① 该章系根据《2013 年企业和市场监管改革法》(Enterprise and Regulatory Reform Act 2013)增加的内容。

② The Insolvency(England and Wales)Rules 2016, rule 10.42, 10.43.

获得的额外的资料。债务人提出复议申请之后,审裁员必须对材料进行复核,重新作出决定。如果审裁员复核之后还是拒绝颁发破产令,债务人可以在 28 日内起诉到法院。[①] 法院根据债务人的起诉,可以驳回申请或者直接对债务人颁发破产令。

三、债权人申请与法院裁决

(一)债权人的申请

根据《1986 年破产法》第 264 条的规定,一个或者多个债权人可以联合向法院提起针对债务人的破产清算申请(bankruptcy petitions)。《欧盟理事会条例》第 38 条意义上的临时管理人(temporary administrator)、第 2(b)条意义上的清算人(liquidator)也可以向法院提起破产申请。此外,还有两种特殊的情形:(1)如果债务人在个人自愿安排程序中违反了规定的条件,则个人自愿安排程序中的监察人(supervisor)可以向法院提起针对债务人的破产清算申请。(2)如果法院依据《1973 年刑事法庭权力法》,对债务人颁发了刑事破产令,则官方申请人或者刑事破产令中指定的任何人都可以依据《1973 年刑事法庭权力法》第 39(3)(b)条的规定向法院提起破产申请。[②]

相关主体依据《1986 年破产法》第 264 条提起的破产申请,如果同时符合其中的多项申请类型,申请人必须在申请书中将自己归入符合规定的某一具体情形之中。

《1986 年破产法》第 267 条第(1)款规定,债权人的申请必须与债务人所欠

---

① Insolvency Act 1986, sec. 263N; The Insolvency (England and Wales) Rules 2016, rule 10.40.

② 在英国破产法中,官方申请人(Official Petitioner)是一个重要的概念。其职责主要包括:(1)在债务人被颁发刑事破产令的案件中,考虑自己根据破产法第 264(1)(d)条的规定提出破产申请是否符合公众利益;(2)如果符合公共利益,就应当提出破产申请;(3)按照其他申请人提出申请时的缴费标准,在他可决定的情况下支付因自己提出的申请而需要缴纳的相应的费用;(4)在符合公众利益的情况下,行使本法赋予的权力。官方申请人的职权可以由他授权的代表人来行使。(Insolvency Act 1986, sec. 402)根据英国破产法及其破产规则的目的,官方申请人(Official Petitioner)应当被视为破产人的债权人,可以出席或者派代表出席债权人会议,依法应当送达给债权人的通知也都应当送达给官方申请人。[The Insolvency (England and Wales) Rules 2016, rule 10.155]特别应当注意的是,根据《1988 年刑事司法法》第 101 条的规定,刑事破产令已经自 1989 年 4 月 3 日起废止,但《1986 年破产法》关于刑事破产令的条文仍然保留下来,未做删减。[Criminal Justice Act 1988 (Commencement No. 7) Order 1989]虽然行业协会组织 R3 协会一直在呼吁恢复刑事破产令制度,但立法对此并未做出回应。See R3, The Fraud Landscape, January 2015.

的一项或多项债务有关,而提出申请的债权人或共同申请中的每一位债权人必须是债务人所欠债务或者是至少其中一项债务的债权人。第267条第(2)款规定,提出申请的债权人应当在申请时符合以下条件:(1)债权总额或者合计的总额达到或者超过了破产的标准;(2)申请人的债权是债务人应当立即偿还或者在将来某个确定的时间应当偿还的债权人实际应得数额,而且是无担保的债权;① (3)债务人已经无法清偿到期债务或者是有合理理由相信债务人无法清偿债务;(4)债权人已经按照第268条的要求向债务人就每一项债务都发出了"法定要求偿债书"(the statutory demand)。

对于债务已经到期的情形,只有具备下列条件,才能认定债务人"无法清偿到期债务":(1)提出破产申请的债权人按照规定的形式给债务人发送了"法定要求偿债书",要求债务人偿还债务或者提供令债权人满意的担保,然而,3周过后,债务人不照此行事或者不予理会;(2)债权人依据法院的判决或者命令,对债务人采取了执行或者其他程序,依然不能全部或者部分满足某个债权人或者多个债权人的债权清偿要求。

对于债务并不是即刻到期的情形,只有具备以下情形,才能认定为"有合理理由相信债务人无法清偿债务":(1)提出破产申请的债权人已经按照规定的形式给债务人发送了"法定要求偿债书",要求债务人提供让债权人满意的证明以使债权人有理由相信债务人在债务到期时有合理的偿债前景;(2)自"法定要求偿债书"发出之后已经过了3周;(3)债务人不照此行事或者不予理会。②

债权人申请破产需要达到的债权金额标准是5000英镑,内阁大臣有权以法定文件的形式(order)调整这一金额,但调整该金额的文件必须提交给下议院和

① 债权人据以提出申请的债权应当是无担保债权,或者是担保债权的债权人在申请书中明确表述,愿意在法院做出破产令后为了全体债权人的利益放弃担保;或者是申请人说明担保财产不足以覆盖担保物而自己的申请是基于无担保部分的债权提出的,对此,需要提供对担保物进行评估的说明。在破产案件中,对于这种有担保的部分和无担保的部分的债权,是区别对待的。See Insolvency Act 1986, sec. 269.

② 《1986年破产法》第268条所明确界定了"不能清偿到期债务"和"法定要求偿债书",《2016年英格兰和威尔士破产规则》进一步规定了"法定要求偿债书"的格式和内容。See Insolvency Act 1986, sec. 268; The Insolvency (England and Wales) Rules 2016, rule 10.1.

上议院审议并表决通过。①

破产申请一旦提出，非经法院许可不得撤回，但申请人可以在得到法院的许可后随时修改申请书。②

（二）法院的审查

依据《1986年破产法》第264条提出的各类破产申请，都由法院审查并决定是否颁发破产令。法院亦有权驳回当事人的申请，或者在出现特定情形时，决定中止破产程序。

在作出破产令之前，如果法院认为有必要采取措施保护债务人财产，可以委任官方接管人或者私人部门的破产从业者为临时接管人。③

如何审查债权人提出的申请？法院应当重点审查债权人是否在申请书中证明了债务人具备以下情形之一：（1）债权人享有的债权在申请人之前已经到期未受清偿；（2）债务人有可能在今后债权到期时没有合理期待的清偿能力。如果债权人的债权是尚未到期的债权，则应当提前3周给债务人发出“法定要求偿债书”，法院的决定须等到3周过后才能作出。如果法院认为债务人能够偿还债务，则不能作出破产令。④

如何审查对基于个人自愿安排违约而引发的监察人或者其他受个人自愿安排约束的个人提出的申请？法院只有在债务人未履行个人自愿安排中约定的义务、债务人在依照个人自愿安排的要求提供相关信息时存在虚假和舞弊等情形下，才可以依据申请作出破产令。而在个人自愿安排程序中发生的管理费用，应当从破产财产中优先拨付。⑤

此外，英国破产法对如何审查基于刑事破产令而提出的申请，也作了相应的规定。⑥

---

① 英国破产法1986年确定的最低债权金额标准是750英镑，一直适用到2015年。2015年1月，英国政府以法定令的形式[The Insolvency Act 1986(Amendment) Order 2015]，宣布将此标准提高到5000英镑，自2015年10月1日起实施。See Insolvency Act 1986, sec. 267(4)(5).

② The Insolvency(England and Wales) Rules 2016, rule 10.16.

③ Insolvency Act 1986, sec. 286.

④ Insolvency Act 1986, sec. 271.

⑤ Insolvency Act 1986, sec. 276.

⑥ Insolvency Act 1986, sec. 277.

四、破产清算程序中的管理人

破产管理人(trustee)是破产清算程序中不可或缺的角色。[①] 英国《1986 年破产法》第 9 编第 3 章专门规定了个人破产程序中的管理人(trustees in bankruptcy),官方接管人、个人债务自愿安排程序中的监察人(supervisor)以及私人部门的破产从业者(insolvency practitioner)都可能成为破产程序中的管理人,但是三者在何种情形下担任管理人,管理人应该尽到哪些职责,都是极为重要但又较为复杂的问题。

(一)破产管理人的主体类型

1. 官方接管人

根据英国破产法的规定,官方接管人是法定的“第一破产管理人”(first trustee in bankruptcy),只要破产令一经颁发,官方接管人就变成了破产管理人,除非法院或者内阁大臣任命了其他人为破产管理人。在官方接管人担任破产管理人的时候,债权人不得组建债权人委员会。[②] 需要注意的是,虽然官方接管人是法定的“第一破产管理人”,但在实践中,大多数情况下都会任命私人部门的破产从业者担任破产管理人,仅在破产人的财产不足以支付管理人报酬的情况下,才会由官方接管人担任管理人,因此,官方接管人担任破产管理人,事实上成为一种最后的选择(last resort)。[③]

2. 监察人

如果债务人之前选择了个人自愿安排程序且有确定监察人,则法院在颁布破产令的时候,可以任命该监察人为破产管理人。监察人一旦被任命为破产管理人,必须通知债权人,并且必须在通知中告知债权人如何建立债权人委员会。需要注意的是,监察人并非必然会被任命为破产管理人。除非监察人向法院提交申明,证明自己具有破产从业资质且愿意从事破产管理人工作,否则,法院不得作出任命监察人为破产管理人的委任令。如果法院任命该监察人为破产管理

---

① “Trustee”翻译为“受托人”更接近本意。考虑到跟中国破产法语境的对应性,本书将“trustee”翻译为破产管理人。需要注意的是,英国法中的“administration”程序类似于我们的重整程序,本书将“administrator”翻译为管理人,实际上是公司重整程序(administration)的管理人,而非破产清算程序中的破产管理人。

② Insolvency Act 1986, sec. 291A, 300.

③ See Lorraine Conway, *Discharge from Bankruptcy*, Briefing Paper, Number 3043, 1 May 2019, p. 6.

人，则由官方接管人将盖印的委任令送达给被任命者。①

3. 破产从业者

在官方接管人依法成为破产管理人的案件中，官方接管人随时可以向内阁大臣提出申请，请求内阁大臣任命一位破产从业者来代替自己做破产管理人。内阁大臣对此要求可以批准，也可以拒绝。如果内阁大臣根据请求任命了一位破产管理人，则该破产管理人必须将任命的情况通知债权人，或者根据法院的指令，以公告的形式通知债权人。同样，必须在通知或者公告中解释如何建立债权人委员会。②

如果委任管理人的命令未能生效，或者虽然生效但被任命者处于缺员的状态，则官方接管人将一直担任管理人，直至空缺被补上。同时，官方接管人可以要求债权人选定一个管理人，如果是代表 1/10 以上债权额的债权人提出要求，则官方接管人必须向债权人提出选任管理人的要求。官方接管人提出要求后，债权人应当依照法律规定的条件选任管理人。③

无论是法院，还是内阁大臣，都可以指定两个或两个以上的破产从业者为联合管理人，但必须在委任令中明确，什么情况下管理人必须共同行动，什么情况下，可以由其中的一人或者多人做代表行事。④

（二）破产管理人的主要职权

1. 财产管理权

管理人必须履行破产财产的管理、变价和分配的职责。自法院对债务人颁发破产令之日起，债务人变成了破产人（bankrupt），破产人的财产全部归破产管理人控制和管理，债权人不得再对破产人追索，债务清偿也因此成为破产管理人的责任。破产人必须自破产令颁布之日起 21 日内，向破产管理人提供与自己财务事务相关的信息，包括完整的资产清单和完整的债务清册。破产管理人的主要职责就是收集、管理、变现和分配破产财产。在履行这些职责和对破产财产进行管理的时候，破产管理人依法有权行使自由裁量权（discretion）。

---

① The Insolvency (England and Wales) Rules 2016, rule 10.71.

② Insolvency Act 1986, sec. 296.

③ Insolvency Act 1986, sec. 300.

④ Insolvency Act 1986, sec. 292; The Insolvency (England and Wales) Rules 2016, rule 10.71.

2. 破产撤销权

破产管理人有权行使破产撤销权,进而对债务人在破产程序启动时并不拥有的一些财产主张所有权。在 1986 年之前,英国的破产管理人通常不能以成本效益的方式(in a cost-effective way)去处理破产之前实施的各种类型的交易,包括那些无正当商业理由进行的、无对价的财产(包括金钱)处置行为,哪怕当事人是基于非常明显的欺诈动机。① 因此,《科克报告》提出了改进法律的建议,并成为重塑英国破产法的基础。② 该建议的核心是针对两个方面的情形作规定:一是"破产前交易的调整"(adjustment of prior transactions),主要针对不合理的低价交易(transactions at an undervalue)、偏袒性清偿(preferences)、过高的信用交易(extortionate credit transactions)和账面债务一般转让的规避(extortionate credit transactions),写入了《1986 年破产法》第 339 ~ 344 条。二是"债务规避条款"(provisions of debt avoidance),主要是针对欺诈性交易(transactions defrauding creditors),写入了《1986 年破产法》第 423 ~ 425 条。这些规定同样也适用于企业破产程序。笔者在此重点分析低价交易与偏袒性清偿。

(1)低价交易

低价交易行为主要包括三种情形:①礼物馈赠或无偿转让,即将自己的财产作为礼物赠与他人,或者通过订立交易合同转让给他人却不收取任何对价;②出于结婚或者成为民事伴侣的目的,与其他人订立交易合同;③以明显不合理的低价进行的交易,即与其他人订立交易合同,但自己收到的金钱或者相应的价值上远远低于交易标的金钱或者相应的价值。③

低价转让交易的情形非常广泛,既包括债务人对金钱、实物的低价处置,也包括债务人的其他行为,比如,在特定的行动和服务中只进行象征性收费甚至是完全免费(gratuitously),如商业艺人(commercial entertainer)演出时不收取报酬,工匠艺人、专业人士出于恩惠的目的放弃或者减少自己应得的收费。此外,低价转让的交易,也可以是夫妻之间进行的交易。而交易的形式既可以是赠与,也可

---

① See Ian F. Fletcher, *The Law of Insolvency*, fifth edition, Sweet & Maxwell(2017), p. 250.

② See Kenneth Cork, *Insolvency Law and Practice: Report of the Review Committee*, Cmnd. 8558 (1982), ch. 28.

③ Insolvency Act 1986, sec. 339(3).

以是一种协议或者一种安排。①

如果低价交易发生在破产清算程序启动之前(债务人被宣告破产之前)的2年内,破产管理人可以申请法院予以撤销,无须进一步调查债务人交易时的财务状况,这也意味着在此2年期限内的任何低价交易都是脆弱的。如果交易发生的时间超过了破产清算程序启动前的2年,但在5年之内的,管理人也可以申请法院撤销该交易,但需要证明债务人在交易时已经具备了破产原因,即出现了"支付不能"(insolvent)的情形,或者债务人因为这笔交易而陷入了破产原因。在测试债务是否具备破产原因时,可以采取现金流标准(cash-flow),也可以根据资产负债表(balance sheet)来确定。一般来说,这种证明责任由破产管理人来承担,但如果与债务人进行交易的相对人是与债务人有生意或工作上关系的同事或者伙伴(包括债务人所控制的公司,但仅仅是债务人的雇员并不必然构成这种亲近关系),则举证责任倒置,由认为交易不应撤销的当事人来承担。②

如果法院审查后认为,破产人订立合同的目的是将财产转移到正在索赔的债权人无法控制到的地方,或者是损害正在对自己追索的债权人的利益,则应当颁发令状予以撤销,让合同各方回到合同订立之前的状态,同时注意保护好合同受害的一方。③

(2)偏袒性清偿

偏袒性清偿是指债务人在无力偿债的情况下,将金钱利益授予某一特定债权人,或者授予某一笔债务的保证人(surety)或担保人(guarantor),从而损害到了其他债权人在破产程序中的利益。偏袒性清偿损害了破产法规定的同类债权人同比例受偿的基本原则。④

偏袒性清偿行为包括两个基本要件:一是在此行为中受益的人一定是债务人的债权人,或者是债务人某笔债务、某些责任的保证人或担保人;二是债务人必须是做了某事或者承受了某种事情,进而让受益的债权人、保证人或担保人在债务人之后的破产清算程序中处于一种更优的待遇和地位。⑤

---

① See Ian F. Fletcher, *The Law of Insolvency*, fifth edition, Sweet & Maxwell(2017), p. 251.

② See Insolvency Act 1986, sec. 341.

③ Insolvency Act 1986, sec. 423.

④ See Ian F. Fletcher, *The Law of Insolvency*, fifth edition, Sweet & Maxwell(2017), p. 257.

⑤ Insolvency Act 1986, sec. 340(3).

根据《1986 年破产法》的规定，破产管理人是唯一可以对偏袒性清偿行为提起撤销权诉讼的主体，而且，可撤销的偏袒性清偿行为应当是发生在破产清算程序启动之前的 6 个月内，但如果是对有生意或工作关系的同事、伙伴（不包括纯粹的雇员关系）进行的清偿，则追溯期为破产清算程序启动之前的 2 年内。因为偏袒性清偿不同于低价交易，所以，追溯期也与低价交易情形不一样。但如果债务人的某一个行为既包括了低价交易，又构成了偏袒性清偿，则破产管理人可以按照低价交易的追溯期来行使权力。①

3. 调查权

调查权是官方接管人的一项法定职权。破产管理人有责任调查破产人在破产前的行为和财务状况，以查清楚破产人失败的原因，确保没有财产被故意转移到债权人无法察觉的地方。管理人的调查可以涉及破产人很多年的事务，虽然实践中主要是集中调查破产前后一段时间内的事情。根据英国的破产法，破产管理人有着很广泛的权力，可以调查破产人的财产和破产之前的交易行为；破产管理人有权取得破产人的账户信息和其他相关文件。更为重要的是，与破产管理人合作，向破产管理人提供各种信息，根据破产管理人的合理要求前往其办公室见面，都是破产人的法定义务。此外，破产管理人有一项法定权力，那就是可以向法院申请一项司法令，要求对破产人的配偶、合伙人或任何相关的第三方进行一项“非公开的调查”。②

官方接管人应当调查破产人在破产前和破产程序中的行为和交易事项，形成专门的报告，并在认为有必要的时候提交给法院。如果破产人依据《英国破产法》第 280 条提出了免责申请（针对刑事破产令的情形），则官方接管人必须针对此事项形成一份专门的调查报告，法院在作出是否免责的决定时，应当参考这份报告。③

与“非公开的调查”相对应的是针对破产人进行的“公开的调查”，这是英国

---

① Insolvency Act 1986, sec. 341(1).

② 《1986 年破产法》第 367 条确立“private examination”这项制度，实际上是一项特别的调查程序，因此，译为“私下的调查”或者“非公开的调查”，可能更符合法律规定的本意，也可以与第 290 条规定的“公开的调查”（public examination）形成对应。本书选择的表述是“非公开的调查”。此外，关于破产管理人调查权力的介绍，亦可参见 Lorraine Conway, *Bankruptcy: Trustee's Right of Inquiry*, Briefing Paper, Number 5819, 3 December 2019。

③ Insolvency Act 1986, sec. 289.

破产法规定的法定调查程序,也是官方接管人行使调查权的一种重要方式。在法院颁发破产令之后,官方接管人如果认为有必要,可以在破产人免责之前的任何时候向法院提出申请,要求对破产人进行公开的调查,具体的时间由法院在批准的令状中确定。如果符合条件的债权人要求管理人向法院提出公开调查的申请,管理人必须为之。可以参加公开调查的主体主要包括官方接管人、提起破产申请的官方申请人、破产管理人、法院任命的特别经理、在破产程序中申报债权的任何债权人。公开调查主要是就破产人的交易事项、财产处置情况,接受相关单位和主体的询问。[①]

(三)破产管理人的报酬

关于管理人报酬,主要是根据《2016 年英格兰和威尔士破产规则》第 18 编第 4 章规定及其附件 11 的标准来确定。该章的规定适用于公司接管、公司清算、个人破产等程序,笔者在此主要从个人破产的程序进行简要介绍。

个人破产程序中的破产管理人有权获取服务的报酬,报酬的计算方法有三种:一是按比例计酬,即以破产管理人在破产程序中变现和分配的财产价值总额为基数,采取分段超额累退的方式计酬;二是按时计酬,即根据破产管理人在案件中处理问题所花费的总时间来计算报酬;三是固定数额的报酬标准。

实践中,既可以按照单一标准计酬,也可以结合多种标准计酬,而且,由于破产管理人在个案工作中的差异,可能会确定不同的基数或者百分比。个案中具体的管理人报酬计算方法,由债权人委员会来决定;如果没有成立债权人委员会,则由债权人决定。如果破产管理人提议采取按时计酬的方法,则其必须在债权人决定用哪种方式计酬之前,向债权人提供费用测算和支出明细(包括将要发生的支出或者可能发生的支出)。[②]

如果债权人没有能够应破产管理人的要求确定计酬标准,或者自破产管理人被任命之日起的 18 个月内没有能够确定计酬标准,则破产管理人有权将《2016 年英格兰和威尔士破产规则》附件 11 确定的“变现比例”(见表 3)应用到破产管理人从资产变现中收取到的金额(包括任何变现过程汇总产生的增值税,但需要扣除支付给担保债权人的金额和任何从破产人经营业务中收取款项时支

---

① Insolvency Act 1986, sec. 290; The Insolvency (England and Wales) Rules 2016, part 10, chapter 8.

② The Insolvency (England and Wales) Rules 2016, rule 18.16, 18.21.

出的费用)；同时，破产管理人有权根据分配给债权人的财产价值(包括清偿优先债权所支付的金额)，适用附件 11 确定的分配比例计算管理人报酬。但是，前述管理人依据“变现比例”收取的报酬，需要受到相应的总额限制。①

如果管理人认为债权人确定的报酬标准计算比例、报酬金额、计算基数不合适，则可以要求债权人增加比例、金额或者计酬基数，也可以申请法院裁定调整。②

如果是联合管理人，彼此之间的报酬分配由他们协商解决；如果出现争议，则由债权人委员会或债权人依据决策程序来解决争议，或者由法院裁决。③

破产管理人如果代表担保债权人变现了担保财产，则有权据此收取相应的报酬，除非破产管理人与担保债权人另有约定。破产管理人可以将《2016 年英格兰和威尔士破产规则》附件 11 的“变现比例”运用到担保财产变现所得金额上(包括任何因此产生的增值税在内)，据此计算应当收取的报酬，而且，管理人有权从变现所得的价款中提取该报酬。④

表 3　《2016 年英格兰和威尔士破产规则》附件 11：破产管理人报酬的决定

变现比例(the realisation scale)	
5000 英镑以内的部分(on the first £5000)	20%
5000～10,000 英镑的部分(on the next £5000)	15%
10,000～100,000 英镑的部分(on the next £90,000)	10%
100,000 英镑以上的部分(on all further sums realised)	5%
分配比例(the distribution scale)	
5000 英镑以内的部分(on the first £5000)	10%
5000～10,000 英镑的部分(on the next £5000)	7.5%
10,000～100,000 英镑的部分(on the next £90,000)	5%
100,000 英镑以上的部分(on all further sums realised)	2.5%

注：本表设定了变现比例和分配比例，用于确定管理人和清算人的报酬。

---

① The Insolvency(England and Wales) Rules 2016, rule 18.22.

② The Insolvency(England and Wales) Rules 2016, rule 18.24.

③ The Insolvency(England and Wales) Rules 2016, rule 18.17.

④ The Insolvency(England and Wales) Rules 2016, rule 18.38.

五、破产清算程序中法院的权力

《1986年破产法》第9编第7章专门规定了“破产清算程序中法院的权力”。实践中，每一个破产程序几乎都是在法院的全面掌控之下进行，依据破产法的规定，法院对于破产程序中出现的法律问题和事实问题，如清偿顺位以及所有其他问题，都有着完全的决定权。无论是尚未免责的破产人，还是已经免责但财产仍在破产管理人管理之下的破产人，都必须遵照法院为了破产程序或者财产管理的目的所定的要求行事。破产管理署或者破产管理人任何时候都可以向法院提出申请，要求破产人按照要求行事。如果破产人未能遵照要求行事，将构成藐视法庭罪。[①]

以下是法院在个人破产清算程序中的具体权力。

（一）逮捕权

在“法律规定的特定情形”下，法院可以签发令状，授权治安警察（constable）或者特定的法院工作人员：(1)对破产申请涉及的债务人、尚未免责的破产人、已经免责但财产仍在破产管理人依法管理之下的破产人实施逮捕（arrest）；(2)查获前述债务人或者破产人掌管的账簿、文件、档案、金钱或者财产，并可以依法继续拘押逮捕的债务人或者破产人、保留查获的物品，直至法院颁布新的命令为止。[②]

前述“法律规定的特定情形”，主要是指债务人或者破产人的行为被法院认定为：(1)有合理理由相信，债务人或者破产人躲避债务、拖延债务清偿、回避破产申请，或者回避、拖延、扰乱针对他提起的破产程序以及针对他开展的事务调查，以此方式进行逃债准备逃债；(2)债务人或破产人准备转移财产，以阻止或者拖延官方接管人或破产管理人对这些物品的控制；(3)有合理理由相信，债务人或者破产人在破产清算程序进行中或者与此相关的破产财产管理过程中，隐匿、毁损，或者准备隐匿、毁损任何财产和任何可能对债权人有用的账簿、文件、档案资料；(4)债务人或者破产人未经官方接管人或者破产管理人的同意，转移他所占有的价值超过法律规定数额的财产；(5)债务人或者破产人无正当理由，不参

① Insolvency Act 1986, sec. 363.

② Insolvency Act 1986, sec. 364(1).

加法院要求的调查。①

(二)对破产人财产的扣押权

法院可以在破产令颁发之后的任何时间,根据官方接管人或者破产管理人的申请签发令状,授权某人扣押(seizure)本来属于破产财产但在破产人或其他人占有或控制之下,且已经被要求提供(实际未提供)给官方接管人或者破产管理人的任何财产,或者是与破产相关的任何账簿、文件、档案。获得授权的人员为了执行法院的命令,可以强行打开任何藏有或者被认为藏有需要扣押的财产、文件资料的破产人的住所或贮藏室。如果法院相信破产人的财产或者与破产有关的账簿、文件、资料被隐藏在不属于破产人的物业场所,则可以签发令状,授权任何一位警察或者指定的法院工作人员前往该物业搜查,当然,执行这种令状时,必须按照规定的条件与方式进行。②

(三)对破产人交易行为和财产状况的调查权

在破产令颁发后的任何时间,法院都可以依据官方接管人或者破产管理人的申请,传唤以下人员到庭:(1)破产人、破产人的配偶、前配偶、同性伴侣(civil partner)、前同性伴侣;(2)任何已知或者被认为拥有破产人财产的人,或者是任何对破产人有负债的人;(3)任何能够到庭提供与破产人及其交易事务和财产状况相关信息的人。法院可以要求第(2)类、第(3)类人员提交说明与破产人交易原因的真实的证人陈述,或者是提交在其占有或控制之下的与破产人及其交易情况和财产状况相关的任何文件资料。

在不影响《1986年破产法》第364条关于逮捕权规定的情况下,法院还可以针对以下两类情形签发令状,授权警察或者指定的法院工作人员实施逮捕或者扣押行为:(1)上述三类人员无正当理由拒不到庭;(2)有合理理由相信上述三类人员已经或者即将隐匿财产、账簿、文件、档案资料,以达到不需要到庭的目的。③

(四)命令税务局提供相关的文件

为了《1986年破产法》第290条"公开调查"的目的,或者是为了第366~368条规定的破产人交易行为和财产状况调查程序的目的,法院可以根据官方接管人或者破产管理人的申请,颁发令状,要求税务局(inland revenue)官员向法庭提

① Insolvency Act 1986, sec. 364(2).

② Insolvency Act 1986, sec. 365.

③ Insolvency Act 1986, sec. 366.

供以下信息:(1)破产人在破产清算程序启动前后提供给税务局的报告和账户资料;(2)税务局官员在破产程序启动前后作出的与破产人有关的评估和决定;(3)破产人与税务局官员之前在破产程序启动前后的往来通信。为了调查的目的,法院可以在税务局提供了相关文件资料之后,下令将该文件资料全部或者部分披露给官方接管人、破产管理人或者债权人。

理解这项权力,还有必要注意三点:第一,只有在法院认为税务局官员已经处理过或者正在处理与破产人有关的事务,法院才可以颁发这种令状。第二,如果令状中要求提供的文件资料不在指定官员的占有和掌管之下,则该官员有职责采取合理的措施获得、占有和保管;如果未能做到,则必须向法院报告未能做到的原因;如果在税务局其他官员掌管之下,则其有义务根据令状中指定的税务局官员的要求,将文件资料提供给该指定的税务局官员。第三,在破产法规定的"非公开调查"程序和临时接管人程序中,法院不得行使此项权力。①

(五)任命特别经理

当临时接管人或者破产管理人认为,基于破产财产、破产人的营业性质或者基于债权人的普遍利益考虑,有必要任命一个人来管理财产或者债务人的营业事务,则临时接管人或者破产管理人可以向法院提出申请,法院可以根据其申请,任命一位特别经理(special manager),负责管理破产财产、未免责的破产人的营业,或者是已任命临时接管人的案件中的债务人财产。

特别经理可以行使法院赋予的权力,破产法规定的属于官方接管人、临时接管人或者破产管理人的权力,也应当允许特别经理行使。特别经理应当提供规定的担保、按照规定拟定和保存账目,并且将这些账目按照规定提交给内阁大臣或者规定的其他人员。②

(六)破产人信件资料邮寄的重新定向

当破产令颁发之后,法院可以根据官方接管人或者破产管理人的申请,颁发司法令,要求邮政运营商将破产人的邮寄资料寄送或者交付给官方接管人或者破产管理人;或者是在司法令指明的地点寄送或交付与破产人有关的包裹。需要注意的是,这种约束的有效期限应当在司法令中写明,而且最长不超

---

① Insolvency Act 1986, sec. 369.

② Insolvency Act 1986, sec. 370.

过 3 个月。①

六、破产财产与自由财产

英国破产法对破产财产(Bankrupt's Estate)的规定非常细致,除了《1986 年破产法》《2016 年英格兰和威尔士破产规则》本身的规定之外,还需要考虑《住宅法》《租房法》等相关法律的特殊规定。但整体而言,对于破产财产范围的理解,可以从正面界定(归属范围)和反向排除(自由财产)两个方面展开分析,此外还需要考虑收入支付、住房的特别处理、破产后取得的财产的特殊处理。

(一)破产财产的范围

根据英国现行破产法的规定,在破产清算程序启动的时候,属于破产人的或者登记在破产人名下(belonging to or vested in the bankrupt)的所有财产都应归入破产财产。② 其中,财产(property)的范围非常广泛,包括金钱、财物(goods)、无形财产(things in action)、任何地方的土地及其各种相关财产、现在或将来产生的应收款及其各种利息,财产的界定不受地域范围的限制。③

在界定破产财产的范围时,英国破产法表面上采取的是固定主义的立法原则,即以破产清算程序启动时(法院颁发破产令的时候),破产人所有的财产为破产财产。但又并非绝对坚守固定主义的立场,因为破产法对财产的界定,涵盖了未来的财产请求权、收益权以及或有收益。破产人在破产清算程序启动之前不当处置的财产(如低价转让、偏袒性清偿),如果破产管理人要求追回的,该财产也归入破产财产处理。④

法院颁发破产令之后,财产处置就属于官方接管人或者破产管理人的权力范围,破产人未经法院同意而进行的财产处置行为都是无效的,除非事后能够得到法院的批准。"财产处置"包括以现金或者非现金形式进行的支付,因为破产清算程序启动以后,所有支付行为都应当纳入破产财产的分配中来进行统筹考虑。此处对财产处置的限制,适用于当事人提出破产申请到法院颁发破产令后,

---

① Insolvency Act 1986, sec. 371.

② Insolvency Act 1986, sec. 283(1).

③ Insolvency Act 1986, sec. 436.

④ Insolvency Act 1986, sec. 366.

财产交由官方接管人或者破产管理人接管为止。①

为了保护破产财产，法院可以在当事人提出破产申请后至破产令颁发之前的任何时间，任命官方接管人或者破产从业者为债务人财产的临时接管人（interim receiver）。临时接管人应当即时管控债务人的财产，或者视具体情况，即时管理其作为临时接管人有权管理的部分财产。临时接管人在财产管理上，拥有与正式接管人或者高等法院任命的特别经理一样的权力，有权出售或者以其他方式处置任何易腐烂或者易毁损的财产（perishable goods），有权处置任何其他如果不及时处置就会贬值（diminish）的财产。②

在理解破产财产的范围时，还需要注意以下几个重要问题：

首先，如何处理"事后取得的财产"？"事后取得的财产"（After-acquired property）是一个非常重要的概念，是指破产人在法院颁发破产令之后至破产免责之前取得的资产和额外的收入（assets or additional income）。破产人如有"事后取得的财产"，必须向破产管理人申报。破产管理人可以在法律规定的期限内，决定是否要求破产人交出全部或者部分"事后取得的财产"以满足债权人的利益。③

其次，如何处理通过继承取得的财产？根据英国破产法的规定，破产人在免责之前并不丧失继承权，但通过继承的方式取得财产的，破产人有义务在 28 日之内向破产管理人报告。如果破产人未能履行及时报告的义务，并通过交易的方式将继承所得的财产置于债权人的控制范围之外，则破产管理人有权力宣布撤销任何相关的交易。管理人应当在破产人向其报告之日起的 42 日之内，或者是破产人未报告但管理人通过其他方式知道该继承事实之日起的 42 日之内，以书面通知的形式向破产人主张权利，因为这种"继承财产"应当归入"事后取得的财产"的类别中。在例外的情形中，破产人也可以向破产管理人提出说明，解释他应当被允许保留全部或者部分继承财产的原因。需要注意的是，破产人免责之后，一般就可以完整保留通过继承所获得的财产。④

---

① Insolvency Act 1986, sec. 284.

② Insolvency Act 1986, sec. 286, 287.

③ Insolvency Act 1986, sec. 307, 309.

④ See Lorraine Conway, *Discharge from Bankruptcy*, Briefing Paper, Number 3043, 1 May 2019, p. 11.

(二)如何处理“破产人住房”?

破产人住房(bankrupt’s home)通常是破产财产中最有价值的部分。根据破产法的规定,自破产管理人被任命时起,破产人的住房即自动归入破产财产的范围,无须任何实质上或形式上的转让手续。换言之,对于破产人的住房,破产管理人拥有了事实上的权益,管理人有义务为了债权人的利益来处理这种财产。而最理想的处理方式,就是将它出售给共同所有人或者家庭成员,进而可以避免申请法院颁发占有令而带来的成本。然而,并非总是能够按照这种方式处理。

如果在破产程序开始之日,破产人的住房是破产人、破产人的配偶、破产人的前配偶唯一的或者首要的住宅,则该财产就存在住宅利益。如果不能按照上述理想的方式处理该房屋,就会产生债权人利益与住宅利益的冲突:卖掉房子可以更好地维护债权人的利益,但可能会使破产人及其家人无家可归。①

如何解决这种利益冲突?英国破产法提供了一种较好的制度安排。根据《1986 年破产法》第 283A 条的规定,自 2004 年 4 月 1 日起,破产管理人必须在法院颁布破产令之日起的 3 年内,②通过采取以下方式来处理破产人的家庭住房:(1)变现财产。比如,将房屋出售给其他人,通常是出售给共同所有人或者家庭成员。如前所述,这是一种最理想的方式,但不一定都能做到。(2)向法院申请占有和出售令。(3)申请押记令(charging order)。押记令的作用在于,如果该房屋今后被出售出去,破产管理人有权拿回来他应当得到的部分。押记令的最长期限是 12 年,但可以再次押记。(4)与破产人签订专门的协议以照顾此种家庭利益。③

需要注意的是,如果破产管理人未能在 3 年期限内采取上述步骤,那么他就丧失了相应的权益,该房屋也就不再属于破产财产了,此即司法判例中发展出来的“用之或弃之”原则(use it or lose it)。

英国的官方报告指出:“值得注意的是,在破产令颁布之日起的 1 年后,破产债权人的利益通常会超过所有其他的考虑,只有在特殊情况下例外。事实上,在

---

① See Lorraine Conway, *Discharge from Bankruptcy*, Briefing Paper, Number 3043, 1 May 2019, p. 11.

② 如果破产管理人不知道破产人在哪些房屋中有权益(如破产人没有披露),则 3 年的期限从破产管理人知道之日起开始计算。在特殊的情况下,法院可以延长此期限。

③ Insolvency Act 1986, sec. 283(A).

1 年之后,除非法院认为情况确实'特殊',否则破产债权人的权利被认为比任何婚姻家庭权利和破产人的占有权更为重要。根据破产服务局的说法,法院已经考虑了一些特定的家庭困难情况作为'特殊例外情形',但整体的趋势是,支持债权人的权利超过了对家庭困难情况的考虑。"①

(三)如何对待担保财产?

破产财产由官方接管人或者破产管理人管理,但担保财产另当别论。英国破产法不影响有财产担保的债权人在个人破产清算程序中行使权利,包括变现担保物的权利。《2016 年英格兰和威尔士破产规则》规定,任何对破产人的土地享有成文法或衡平法上的抵押权人,都可以向法院申请,要求变现担保物。

担保物变现所得价款,按照以下顺序清偿:(1)清偿破产管理人向法院申请的有关开支、破产管理人销售担保物的费用和参与费用(the trustee's expenses of the sale and attendance at it),以及破产管理人根据法院的指示进行记账和调查而产生的成本;(2)清偿抵押权人的本金、利息和成本;(3)剩余部分由破产管理人保留或者支付给破产管理人。变现所得价款不足以清偿抵押权债权的,抵押权人有权就未受清偿部分在破产清算程序中申报债权,并与其他普通债权人同比例受偿。②

(四)自由财产的范围

自由财产,又称为豁免财产,即破产法为了保障破产人及其家人的合理生活需要,通过特别的法律规定,使原本属于破产人的财产却无须归入破产财产的范围,从而构成破产人可以自由支配的财产。

根据英国破产法的规定,破产人的自由财产包括工作与生活两个主要的方面:一是破产人在其受雇、商业运用和职业工作中自己使用的,必要的工具、书籍、车辆及其他设备;二是为满足破产人及其家人的基本生活需要,而必需的衣物、床上用品、家具、家庭设备及供应品。③ 在实践中,破产管理人一般都会让破产人继续保留上述财产,除非可以有更便宜的替代物。此外,按照学术界对自由财产的认定标准,对于破产人"事后取得的财产"和"通过继承取得的财产",如果不需要交付给破产管理人,也将构成破产人自由财产的一部分。

---

① Lorraine Conway, *Discharge from Bankruptcy*, Briefing Paper, Number 3043, 1 May 2019, p. 10.

② The Insolvency (England and Wales) Rules 2016, rule 10.122; 10.124.

③ Insolvency Act 1986, sec. 283(2).

根据法律规定,破产管理人可以对自由财产进行合理的置换。《1986 年破产法》界定的自由财产原则上归破产人所有,不归入破产财产,但如果破产管理人认为某项自由财产整体或者部分变现的价值超过了将其进行合理置换(reasonable replacement)的成本,则破产管理人可以采书面通知的形式告知破产人,该财产全部或者部分地归入破产财产,但管理人应当将破产财产中包含的资金用于破产人购买或者代表破产人购买合理的置换物。所谓合理的置换,是指替代物能够合理、充分地满足原自由财产所能满足的需求。法律施加给破产管理人的此项职责优于其财产分配的义务。[①] 需要注意:第一,原则上破产管理人应该自知道破产人此项自由财产之日起的 42 日内作出是否置换的决定并通知破产人,逾期之后,除非经过法院的同意,不得再给破产人发出置换的通知。[②] 第二,一旦管理人发出了书面的置换通知,通知中所指向的财产就归为破产财产的一部分,管理人对该财产享有的权利可以追溯到破产清算程序开始之初,但不得对抗支付了对价且没有得到债务人破产通知的善意购买人。[③] 第三,购买替代物的行为可以发生在破产管理人可以变现原自由财产之前或者之后。第四,除非破产财产中有足够的资金用于购买替代物,否则,破产管理人没有义务提供资金用于购买替代物。[④]

(五)收入支付协议和收入支付令

如果尚未免责的破产人在维持自己和家庭的基本生活需要的基础上,还有一些多余的收入,是否都属于自由财产的范围?根据英国破产法的规定,答案是否定的。因为英国法上明确规定,对于这种情形,可以通过"收入支付协议"(income payments agreement)或者"收入支付令"(income payments order)来处理,即让破产人在一定的期限内,从自己的"可支配收入"中,按照要求拿出一定的比例交给破产管理人,以更好地维护债权人的利益。[⑤]

收入支付协议,是指破产人与管理人(或者是官方接管人)之间订立一份书面的协议,在规定的期限之内,破产人从其收入中拿出协议规定的一定比例的金

---

① Insolvency Act 1986, sec. 308(3).

② Insolvency Act 1986, sec. 309.

③ Insolvency Act 1986, sec. 308(2).

④ The Insolvency(England and Wales) Rules 2016, rule 10.106.

⑤ Insolvency Act 1986, sec. 310, 310A; Lorraine Conway, *Discharge from Bankruptcy*, Briefing Paper, Number 3043, 1 May 2019, p. 11.

额，交给破产管理人或者官方接管人；或者是直接由有付款义务的第三方按照协议约定的比例，将本来应该给破产人的收入直接支付给破产管理人或者官方接管人。收入支付协议内容可以当作收入支付令的性质来对待。收入支付协议约定的期限，可以涵盖破产人获得免责之后的一定时期，但协议规定的期限最长不得超过3年（从收入支付协议生效之日起计算）。一般来说，如果破产人唯一的收入是来自国家的福利，破产管理人一般不会要求订立收入支付协议。

收入支付令，是指由法院签发的命令，旨在要求破产人在规定的期限之内，从其收入中拿出令状中明确规定的一定比例的金额，交给破产管理人或者官方接管人；或者是直接由有付款义务的第三方按照令状要求的比例，将本来应该给破产人的收入直接支付给破产管理人或者官方接管人。法院的收入支付令，必须依据破产管理人的申请做出，而且破产管理人必须在破产人获得免责之前提出申请。当然，法院如果认为签发收入支付令将会让破产人及其家人无法满足合理的生活需求，则可以拒绝签发收入支付令。但法院一旦签发了收入支付令，则破产人必须履行支付义务，否则，破产管理人有权申请法院延长破产程序的期限。收入支付令的期限同样可以涵盖破产人获得免责之后的一定时期，但收入支付令规定的期限最长不得超过3年（从收入支付令颁发之日起计算）。

根据英国破产服务局提供的官方统计数据，2018年总共有17,459件破产清算的案件，其中存在收入支付令和收入支付协议的案件合计2886件，占比17.4%。2010～2018年，收入支付令和收入支付协议的案件占比都在20%左右，最高的是2011年，占比24.8%。

七、破产债权清偿顺位

（一）担保债权

有固定财产担保的债权人（fixed charge holder）又称为担保债权人（secured creditor），通常是银行或者其他基于资产提供贷款的出借人。担保债权人拥有对特定资产（如建筑物、厂房、机器和车辆等）的担保权益。一旦债务人以某特定资产提供担保，债务人就失去了出售或交易该资产的权利。如果债务人进入正式破产程序，担保债权人可以出售担保物品，以实现其债权的受偿。

根据英国法的规定，无论是个人破产程序还是企业破产程序，担保债权均不受影响。只有在担保债权人实现其担保利益之后，剩余的担保物变现价款方可纳入破产财产并按照《1986 年破产法》第 328(1) ~ (4)条、第 386 条、附件 6 (Schedule 6)以及《2016 年英格兰和威尔士破产规则》第 10.149 条确立的清偿顺位进行分配。在苏格兰地区的立法中,《2016 年苏格兰破产法》第 129 条和附件 3 规定了优先债权的种类和顺位。担保物变现所得价款不足以清偿抵押权债权的,抵押权人有权就未受清偿部分在破产清算程序中申报债权,并与其他普通债权人同比例受偿。

(二)破产费用

破产费用(expense)是破产财产分配中首先要支付的费用,处于第一清偿顺位。然而,破产费用是由若干项目组成的,并按照严格的顺序排列,因此,所属项目不同,其清偿顺位又不一样。① 其中,管理人报酬在各项破产费用的清偿顺位中居于较后的顺位,因此,在破产财产极少的情况下,很难劝说私人部门的破产从业者来做破产案件中的管理人。实践中,在没有破产财产支付管理人报酬的案件中,法院通常不任命私人部门的破产从业者来做破产管理人,而是直接由官方接管人做破产管理人。②

以下是《2016 年英格兰和威尔士破产规则》第 10.149 条确立的各项破产费用的清偿顺位:③

1. 破产程序中发生的以下三项成本和费用:(1)官方接管人或者破产管理人在对破产财产进行收集、维护和变现过程中,或者是代表破产人提起诉讼、参加答辩过程中发生的成本和费用;(2)法院应官方接管人的请求,在相关调查中雇用速记员而产生的成本和费用;(3)基于官方接管人提出的申请,在对破产人进行《2016 年英格兰和威尔士破产规则》第 10.102 条所指的调查程序中发生的成本和费用。

2. 官方接管人经营债务人或破产人的业务而产生的费用,或者是官方接管人或其所在机构垫付的款项(disbursements)。

3. 依据《1986 年破产法》第 415 条第(1)款的费用令(fees orders)应当支付

---

① 破产程序中发生的所有酬金(fee)、成本(cost)、收费(charge)以及其他费用,都当作破产费用对待。See The Insolvency(England and Wales)Rules 2016, rule 10.148.

② See Andrew Keay & Peter Walton, *Insolvency Law: Corporate and Personal*, 4 Edition, LexisNexis (2017), p. 529.

③ The Insolvency(England and Wales)Rules 2016, rule 10.149.

的费用,[①]包括根据“基本规则”(general regulations)应当支付给官方接管人的费用和报酬。所谓“基本规则”,是指内阁大臣根据《2016 年英格兰和威尔士破产规则》导论第 5 条的授权制定的规则。[②]

4. 根据《1986 年破产法》第 415 条的费用令应当支付给官方接管人因履行其基本职责而产生的费用。

5. 作为上述第 4 项费用的支付担保而做出的司法令所产生的应付款项。

6. 临时接管人(interim receiver)、破产管理人(trustee)、特别经理(special manager)依法提供担保(security)所产生的成本。

7. 临时接管人的报酬(如有)。

8. 因申请任命临时接管人产生的费用。

9. 法院许可的破产申请人(petitioner)的成本。

10. 特别经理的报酬(如有)。

11. 根据《2016 年英格兰和威尔士破产规则》第 10.59 条、第 10.60 条或者第 10.64 条规定,应当支付给协助编制财产状况说明书(statement of affairs)和会计报表(statement of accounts)的个人或者事务所的费用。

12. 为免除提交财产状况说明书的义务或者为延长提交财产状况说明书的时间而产生的申请成本,法院据此以令状形式确定的支付限额(allowance)。

13. 官方接管人在调查过程中自行雇用速记员而产生的成本。

14. 需要由破产管理人在破产财产管理过程中发生的必要支出(disbursements),包括债权人委员会的成员或者经破产管理人依据《2016 年英格兰和威尔士破产规则》第 17.24 条许可的债权人委员会成员的代表在财产管理过程中产生的费用,但不包括后续第 17 项所指的任何资本利得税的支付。

15. 破产管理人为了破产财产的管理,根据《1986 年破产法》《2016 年英格兰和威尔士破产规则》的要求或者授权雇用他人(包括破产人)提供相应的服务而应当支付的报酬。

---

① 《1986 年破产法》第 415 条第(1)款规定的“费用令”(fees orders),主要包括:(1)经法院批准的特定程序中的中介机构人力成本;(2)特定程序中的诉讼成本;(3)官方接管人或者内阁大臣在特定程序中履行职责产生的费用;(4)审裁员履行个人破产程序中的职能产生的费用。经财政部同意,大法官(Lord Chancellor)可以直接下令收取此等费用。See Insolvency Act 1986, sec. 415(1).

② The Insolvency(England and Wales) Rules 2016, introductory rule 5.

16. 破产管理人的报酬(不超过《1986 年破产法》附件 11 规定的标准)。

17. 因变现破产财产产生的资本利得税(无论由谁进行变现)。

18. 在第 16 项之外的其他应付给破产管理人的报酬。

19. 破产管理人在履行职责的过程中产生的任何适当的应付费用。

(三)超级优先的债权

超级优先的债权(pre-preferential debts)在英国破产中非常罕见,或许最重要的一条就是体现在《1986 年遗产破产管理令》中的一个条文,即在破产财产分配时,应当特别优先支付合理的丧葬费和管理费。①

(四)优先债权

《1986 年破产法》第 328 条、第 316 条和附件 6,对个人破产程序中的优先债权(preferential debts)类型、破产财产的分配规则作了具体的规定,这些规定与公司清算程序(liquidation)中的分配原则基本相同。

根据英国现行破产法的规定,优先债权应当先于其他债权(不包括担保债权)受偿。需要注意的是,优先债权内部还分为"普通优先债权"(ordinary preferential)和"次级优先债权"(secondary preferential)。法律确立的分配规则为:普通优先债权先于次级优先债权受偿。如果破产财产中支付破产费用之后,不足以清偿全部的普通优先债权,则普通优先债权人之间按比例分配;如果在清偿普通优先债权之后,不足以清偿全部的次级优先债权,则次级优先债权人之间按比例分配。②

《1986 年破产法》附件 6 所列举的优先债权的种类:(1)国内税收债权;(2)海关税收债权;(3)社保债权(social security contributions);(4)职业养老金缴款(contributions to occupational pension schemes, etc.);(5)职工债权(remuneration, etc., of employees);(6)对煤炭和钢铁生产的征税;(7)其他存款债权,包括被国家金融服务赔偿计划涵盖的存款债权和其他存款债权。

附件 6 列举的 7 项优先债权中,第(4)项、第(5)项、第(6)项属于普通优先债权,第(7)项属于次级优先债权。

关于职工债权,立法一直保留为普通优先债权的顺位。在英国法律制度中,

---

① The Administration of Insolvent Estates of Deceased Persons Order 1986, article 4(2).

② Insolvency Act 1986, sec. 328(1A)(1B).

职工权益保护非常重要,并设立了独立的法定计划(scheme to employees)来保护被拖欠的职工工资。具体来说:内阁大臣可以从依据《1996 年劳动就业权法》设立的国民保险基金(National Insurance Fund)中优先支付职工工资,然后自己通过代位权(subrogation),参与破产清算程序并享有职工债权优先受偿的地位。

理解上述法条的规定,难点在于:第(1)项、第(2)项、第(3)项的债权如何对待?还是优先债权吗?对此问题的回答,要从英国法上对破产程序中"皇家优先权"(crown preference)的立法存废之争说起。

2002 年之前,英国破产法上的优先债权主要包括两类:一类是付给国家(皇家)的,如各种税收,亦称为皇家优先权;另一类是付给雇员的,也就是我们熟悉的职工债权。早在 1982 年发布的《科克报告》,就对皇家优先权提出了非常严厉的批判,认为这种优先权虽然给国家的财政收入带来了巨大的利益,但也给普通债权人造成了极大的痛苦。[①] 自此之后,政府开始作出相应的调整,并在 1986 年的破产法中只保留了所得税、关税和社会保险税的优先权,但依然遭遇了很多批评。2003 年 9 月 15 日生效的《2002 年企业法》彻底结束了皇家优先权的地位。该法第 251 条明确规定,《1986 年破产法》附件 6 和《1985 年苏格兰破产法》附件 3 关于国内所得税、海关关税和消费税、社会保险税这三项优先权的规定停止生效。

对于 2002 年废止皇家优先权的立法,理论界和实务界给予了好评,认为在其他手段不变的情况下,此举无疑会增加浮动抵押权人和普通债权人的可分配财产和利益。[②] R3 协会更是认为,这一变化作为当时的工党政府推行的改革举措中的一部分,旨在鼓励企业和商业拯救,并使破产程序对其他债权人(尤其是无担保债权人)更加公平。再者,优先权的改革可以消除这样一种看法,即英国税务海关总署为了增加税收收入,让本来有可能生存下来的公司被迫进入了清算程序。[③] 事实上,取消税收优先权的不只有英国,奥地利、澳大利亚也采取了类似的立法,而另外一些国家,如西班牙、意大利、南非,仍然对特定税收(如所得税

---

① See Kenneth Cork, *Insolvency Law and Practice: Report of the Review Committee*, Cmnd. 8558 (1982), paras. 1409 et seq.

② See Kristin van Zwieten (ed.), *Goode on Principles of Corporate Insolvency Law*, 5th student edition, Sweet & Maxwell (2008), pp. 310 – 311.

③ See R3 (association of Business Recovery Professionals), *The Return of Crown Preference*, 6 December 2018.

和增值税）保留优先权地位。①

就在大家都认为，一切都已成为立法常态、争论归于平静的时候，2018 年秋季，政府发布的预算报告中提出，将修改立法让英国税务海关总署重新回归次级优先权的地位。2019 年 7 月英国政府发布的《财政法案》（Finance Bill 2019—20）提出了恢复皇家优先权的具体立法建议，明确规定将对《1986 年破产法》第 386 条及附件 6 进行修改，将特定的税收债权（Certain HMRC Debts）列入次级优先债权的范围，同时将修改苏格兰的破产法。

根据最新的立法设计，英国政府授权英国税务海关总署保护应当由员工和客户缴纳的特定税收债务的清偿，包括增值税以及三项相关的扣除，即应从薪水中扣除的项目（Pay As You Earn，PAYE，包括助学贷款还款）、应当扣除的雇员国民保险费（employee national insurance contributions）、建筑业计划扣除（construction industry scheme deductions），因欠缴这些税款和扣除形成的债权，列入破产法中的"次级优先债权"；其他，如应当由企业缴纳的公司税（Corporation Tax）和雇主国民保险费（employer national insurance contributions），则仍然作为普通债权（unsecured creditor）。该报告还特别强调，此处所指的企业（business）还包括从事商业活动的个人和合伙企业。② 英国税务海关总署指出，这项改革方案将确保在企业进入破产的时候，企业员工和客户依照诚信原则缴纳的更多税款将用于公共服务，而不是分配给金融机构等其他债权人。按照最初计划，修改后的法律自 2020 年 4 月 6 日起实施。③ 2020 年 3 月 11 日，英国财政部在 2020 年预算报告中指出，新的税收优先权规则的生效日期推迟至 2020 年 12 月 1 日，同时明确，此规则的适用范围将扩大到北爱尔兰地区。④

"一石激起千层浪"，包括专业协会和诸多从业者个人纷纷对此发表了批评意见。例如，有人认为，这意味着皇家优先权重新归来，不仅会给除担保债权人以外的债权人带来实质影响，由此带来的不确定性可能会影响融资渠道和融资成本。英国商业复苏专业协会（R3）的邓肯·斯威夫特（Duncan Swift）指出："当

---

① See Andrew Keay & Peter Walton, *Insolvency Law: Corporate and Personal*, 4 Edition, LexisNexis (2017), pp. 520 – 521, footnote 47.

② See HMRC, *Policy Paper: Changes to Protect Tax in Insolvency Cases*, 11 July 2019.

③ See HMRC, *Protecting your Taxes in Insolvency-Summary of Responses*, 11 July 2019.

④ See HM Treasury, *Budget 2020: Delivering On Our Promises To The British People*, 11 March 2020.

企业破产后，更多的钱进入了税务局，也就意味着更少的钱留给每一个债权人分配。这将增加贸易、贷款和投资的风险，对企业（尤其是中小企业）融资造成伤害。这意味着可以用于资助企业成长和商业拯救的资金更少了，从长远来看，也可能意味着从复苏和成长后的企业征收到的税收收入会更少。这是一个弄巧成拙的政策。"①

关于职工债权，即便是在《2002 年企业法》中，也是保留为普通优先债权的顺位。在英国法律制度中，职工权益保护非常重要，并设立了独立的法定计划（scheme to employees）来保护被拖欠的职工工资。

（五）浮动抵押债权

浮动抵押（floating charge）是一种特别抵押，是指抵押人将其现在和将来所有的全部财产或者部分财产上设定的担保，在行使抵押权之前，抵押人对抵押财产保留在正常经营过程中的处分权。英国衡平法院是浮动抵押的发源地。浮动抵押区别于通常意义上的固定抵押，它不以特定的或可以确定的财产为抵押。比如，以仓库中的存货为抵押，但不确定具体是哪些存货。对于这种抵押担保的债权，英国破产法规定的清偿顺位为：在优先债权之后，普通债权之前。

浮动抵押制度的出现，对于破产程序中的清偿顺位产生了很大的冲击。浮动抵押权作为一种担保形态，优先于普通债权完全符合担保法的基本原理，但是因为浮动抵押的标的物往往是债务人现在和将来所有的全部财产，一旦发生破产，所有的普通债权清偿率都几乎为零。正因如此，浮动抵押制度的出现带来的是一种"恐慌"。在英国破产制度发展过程中，一个重要的问题就是如何平衡抵押担保权与普通债权的关系。1982 年《科克报告》提出建议：从浮动抵押资产价值中削出 10% 用于清偿普通债权人，只要它们的清偿率不超过浮动抵押清偿率。当时现存的法律使普通债权人清偿率基本为零。考虑到因此给浮动抵押权人带来的侵害，《科克报告》建议减少优先债权的种类。② 但这个建议被保守党政府拒绝了，因为他们认为这样会导致贷款的减少、利率的增加，而这些变化都是对

① James Forsyth, "The Return of the Crown Preference from 6 April 2020", 12 July 2019, available at: https://www.tltsolicitors.com/insights-and-events/insight/the-return-of-the-crown-preference-from-6-april-2020/.

② See Kenneth Cork (chairman), *Insolvency law and practice*, *Report of the Review Committee*, Cmnd. 8558 (1982), paras 1538, 1539.

中小企业不利的。但是2001年工党政府重新考虑这个问题，借《2002年企业法》废除皇家优先权的契机，引入了"法定份额资金"（prescribed part fund）规则，改革者的基本逻辑为：废除皇家优先权带来的好处应当让普通债权人而非由浮动抵押权人获得。①

"法定份额资金"体现为《1986年破产法》第176A条的"无担保债权人共享的份额"（share of assets for unsecured creditors）规则：当公司进入清算程序、管理程序，而且任命了临时清算人或者接管人的时候，如果公司以其资产提供了浮动抵押，清算人、重整管理人或者接管人应当从公司作为浮动抵押标的物的净资产中提出"法定份额"以用于清偿普通债权，除非"法定份额资金"超过了所需清偿的无担保债权金额总额，否则，不得将"法定份额资金"分配给浮动抵押权人。如果具备以下情形之一，则不适用前述"法定份额资金"分配给普通债权人的规定：（1）公司的净资产少于法律规定的最低限额（目前规定的最低限额是1万英镑）；（2）清算人、重整管理人或接管人认为将"法定份额资金"分配给无担保债权人的成本和受益不成比例。此外，该条规定也不适用于公司自愿安排与和解程序。根据英国政府2003年法令的规定，"法定份额资金"的提取比例为：公司净资产1万英镑以内的部分，提取50%；超过1万英镑的部分提取20%，但最高不超过60万英镑。② 英国政府在2018年8月就开始考虑，将60万英镑的限额调整为80万英镑，但迟迟没有最终的立法修改。③ 直到2020年3月5日，英国议会批准了英国政府制定的法令修正案，确定自2020年4月6日起，"法定份额资金"的最高上限由60万英镑提高至80万英镑。④ 此外，需要注意的是，如果浮动抵押权人未能百分百获得受偿，未获清偿的债权转为普通债权，但不能再参与"法定份额资金"的分配。

（六）普通无担保债权

破产财产在清偿完毕优先债权、浮动抵押债权之后，接下来应当清偿的是普通无担保债权人（ordinary unsecured creditor）的债权。如果不足以清偿全部普通

① 也有人对这一制度及其逻辑提出了不同的观点。See Kayode Akintola, "The Prescribed Part for Unsecured Creditors: A Pithy Review", *Insolvency Intelligence*, Vol. 30(2017) pp. 55 – 58.

② Insolvency Act 1986, sec. 176A; The Insolvency Act 1986 (Prescribed Part) Order 2003.

③ See Department for Business, Energy and Industrial Strategy, *Insolvency and Corporate Governance-Government Response*, 26 August 2018.

④ The Insolvency Act 1986 (Prescribed Part) (Amendment) Order 2020.

无担保债权,则普通无担保债权人之间按比例分配(*pari passu*)。

(七)破产程序启动后的债务利息

债权人申报债权时,其利息计算到破产清算程序启动之日,破产清算程序启动之后的债务利息停止计算。但如果破产财产在清偿完全部破产费用、优先债权、普通无担保债权之后还有剩余,则应当用于清偿债权人在破产程序启动后产生的利息。

计算破产清算程序启动后的债务利息,其利率标准从以下两个标准中,选择较高的标准确定:一是在《1838 年司法判决法》第 17 条确定的破产清算程序启动后的利率标准;二是在破产清算程序之外适用于该债务人的利率标准。

需要注意的是,无论是优先债权产生的破产清算程序启动之后的利息,还是普通无担保债权在破产清算程序启动之后产生的利息,清偿时不再区分先后顺序。如果不足以全部清除,则彼此之间按比例分配。[①]

(八)劣后债权

英国破产法规定的劣后债权(deferred/postponed debts),主要是利益关联方的借款。债权人如果在发生借贷行为的时候,是债务人的配偶或者同性伴侣(civil partner),如果债务人后来进入破产程序,此类债权就属于劣后债权,即劣后于普通无担保债权。[②] 立法作出这种规定,主要是为了防止欺诈,因为在配偶和破产人之间,很容易设定一个所谓的借款协议,然后到破产程序中来申报债权。[③] 英国《1980 年合伙企业法》也规定了相似的情形(business loan)。[④]

此外,如果债权人将钱借给债务人用于从事商业运营,并约定债权人从利润中收回一定的利益,或者是与债务人共享利润分配,债务人之后进入破产程序,这类债权也属于劣后债权。[⑤]

(九)剩余财产

如果破产财产在分配完上述债权之后仍有剩余,则剩余财产(surplus)应当

---

① Insolvency Act 1986, sec. 328(4)(5).

② Insolvency Act 1986, sec. 329.

③ Andrew Keay & Peter Walton, *Insolvency Law: Corporate and Personal*, 4 Edition, LexisNexis (2017), pp. 520 – 530.

④ Partnership Act 1890, sec. 3.

⑤ Partnership Act 1890, sec. 2(3)(d).

返还给破产人。在这种情况下，破产人也可以向法院申请取消破产令。[①] 当然，这种剩余财产在实践中很少发生。

八、破产免责

根据《1986年破产法》的规定，破产程序自破产令作出之日起开始，直至债务人依据破产法获得免责为止。[②] 免责之后，一般称被免责的破产人为债务人（debtor）或者原破产人（former bankrupt）。

（一）免责期限

英国破产法采取的是自然人自动免责主义，债务人一般都可以自破产令颁发之日起12个月之后自动免责，此即免责期限（discharge period）的规定。所谓自动免责，是指债务人不需要做任何事情，包括不需要给法院提交任何申请表，不需要进行法庭听证，只需等待12个月的期限届满，债务人就可以自动从破产程序中获得免责。债务人不能在12个月免责期满之前提出提前免责的申请；如果满足取消破产令的条件，债务人可以申请法院裁定取消破产令。

《1986年破产法》原本规定的是3年后自动免责，但《2002年企业法》将此期限修改为1年，主要有三个立法目的：一是提前消除破产的污点和烙印；二是给予债务人尽快恢复财务状况的机会；三是鼓励企业家“东山再起”。[③] 在此免责期限调整之后，英国破产服务局2006年进行的一项调查研究表明，从3年改为1年，并没有对债务人申请破产时的决定产生明显的影响。[④]

需要注意的是，如果债务人没有履行破产法规定的义务，如债务人隐匿财产（没有交出财产），没有如实提供与财产有关的信息，没有出席会议等情形，官方接管人或者破产管理人可以向法院申请颁发“中止令”，由法院裁定在一定时期内中止免责期限的计算，直到相关条件具备再继续计算免责期限。[⑤] 比如，在Holmes v. Official Receiver案中，法院裁定中止免责期限，以允许对被宣告破产的

---

① Insolvency Act 1986, sec. 330(5).

② Insolvency Act 1986, sec. 278.

③ Lorraine Conway, *Discharge from Bankruptcy*, Briefing Paper, Number 3043, 1 May 2019, p. 6.

④ See Andrew Keay & Peter Walton, *Insolvency Law: Corporate and Personal*, 4 Edition, LexisNexis (2017), p. 376.

⑤ Insolvency Act 1986, sec. 279.

债务人做一次“公开的调查”(public examination)。[①] 官方接管人或者破产管理人如果提出此种申请,法院应当组织听证,并提前将听证的时间、地点告知申请人和债务人。申请人必须在听证会召开的 21 日内提交有关债务人相关行为的报告。[②] 一般来说,官方接管人或者破产管理人希望法院能够颁发中止令,中止一段确定的时间或者是直到债务人满足了特定的条件(如直到债务人提交了账户信息为止)。一旦法院颁布了免责中止令,债务人必须知道要做一些事情来让免责期限恢复计算,知道免责将会在什么时候开始。如果中止事由最终没有被证实,官方接管人或者管理人应当向法院申请撤销中止令,债务人也可以向法院申请撤销中止令。[③]

在紧急情况下,无论是否通知债务人,官方接管人或管理人都可以直接向法院申请颁发“临时中止令”。法院只有在确信这样做符合债权人利益的情况下才会作出这样的命令。临时中止令的期限到法院的全部听证结束为止。

被颁发刑事破产令的债务人如何获得免责,在英国法上是一个特别规定的问题。如本章破产申请环节的介绍所言,法院一旦对债务人颁发了刑事破产令,则官方申请人或者令状中指定的人可以向法院提出破产申请。对于这种情形下的破产人免责,不能适用自动免责的规定,需要以取得法院的免责令为前提,因此,《1986 年破产法》第 280 条专门规定了依据法院令状免责的条文。破产人可以在破产程序启动之日起的 5 年期满后,向法院提出免责的申请。法院可以拒绝颁发免责令,也可以颁发免责令,而且,可以对免责令的生效时间、中止事由作出规定。[④]

(二)免责的影响

破产免责是一种让债务人从破产清算程序的限制中和沉重的债务包袱中走出来以重新开始生活的法律程序。破产免责之后,如果法院没有颁发破产限制令(Bankruptcy Restrictions Order, BRO),债务人没有作出破产限制承诺(Bankruptcy Restrictions Undertakings, BRU),则债务人可以正式开始新的生活。比如,可以担任有限责任公司的董事,可以参与经营管理(除非法院颁发了资格

① Holmes v. Official Receiver(Re A Debtor No 26 of 1991),[1996] BCC 246.

② The Insolvency(England and Wales)Rules 2016, rule 10.142.

③ The Insolvency(England and Wales)Rules 2016, rule 10.143.

④ Insolvency Act 1986, sec. 264(1)(d), 279(6), 280.

取消令),可以在不提自己破产的情况下获得新的贷款(除非有特别的要求)。

在理解破产免责的影响时,还需要注意以下内容:

1. 英国破产法采取的是自动免责主义(刑事破产令中的破产人除外),因此,以下情形的存在并不影响破产人取得免责的后果:(1)债权人没有得到任何清偿;(2)破产人仍然在依据收入支付协议或收入支付令进行付款;(3)部分破产财产尚未出售。

2. 破产免责之后,未能清偿的债务予以豁免,但破产免责并不能免除以下债务:(1)家事法院判决需要支付的费用(如抚养费);(2)因破产人的行为引发的人身伤害之债(包括造成他人死亡、引发疾病或者其他身心上的伤害);(3)法院的罚款以及因为欺诈或者其他犯罪行为引发的债务;(4)在法院颁发破产令之后产生的债务;(5)自 2004 年 9 月 1 日之后的所有到期的学生贷款。①

3. 破产免责之后,债务人取得的财产不再属于破产财产,但如果有收入支付协议或收入支付令,债务人仍需遵守。

4. 破产免责之后,官方接管人从破产令颁发到破产免责开始的这段时间所追索到的任何财产,都继续由官方接管人控制,破产免责不影响官方接管人或者破产管理人继续对破产财产进行管理和处置,也不会发生破产财产要回转到债务人手中的情况。而且,债务人在取得破产免责之后,仍然有义务应官方接管人或破产管理人的要求参加会议、提供相应的信息。

5. 破产免责之后,如果担保债权尚未进行清偿,担保债权人仍然可以继续行使担保权以实现自己的担保利益。

6. 如果法院颁发了破产限制令或者破产人作出了破产限制承诺,破产免责之后仍需要继续遵守这些限制。

7. 破产免责之后,官方接管人没有义务告诉征信机构(credit agencies)破产程序什么时候结束,需要破产人自己跟征信机构联系,告诉他们自己的免责情况,以更新自己的信用记录。债务人的破产记录将保留 6 年(从法院颁发破产令开始计算)。

(三)免责证明

破产免责一般都是自动发生,在大多数案件中,免责证明(certificate of

---

① Insolvency Act 1986, sec. 281.

discharge)都不是必需的。如果破产人需要免责的证明,他们可以向法院或者官方接管人申请免责证书,但申请人需要为此支付一定的费用。[1] 此外,在个人破产登记系统中,也会有标明破产人是否免责的记录。破产人也可以到系统中查询并打印,这是最简单而且免费的途径,但它不是一个免责证书,只是一种证明材料。

免责证书由法院或者官方接管人签发。根据《2016 年英格兰和威尔士破产规则》规定,凡是由债务人提出的破产申请,由审裁员审查后颁发破产令的案件,免责证书由官方接管人签发。凡是由债权人或其他主体提出破产申请,由法院审查后颁发破产令的案件,免责证书由法院签发。无论是法院还是官方接管人签发免责证书,都必须基于破产人的申请。免责证书必须包括以下内容:(1)原破产人的身份信息;(2)破产令的签发日期;(3)原破产人从破产清算程序中获得免责的声明;(4)免责的日期;(5)免责证书的日期。

免责证书必须说明:原破产人可以自免责证书签发之日起 28 日内,书面请求官方接管人以跟公告破产令相同的方式,对免责通知(notice of the discharge)予以公告。无论是法院颁发的破产令,还是审裁员颁发的破产令,破产人获得免责之后要求公告免责通知,都是向官方接管人提出申请。官方接管人接到申请之后,必须尽快安排公告。公告的免责通知必须包括以下内容:(1)原破产人的姓名;(2)破产令的颁发日期;(3)免责证书已经签发给原破产人的声明;(4)免责证书的日期;(5)免责生效的日期。此外,在原破产人死亡或者丧失行为能力(根据《2005 年心智能力法》理解的无法管理自己的事务),原破产人的私人代表或者法院任命的代表原破产人行事的人,可以提出公告免责通知的请求。[2]

九、破产限制令与破产限制承诺

在《2002 年企业法》之前,破产人需要在破产程序启动后的 3 年期满后,方可获得免责,而在此期间,其资格与行为将受到一系列的限制。《2002 年企业法》出台之后,将自动免责的时间由 3 年修改为 1 年,同时推出了新的民事制度,即破产限制令(Bankruptcy Restrictions Order)和破产限制承诺(Bankruptcy Restrictions

---

① 免责证书的付费取决于申请人所需要的证书的分数。在特定情况下,也可能经由法院许可予以免费。如果是向破产服务局官方接管人申请免责证书,通常是不需要付费的。

② The Insolvency(England and Wales)Rules 2016, rule 10.144, 10.145.

Undertakings),旨在对少部分滥用破产免责制度且行为被认定为“不诚实、鲁莽或其他有罪的”破产人施加特别的限制措施。①

立法的基本考虑为:一般来说,债务人在获得破产免责之后,可以走出债务的困境,获得重新开始的机会。但是,如果债务人在法院作出破产令之前或者之后,有过违反破产法及相关法律规定的行为,法院可以基于相关主体的申请,颁布破产限制令,对债务人(包括免责后的债务人)的行为在一定期限内(2~15年)作出相应的限制。债务人也可以向内阁大臣提出一个破产限制承诺,以节约法院破产程序的成本。如果内阁大臣同意批准,则债务人的行为也将在一定期限内受到限制,其限制范围与破产限制令相同。

根据《1986年破产法》第281A条的规定,债务人免责后的限制,适用附件4A的规定。

(一)适用条件和法律效力

为了完整地呈现英国破产限制令和破产限制承诺的适用条件和法律效力,笔者将本人完整翻译的《1986年破产法》附件4A(破产限制令和破产限制承诺)附于本书(参见附录2)。

(二)法律后果:失权与复权

一旦法院颁发了破产限制令或者临时限制令,或者是内阁大臣接受了破产人的破产限制承诺,则破产人将在规定的期限内失去某些资格或者其行为受到相应的限制,待限制令的期限过后或者限制令依法被取消之后,再予恢复。此即破产限制令、临时限制令、破产限制承诺的法律后果,亦即理论界所谓之“失权”与“复权”。

在英国,此种法律后果源于破产法以及公司法、企业法、有限合伙法、教育法等许多相关法律的规定,由英国破产服务局来负责实施。2019年4月,英国破产服务局更新了官网上发布的《破产限制计划》(Schedule of Bankruptcy Restrictions),列出了破产限制令、临时限制令和破产限制承诺的14个方面共计84种具体的法律后果,即资格取消和行为受限的具体情形(其效力范围主要及于英格兰和威尔士),详见本书附录3。

---

① Lorraine Conway, *Discharge from Bankruptcy*, Briefing Paper, Number 3043, 1 May 2019.

十、破产令的取消

取消破产令是专属于法院的权力,法院可以在破产人免责之前取消破产令,也可以在破产人获得免责之后取消破产令。根据《1986 年破产法》的规定,如果法院认为存在以下情形之一,则可以作出取消破产令的决定:(1)无论基于当时(颁布破产令的时候)的何种理由,(事实证明)都不应该颁发破产令。(2)破产人在破产令颁发之后,根据破产规则的要求,已经清偿完毕全部破产债权和破产费用,或者是为这些债权和费用提供了让法院满意的担保。[①] (3)破产人与债权人之间就债务的全部清偿或者部分清偿,达成了个人自愿安排清偿方案。

值得注意的时,取消破产令与破产免责是完全不同的制度安排。破产人如果依法免责,则可以走出破产清算程序中的债务困境,但如果存在破产限制令或者破产限制承诺,则仍然要受到很多资格和行为的限制。然而,破产令一旦被取消,则债务人将恢复到破产之前的状态。具体而言,取消破产令的法律后果主要表现为:(1)所有在破产程序中经官方接管人、破产管理人或者法院决定而进行的财产出售行为依然有效,但任何未处置的资产都将返回给债务人。(2)债务人被宣告破产的记录应当从个人破产登记中删除。如果是因为达成了个人自愿安排而取消破产令,则应当将个人自愿安排的细节进行个人破产登记。债务人可以在偿还完毕债务之后,向土地收费机构和土地登记机关提出申请,请求删除相关财产登记中有关破产登记的内容,否则,破产清算程序启动和宣告破产的记录将会保持 5 年之久。

十一、破产登记制度

根据英国破产法的规定,破产程序中的相关决定和重要事项,需要在指定的平台进行登记备案,将会对破产人的资格和行为产生相应的影响。同时,债务人的破产记录也会对其信用记录产生影响,但法律并未规定官方接管人等机构有必须向信用评级机构提供有关信息的义务。

(一)个人破产登记系统

根据《英国破产法》《破产规则》及有关法律的规定,破产服务局的一项法定

① Insolvency Act 1986, sec. 282.

职责,就是对个人破产的相关事项进行登记备案,并提供给公众查询,为此,破产服务局建立了专门的个人破产登记和查询系统(Individual Insolvency Register,IIR)。①

1. 个人破产登记系统的主要登记事项

个人破产登记系统记载的主要事项:(1)当前正在进行的个人破产程序(bankruptcy),以及最近3个月结束的个人破产程序;(2)当前正在进行的债务纾缓解令(Debt Relief Order,DRO)程序,以及最近3个月结束的债务纾缓令程序;(3)当前正在进行的个人债务自愿安排程序,以及快速自愿安排程序(Fast-track Voluntary Arrangement,FTVA);(4)当前有效的破产限制令和破产限制承诺,以及临时破产限制令(interim Bankruptcy Restrictions Order,iBRO);(5)当前正在进行的临时债务纾缓令(interim Debt Relief Order,iDRO)、债务纾缓限制令(Debt Relief Restrictions Order,DRRD)和债务纾缓限制承诺(Debt Relief Restrictions Undertaking,DRRU),以及临时债务纾缓限制令(interim Debt Relief Restrictions Order,iDRRO)。

根据英国破产服务局公布的政策,每一项记载事项,都有明确的细节要求。比如,对于个人破产程序中破产令的记载,至少包括以下信息:破产人的姓名(包括别名);破产人的职业和交易细节;破产人的出生日期;破产人的最新地址;破产人的性别;破产令的具体内容;自动免责的日期或者是免责期限中止的日期;破产管理人(破产从业者)的姓名和地址;官方接管人的地址;最新破产令颁发之前的6年内对债务人颁发的破产令的详细情况。

2. 个人破产登记事项的保存期限

在个人破产等级系统中记载的事项,具体的保存期限取决于登记事项的类别。具体来说:(1)个人破产程序清算的记录保存至破产人免责之日起的3个月期满为止;(2)如果法院取消破产令是因为当时就不具备颁发破产令的原因,则个人破产清算事项的记录应当自内阁大臣收到取消破产令的通知之日起的28日内删除;(3)如果法院取消破产令是因为债务已经全部清偿完毕或者是债权人接受了个人自愿安排的清偿安排,则个人破产清算事项的记录将保存至内阁大

① 网址:https://www.insolvencydirect.bis.gov.uk/eiir/。关于登记事项类别和保存期,参见该网站提供的问答信息(FAQ),网址:https://www.insolvencydirect.bis.gov.uk/eiir/IIRFAQ.asp#1,最后访问日期:2019年10月25日。

臣接到通知之日起的3个月期满为止;(4)债务纾缓令记录保存至令状中明确的期限结束之日起的3个月期满为止,或者是债务纾缓令被撤销之日起的3个月期满为止;(5)个人自愿安排(个人债务自愿安排与快速自愿安排)的记录,保存至内阁大臣收到个人债务自愿安排或者快速自愿安排被撤销、完全实现或者终止的通知之日起3个月期满为止;(6)临时破产限制令、破产限制令、破产限制承诺、临时债务纾缓令、临时债务纾缓限制令、债务纾缓限制承诺的记录,保存至法院的令状或者当事人的承诺载明的期限结束为止,如果收到了这些文件停止生效的通知,则可以提前删除。

3. 保障公众便捷利用登记系统的信息

根据《2016年英格兰和威尔士破产规则》的规定,内阁大臣有义务维护个人破产登记系统,并为公众提供查询服务。首先,应当根据实际情况,尽可能快速地履行信息录入和信息删除的义务;其次,应当为公众提供电子查询服务,除非系统遇到了故障或者系统出错;最后,任何公众都可以要求官方接管人在营业日的上午9点到下午5点,提供注册信息的检索服务。[①]

(二)土地注册登记

破产申请和破产令亦需在英国土地注册管理局的土地收费部门(Land Charges Department of HM Land Registry)进行登记,这些记录应当保存至自登记之日起的5年期满为止。破产人在破产程序中获得免责,对这些记录的保存期限没有影响。而且,官方接管人在特定情况下(如免责期限被中止),可以申请延长保存期限。

在土地登记项目中记载破产事项,既可以保护债权人的利益,也可以防止财产被不当处置。在破产免责之后,如果财产权益回到债务人的名下,则官方接管人应当通知土地注册部门,告知这些财产不再属于破产财产。

(三)信用评级/征信机构

官方接管人不需要发送任何形式的通知给信用评级机构(credit reference agencies)。信用评级机构可以从其他渠道获取到债务人的信息,如郡法院债务判决登记平台(Register of County Court Judgments)。此外,破产人也可能需要提供免责的信息给信用评级机构,以更新自己的信用记录。

---

① The Insolvency(England and Wales)Rules 2016, rule 11.13.

郡法院债务判决（County Court Judaments，CCJs）登记平台与破产事项登记无关，但笔者认为，这是一个值得我们关注的登记系统，类似于“中国执行信息公开”平台。根据英国法律制度，郡法院和高等法院作出的与债务清偿有关的判决、令状、罚款决定，都需要将信息在郡法院债务判决登记平台上记载，由司法部负责管理这个平台。[①] 银行和贷款公司可能会更多地用到这个平台的信息，因为他们需要通过查询系统情况，决定是否将钱贷给申请人。

这个平台上登记的信息，原则上需要保持6年，但有相应的激励机制。具体来说，如果债务人在1个月之内付清了判决文书要求支付的债务或罚款，则可以申请将判决等文书从平台上删除。如果在1个月之后才履行判决文书要求的付款义务，则记录的信息就要保存6年，但如果债务人提供了付款凭证给平台登记机构，公众查询时，会看到平台标识债务人已经履行了付款义务。

如果债务人在1个月之内履行了判决要求的支付义务，则可以向作出判决的法院申请得到一份“记录取消的证明”（a certificate of cancellation）。如果债务人是在1个月之后履行的支付义务，则只能向法院申请得到一份“付款完毕的证明”（a certificate of satisfaction）。

需要注意的是，这并不是一个免费的平台，使用这个平台进行查询的时候，使用者需要为每一次查询支付6～10英镑不等的费用。[②]

十二、破产犯罪

如果要对破产人的犯罪行为（bankruptcy offences）提起诉讼，一般来说，需要经过一个简易的程序作出决定。对犯罪行为的惩罚，包括监禁或刑事罚金，也可以两者结合。

以下是英国破产法明确规定的8种破产犯罪行为。

（一）不披露信息

如果破产人有以下行为之一，构成不披露信息（non-disclose）的犯罪行为：（1）没有就其所知道的和所相信的情况，向官方接管人或者破产管理人披露自己所有的财产。（2）没有告诉官方接管人或者破产管理人任何对从破产财产中拿

---

① 网址：https://www.trustonline.org.uk。

② See County Court Judgments for Debt, https://www.gov.uk/county-court-judgments-ccj-for-debt/ccjs-and-your-credit-rating, 2020-04-05.

出来的财产进行处置的情况和处置的细节(包括何时、以何种方式、基于何种考虑、与谁进行交易对财产进行了处置)。需要注意,不包括破产人在正常业务中进行的处置,也不包括破产人及其家庭一般的消费开支。如果破产人能证明自己并不是故意欺骗或者故意隐瞒,则不能认定为犯罪。[①]

(二)隐藏财产

如果破产人有以下行为之一,构成隐藏财产(concealment of property)的犯罪行为:(1)不将财产移交给官方接管人或者破产管理人;或者当官方接管人或破产管理人根据法律规定要求他交出自己占用、控制之下的但又属于破产财产的财产时,拒不移交。(2)隐藏了自己对外的债权,或者是隐藏了价值不低于规定数额(目前为1000英镑及以上)但依法应当交付给官方接管人或者管理人的财产。(3)在破产申请前的12个月,或者是在破产申请递交后至法院作出破产令的期间,破产人做了前述第(2)项的隐藏财产和对外债权的行为。如果破产人能证明自己并不是故意欺骗或者故意隐瞒,则不能认定为犯罪。[②]

破产人故意转移任何价值不低于规定数额(目前为1000英镑及以上)的财产,而这些财产属于应当移交给官方接管人或者破产管理人的,则破产人的转移行为构成犯罪。[③]

破产人在破产申请前的12个月内,或者是在破产申请递交后至法院颁发破产令期间,无正当理由而未能应官方接管人、破产管理人或者法院的要求,对造成财产任何实质性损失的原因和造成损失发生的方式作出满意的解释,也将构成犯罪。[④]

(三)隐藏或者伪造账簿、文件资料

破产人有以下行为之一的,都构成犯罪:(1)拒不移交账簿、文件资料。(2)阻止他人提供账簿、文件资料或与破产财产及事务相关的记录;或者隐藏毁损、残缺、伪造的事实,或者允许他人隐藏、破坏、毁损、伪造账簿、文件资料或相关记录。(3)自己制造、导致或者允许他人制造虚假的账簿、文件资料和相关记录。(4)自己处理、更改或遗漏与破产财产有关的任何簿册、文件或记录,或者自

① Insolvency Act 1986, sec. 353.
② Insolvency Act 1986, sec. 354(1).
③ Insolvency Act 1986, sec. 354(2).
④ Insolvency Act 1986, sec. 354(3).

己导致或容许他人处理、更改或故意遗漏与破产财产有关的任何簿册、文件或记录。①

（四）错误陈述

破产人在依据破产法的规定进行相关事务的陈述时，故意遗漏关键性事项（false statements）；或者知道或确信他人申报的债权是虚假债权而不尽可能通知破产管理人的，或者用虚构的事实来解释任何的财产损失行为，或者通过虚假或欺诈的方式让债权人与其就某事务达成协议，都将构成错误陈述的犯罪行为。②

（五）欺诈处置财产

破产人在破产程序中，或者破产前5年内通过赠与、无偿转让的方式转移财产的行为，都将构成欺诈处置财产的犯罪行为（fraudulent disposal of property），但不具有故意欺诈目的的除外。③

（六）携带财产潜逃

破产人携带本应移交给破产管理人、价值在1000英镑以上的财产，离开或者试图离开管辖区域的（absconding），属于犯罪行为。④

（七）欺诈处置财产以获得贷款

破产人在破产申请前的12个月内，或者在破产申请之后至破产令颁发为止的期间，通过欺诈处置财产而获得贷款，未能清偿的，构成犯罪行为。但为了正常的商业运行而处置财产的除外。⑤

（八）对外借款与从事商业行为

破产人未经许可获得500英镑以上的借款，并且未向贷款人披露自己进入破产程序的事实，将构成犯罪。此规定也适用于破产人免责之后但依然受到破产限制令约束的时候发生的类似借款行为。⑥

破产人以自己被宣告破产时的名字以外的其他名义，从事商业活动且没有对外披露自己被宣告破产的事实，亦构成犯罪。⑦

---

① Insolvency Act 1986, sec. 355.

② Insolvency Act 1986, sec. 356.

③ Insolvency Act 1986, sec. 357.

④ Insolvency Act 1986, sec. 358(a).

⑤ Insolvency Act 1986, sec. 359.

⑥ Insolvency Act 1986, sec. 360(5)(6).

⑦ Insolvency Act 1986, sec. 360(1)(b).

第五章　债务纾缓程序：法庭外的法定救济方式

债务纾缓程序，是指符合条件的债务人经过申请后获得债务纾缓令（Debt Relief Order，DRO），在一定期限（通常为12个月）结束后则可以勾销其未能清偿的债务。这是一种低成本、高效率的行政管理程序，不需要法院颁发令状，由英国破产服务局颁发债务纾缓令，并联合专业的债务咨询管理机构来实施。

债务纾缓程序系根据英国《2007年裁判所、法院与强制执行法》确立，[①]并写入了《1986年破产法》，自2009年4月6日起在英格兰和威尔士地区实施。2011年，北爱尔兰破产服务局也引入了该项制度；2015年，苏格兰实施的最小资产破产程序（Minimal Asset Process），类似于债务纾缓程序，旨在为无法清偿债务的个人提供一种债务解决方案。

债务纾缓程序是经由政府部门提出动议，经过反复的咨询磋商、相关利益主体的参与投入，然后得以在立法中确立，并根据实际情况予以调适的一项债务清理机制。目前，调整债务纾缓程序的英国现行立法主要包括：（1）《1986年破产法》第7A编及附件4ZA；（2）《2016英格兰和威尔士破产规则》第9编（共7章）；（3）《2009债

① Tribunals，Courts and Enforcement Act 2007，part 5，Chapter 3.

务纾缓令(主管机关指定)规则》。[1] 此外,破产从业者行业协会的实践指引也具有重要的意义。

一、债务纾缓程序的立法背景

在债务纾缓程序立法之前,英国破产立法和债务处理实践中主要有以下几种债务解决的选择路径:一是个人自愿安排;二是地方法院管理令;三是非法定债务管理计划;四是破产清算(bankruptcy)。这些救济机制要求债务人有一定的资产或者资金可以用来定期分给债权人或者债务人存在财务融资上的障碍,而在一些案件中,当债务人资产极为匮乏的时候,破产程序则是一种不成比例的救济机制(破产程序的成本较高)。

2004 年 7 月,英国宪政事务部[2]提出了一份名为《一种路径选择:过度负债和多重负债管理的更佳选择》的咨询报告并公开征求意见。宪政事务部在报告中指出,英国有一群脆弱的人,他们在财务问题上被排除在债务减免救济之外,他们的负债水平相对较低,没有高于名义金额(nominal amount)的资产,也没有剩余的收入可以用来与债权人之间进行债务处理的安排。因此,该报告提出了一种新的、法庭之外的债务救济方案,这是一种操作简单且成本相对较低的方案。[3]

2005 年 3 月 31 日,英国破产服务局发布了一份题为《债务救济:破产之外的另一种选择》的报告,并向相关利害关系人征求意见,截止日期为 2005 年 6 月 30 日。该报告与前述英国宪政事务部的报告一样,将拟议中的债务救济程序的适用对象描述为:"他们生活在非常低的收入状况中,无法在合理期限内偿还债务,哪怕是部分偿还也都无法做到,但是他们当初借钱的时候,是一心想着要还钱的,只是他们缺乏还钱的手段。"[4]

2005 年 12 月,"债务纾缓令中介机构工作小组"(Debt Relief Order Intermediary Working Group)开始协助破产服务局,对债务纾缓程序的方案做进

---

① The Debt Relief Orders(Designation of Competent Authorities)Regulations 2009.

② 英国宪政事务部(Department for Constitutional Affairs)成立于 2003 年 6 月,后于 2007 年 5 月归入司法部(Ministry of Justice)。

③ Department for Constitutional Affairs Consultation Paper, *A Choice of Paths: Better Options to Manage Over-indebtedness and Multiple Debt*, July 2004, Paper number CP23/04.

④ Insolvency Service, *Relief for the Indebted-An Alternative to Bankruptcy*, March 2005.

一步的完善。这个工作小组由债务咨询部门和破产服务局的代表组成,他们负责讨论债务纾缓令方案如何在实践中实施。

2007 年 7 月,《2007 年裁判所、法院与强制执行法》颁布,其第 108 条以及附件 17 ~ 20 确立了正式的债务纾缓令制度。相应地,该制度也增补进了《1986 年破产法》,自 2009 年 4 月 6 日实施。授权立法中的《2009 年债务纾缓令(主管机关指定)规则》《2009 年破产(修正)规则》《2016 年英格兰和威尔士破产规则》也都有相应的规定。

2014 年 8 月 6 日,也就是债务纾缓程序实施 5 年后,英国破产服务局发布了《债务纾缓令和破产申请限制的评估报告》,作为债务纾缓程序 5 年来运行情况的回顾,并向社会公开征求意见,特别是对债务纾缓令的适用标准进行评估,同时也包括 1986 年设定的债权人提出破产申请的债权最低标准(750 英镑)是否需要进行调整。与此同时,也专门针对已经适用过债务纾缓令进行债务救济的债务人进行了调查。①

2015 年 1 月,英国商业创新与技能部(现已改为商业能源与产业战略部)②针对前期的征求意见情况,发布了回应分析报告。该报告指出:5 年来,总共有 14 万人适用了债务纾缓程序。实践证明,主管机关和中介机构的工作模式效果很好。很多有影响的案例表明,债务纾缓程序对增进债务人的福利起到了重要的作用,成为许多债务人的"救生索"(lifeline),很好地改善了债务人的身心健康和家庭关系。与此同时,从征求意见的情况来看,大部分人都支持提高债务人申请债务纾缓令的债务和资产限额,但剩余收入最好维持不变。③

最终,英国政府决定,申请债务纾缓令的债务人,其债务最高标准由 15,000 英镑提高到 20,000 英镑,资产限额由 300 英镑提高到 1000 英镑,每个月的剩余收入标准不变,依然为 50 英镑。此外,还将考虑为申请债务纾缓令的债务人提供更多的偿债方式选择。商业创新与技能部副部长乔·斯温森(Jo Swinson)表

---

① Insolvency Service, *Insolvency Proceedings: Debt Relief Orders and the Bankruptcy Petition Limit-Call for Evidence*, August 2014.

② 英国商业创新与技能部(Department for Business, Innovation & Skills, BIS)后与能源与气候变化部(Department of Energy and Climate Change, DECC)合并为商业能源产业战略部(Department for Business, Energy and Industrial Strategy, BEIS),破产服务局属于商业能源产业战略部的组成部门。

③ BIS, *Insolvency Proceedings: Debt Relieforders and the Bankruptcy Petition Limit-Call for Evidence(Analysis of Responses)*, January 2015.

示:在考虑债权人的利益的同时,确保符合条件的债务人能够使用债务救济制度也是非常重要的;政府将履行好监测职责,确保主管机关之间政策的一致性,并通过政策改进来确保债务纾缓程序的公正与透明;政府将继续履行监督职责,并在2年后再次对债务纾缓程序的实施状况进行评估。①

二、债务纾缓令的申请主体

申请债务纾缓令的债务人,必须是债务相对较少、收入较低、资产匮乏以致无力偿债的债务人,而且必须符合法律规定的管辖要件。而债务纾缓程序主要针对的是无担保的债务以及其他符合条件的债务,并不能解决所有类型的债务清偿问题。因此,理解债务纾缓令的申请主体,可以从"适格债务人"和"适格债务"两个方面来考察。

(一)适格债务人

申请债务纾缓令的"适格债务人"(qualifying debtors),除了要具备不能清偿到期债务的事实基础,还必须符合法律规定的严格标准:②

1. 债务人在英格兰或者威尔士定居,或者是最近3年内在英格兰或者威尔士有过居住或进行过商业运营。其中,所谓"商业运营",是指债务人作为一家公司或者合伙企业的成员,或者是债务人是公司或者合伙企业的代理商、管理者。

2. 不得是尚未免责的破产人,不得是正在受个人自愿安排约束的债务人,不得是正在受破产限制令、破产限制承诺、债务纾缓限制令约束的债务人,而且在之前的6年内,未曾申请过债务纾缓令。

3. 债务人的无担保债务总额(不含除外债务)不超过20,000英镑。

4. 债务人的资产总额不超过1000英镑。需要注意的是,以下财产属于"除外财产",即财产价值不得计入在1000英镑标准范围之内:(1)属于债务人的或者在债务人名下的价值在1000英镑以内的单一机动车辆,债务人因为身体缺陷需要使用该车辆且符合规定的残疾人用车。(2)债务人在雇用、商业和职业工作中需要使用的工具、书籍和其他必需品;债务人的衣服、被褥、家具、家庭设备以

---

① Jo Swinson, *Insolvency Proceedings: Debt Relief Orders and the Bankruptcy Petition Limit: Written Statement*-HCWS189, 15 January 2015.

② 关于债务人申请债务纾缓令的条件,主要规定在《1986年破产法》附件4ZA中的第一部分。笔者在此介绍每一个条件的时候,结合了其他相关法律规定及其实践中的做法,进行了全面的分析。

及其他基本生活必需品。此外,因信托关系归债务人掌控但并非债务人所有的财产,以及其他特殊情况下的财产,也都属于除外财产。[①]

5. 债务人的每月可支配收入(扣除基本的、合理的家庭开支之后的收入)不超过50英镑,亦称为剩余收入。

(二)适格债务

债务纾缓程序能够调整的债务即"适格债务"(qualifying debts)。对此,可以从两个方面理解:一是正面界定,即哪些属于债务纾缓程序所能调整的"适格债务";二是反向排除,即哪些属于债务纾缓程序不能调整的"除外债务"。对于"适格债务",债务纾缓程序结束之后,未能清偿的部分可以豁免;对于"除外债务",债务纾缓程序结束之后,债务人仍需要继续清偿。

根据现行立法及其实践,以下债务属于可以纳入债务纾缓程序予以调整的"适格债务":(1)信用卡消费、透支以及借贷产生的债务;(2)欠缴的房屋租金、公用事业收费、电话费、市政税、个人所得税;(3)劳动和养老金部门多发放的受益金;[②](4)分期付款买卖和附条件销售协议产生的债务;(5)"先购买—后付款"产生的债务;[③](6)兽医和律师提供服务后应当收取的费用;(7)债务人对朋友和家人所负的债务;(8)商业性债务。

以下债务属于不得纳入债务纾缓程序进行调整的"除外债务":(1)治安法庭的罚款以及针对犯罪行为颁发的没收(充公)令产生的债务;(2)孩子的抚养费;(3)学生贷款;(4)社会基金贷款;(5)死亡和人身伤害赔偿金。[④]

---

① The Insolvency(England and Wales)Rules 2016,rule 9.9.

② 英国政府的劳动和养老金部(Department for Work and Pensions,DWP)有可能在支付津贴时发放多了,劳动和养老金部门将会告知受益者,需要返还多发放的款项,此即"benefit overpayment"。一般来说,可以通过从其他类别的津贴中扣减、从工资中扣减或者起诉到法院要求追回款项。债务纾缓程序应当涵盖这类债务。

③ "先购买—后付款"实际上是一种变相的借款。债务人可以在购买之后,等待一段时期,如果觉得商品物有所值,再完成付款。例如,在床和电视机的销售中,很多商店都允许购买之后的12个月过后再付款,但有可能会收取一定的利息。在这种形式的借款中,债务人甚至可能不需要支付初始的押金。英国很多商品专用赊购卡(store card)都可以提供这种业务。See Debt Advisory Centre,"Hire purchase and 'buy now, pay later'—how do they work?",31 May 2016,available at:https://www.debtadvisorycentre.co.uk/money-saving/hire-purchase-and-buy-now-pay-later-how-do-they-work-0-5601-0。

④ The Insolvency(England and Wales)Rules 2016,rule 9.2.

三、债务纾缓令的申请程序

《1986 年破产法》和《2016 年英格兰和威尔士破产规则》对债务人申请债务纾缓令的申请书制作和提交问题作了规定。实践中,公益性的公民咨询机构和商业性的债务管理机构都提供了很多具体的操作建议。

(一)选定债务咨询管理机构

根据英国破产法的规定,申请人不得自己提交申请,必须通过经有关部门批准的、具有从业资格的债务咨询管理公司,向官方接管人提交申请。[①] 申请人可以在就近的公民咨询服务局官方网站上搜索具有从业资格的债务咨询管理公司,破产服务局的官方网站也提供了相关信息。[②]

债务咨询管理公司,即破产法所说的"核准的中介机构"(approved intermediary),可以为债务人提供以下帮助:(1)识别并确定完成申请程序所需要的信息;(2)根据债务人提供的文件资料和信息,确定债务人是否符合法律规定的债务限额标准、资产限额标准和剩余收入限额标准;(3)确保债务人的申请表已经按照要求全部填妥。[③]

(二)提出债务纾缓令申请

债务咨询管理公司将提供帮助,判断债务人是否是债务纾缓程序的"适格债务人",同时,他们也会帮助债务人考虑是否应当申请债务纾缓令,主要是从债务纾缓令对债务人的信用等级、生活方式和工作产生的影响等方面来分析。

如果债务人决定继续申请债务纾缓令,则债务咨询管理公司将和债务人合作,一起来完成申请书的制作。在此过程中,核心工作是准确统计债务人的债务类型和债务总额、资产总数,以及债务人的收入和开支情况。在此过程中,债务人必须确保自己提供的信息全面、准确,任何欺骗、不诚实的行为都会产生不利

---

① Insolvency Act 1986, sec. 251B(1).

② 英国破产服务局的官方网站提供了以下可以进行债务咨询管理工作的平台:(1)The National Association of Citizens' Advice Bureaux(CAB);(2)StepChange Debt Charity;(3)The Institute of Money Advisers(IMA);(4)National Debtline;(5)Payplan;(6)Insolvency Practitioners Association;(7)AdviceUK;(8)Christians Against Poverty;(9)All About Money;(10)Community Money Advice;(11)Angel Advance Limited。See The Insolvency Service, *Guidance*: *Getting a Debt Relief Order*, Updated 12 June 2019。

③ The Insolvency(England and Wales)Rules 2016, rule 9.5.

的后果。

英国破产法及其破产规则对申请书的内容作了非常详细的规定,然而,在实践中,债务人都是在债务咨询管理公司的指导下,通过网络在线系统提交申请表。

(三)交纳申请费

债务人的申请提交之后,必须交纳相应的申请费,目前的收费标准是每件90英镑,主要是通过邮局或者具有付款功能的商店完成交费。只有在交费成功之后,官方接管人才会正式审查债务人的申请。如果债务人无力支付申请费,可以考虑寻找慈善机构或者公益信托机构的帮助,他们可能会帮助债务人来交纳申请费。

需要注意的是,即便官方接管人最终拒绝颁发债务纾缓令,债务人也不得要求退还申请费,因此,债务人提供信息的真实性、准确性非常重要,同时也说明了聘请债务咨询管理公司的必要性。

四、债务纾缓令的颁发程序

(一)官方接管人对债务人申请的审查

在债务咨询管理公司帮助债务人提出申请,并完成了申请费的支付之后,官方接管人必须对债务人的申请进行审查,并最终作出是否颁发债务纾缓令的决定。①

如果存在以下情形之一,官方接管人可以拒绝颁发债务纾缓令:(1)债务人的申请不符合《1986年破产法》第251B条对申请书提出的要求和条件;(2)官方接管人就债务人申请中的情况询问债务人,债务人未能在规定期限内作出满意的答复;(3)债务人在申请书中或者提供的信息和支撑文件中,存在错误的陈述或者遗漏行为;(4)债务人不符合《1986年破产法》附件4ZA第2部分规定的条件,即债务人在破产申请前的2年内以及破产申请后至官方接管人作出决定前,进行过低价处置财产或者是偏袒性清偿行为。

如果存在以下情形之一,官方接管人必须拒绝颁发债务纾缓令:(1)官方接管人不认为债务人是无力偿还债务的人;(2)官方接管人认为债务人申请书中列

---

① Insolvency Act 1986, sec. 251C.

出的债务，任何一项都不是“适格债务”；(3)债务人不具备《1986年破产法》附件4ZA第1部分规定的每一项条件，即前述“适格债务人”的5项法定条件。

如果官方接管人拒绝颁发债务纾缓令，则必须以法律规定的方式，将拒绝的理由告知债务人。

(二)官方接管人决定颁发债务纾缓令

如果官方接管人决定给债务人颁发债务纾缓令，则必须按照法律规定的格式制作债务纾缓令。债务纾缓令应当包括“适格债务”的列表(含债务金额、债权人信息)。

官方接管人必须将债务纾缓令送达债务人，并在个人破产登记系统中登记必要的信息。

(三)债务纾缓令的撤回或修正

依据《1986年破产法》第251L条的规定，官方接管人有权根据实际情况，在债务纾缓令颁发之后的“自动中止”期间(moratorium period)，依法撤回或者修正债务纾缓令。

如果出现了以下情形之一，官方接管人可以撤回债务纾缓令：(1)债务人在申请中提供的信息或者债务纾缓令颁发之后提供的支撑信息，存在不完整、有错误或者有其他误导的情况；(2)债务人未能遵守《1986年破产法》第251J条的法律义务(主要是全面准确披露信息的义务和及时通知报告的义务)；(3)债务人已经被颁发了破产令；(4)债务人已经提出了个人自愿安排的提议(或者是已经通知官方接管人准备这么做)；(5)官方接管人认为债务纾缓令中载明的债务不应当被认定为“适格债务”；(6)官方接管人认为债务人并未满足《1986年破产法》附件4ZA第1部分提出的法定条件；(7)官方接管人认为债务人并未满足《1986年破产法》附件4ZA第2部分提出的法定条件；(8)官方接管人认为，在颁发债务纾缓令之后，债务人的每月剩余收入、财产总价值标准中至少有一项不符合《1986年破产法》附件4ZA第7段和第8段规定的法定条件。

官方接管人可以作出立刻生效的撤回决定，也可以作出在未来3个月之内的某个具体时间才生效的撤回决定。当然，官方管理人也可以根据情况变化，在生效时间尚未到来之前，再次作出撤回并立即生效的决定。

官方接管人可以对债务纾缓令中的任何错误或者遗漏之处进行修正，但是，不得在债务纾缓令“适合债务”的列表中增加原本没有列入的债务。

五、债务纾缓程序中法院的作用

债务纾缓程序主要是由破产服务局下设的官方接管人来主导，法院只在特殊情况下，依申请而行使法律规定的权力，以保障债务纾缓程序能够顺利进行，并提高债务纾缓程序的效率和权威。根据现行法的规定，法院在债务纾缓程序中的权力主要表现为两个方面：一是与债务纾缓令有关的权力；二是在债务人交易情况和财产状况调查中的权力。①

（一）与债务纾缓令有关的权力

一方面，对债务纾缓令申请过程中或者官方接管人颁发债务纾缓令过程中的任何行动、疏忽或决定，任何人如果觉得不满意，都可以向法院提出申请。另一方面，官方接管人可以就债务纾缓令有关的任何问题，或者是任何与申请债务纾缓令有关的问题，向法院提出申请，请求法院颁发指令（direction）或者令状（order）。此项申请同样适用于对债务人遵守《1986年破产法》第251J条的法定义务有关的问题。

为了对上述申请作出正确的决定，法院可以延长应用于债务纾缓令中的“自动中止”期间。法院有权驳回申请，或者是作出如下决定：（1）撤销官方接管人的任何行动或者决定的全部或某一部分。（2）给予官方接管人指令，包括在第（1）种情形下，要求官方接管人重新考虑与被撤销的内容相关的问题。（3）作出命令，以强制执行债务人根据《1986年破产法》第251J条的规定而必须履行的任何义务。（4）延长债务纾缓令中的迟延付款期限即中止行权期（moratorium period）。（5）作出撤销或者修正债务纾缓令的命令。法院可以在自动中止期间或之后，作出撤销债务纾缓令的命令；如果法院已经宣告债务人破产了，则法院可以直接作出撤销债务纾缓令的命令（无须基于申请而为之）。法院作出的撤销命令，可以是即刻生效，也可以是在法院规定的特定情形发生或者特定日期到来再生效（非即刻生效）。法院也可以作出修正债务纾缓令的命令，但不得将债务纾缓令未列入的债务加入修正后的“适格债务”清单中。

（二）在债务人交易情况和财产状况调查中的权力

法院可以根据官方接管人的申请作出相应的命令。例如，法院可以颁发命

---

① Insolvency Act 1986, sec. 251M, 251N.

令,传唤债务人、债务人的配偶或者前配偶、债务人的同性伴侣或者前同性伴侣到庭接受调查,也可以要求任何其他可以向法院提供有关债务人交易情况和财产状况信息或者可以帮助调查的人到庭,提交与债务人交易的书面账册,或者提供其占有或控制之下的与债务人有关的、与债务人交易事项和财产有关的文件资料。如果上述人员无正当理由拒不到庭,法院可以授权警察或者指定的法院工作人员对其实施逮捕,依法获取在其占有之下的任何与债务人有关的交易记录及其他文件资料。①

六、债务纾缓令对债权人的影响

(一)中止行权

在债务纾缓令颁发之日起的12个月之内,凡是列入债务纾缓令中"适格债务"名单的债权人,均不得行使权利,即不得采取诉讼或者执行等手段向债务人追索,已经提起的诉讼必须中止、执行程序必须中止;债权人不得在未经法院同意的情况下,针对债务人提起破产申请。此即债务纾缓程序中的中止行权(moratorium)规则,这也是个人债务清理的正式程序与非正式程序的重要区别所在。

债务纾缓程序中的中止行权期一般是12个月,如果债务纾缓令被依法撤销,中止行权的期间也就相应终止。同时,法院或者官方接管人也可以延长中止行权的期间,而且可以多次延长期限,但必须在中止行权期结束之前作出延长的决定。

官方接管人仅能基于以下目的延长中止行权期:(1)执行或者完成一项《1986年破产法》第251K条规定的调查工作(针对债权人提出的反对意见开展的调查),此时需要征得法院的许可;(2)针对债务人采取官方接管人认为必要的手段(无论是因为调查产生的结果还是其他原因);(3)在官方接管人已经决定撤销债务纾缓令的情况下,给债务人一个作出偿债安排的机会。官方接管人延长"中止行权"的期间,最长不能超过3个月(延长后的期间不能超过12个月期满后的3个月)。②

---

① Insolvency Act 1986, sec. 251L.

② Insolvency Act 1986, sec. 251H.

(二)债权人的救济权

在债务纾缓程序中,所有债权人都可以通过个人破产登记系统查询债务纾缓令的具体情况。如果是列在令状中"适格债务"清单中的债权人,官方接管人将会给他们寄送债务纾缓令的复印件。

债权人的权利因为"中止行权期"的规则而受到限制,但以下救济权利仍然可以行使:(1)如果债权人发现自己的债权金额在债务纾缓令中记载有误,可以向法院提出证据,申请修正金额。(2)如果债权人是增值税的注册主体,并且已经为债务人提供了货物或者劳务,则债权人可以申请增值税的减免。(3)债权人可以在收到债务纾缓令之日起30日内,基于以下原因提出反对意见:债务纾缓令中的信息有误;债务人当前正处在破产清算程序中并尚未被免责;债务人已经申请了个人自愿安排程序;债务人不满足债务纾缓程序的法定条件。

七、债务纾缓令对债务人的影响

(一)有利影响

1. 在债务纾缓令颁发之后12个月内,通过中止行权的规则,让债务人免受追债之苦,但不在"适格债务"名单中的债权人或者虽然在"适格债务"名单中但经过法院许可的债权人发起的追索除外。因此,债务纾缓令实际上给了债务人一个喘息的空间,使债务人有机会在此期间作出合理的还款安排。需要注意的是,如果债务人是租住他人的房屋,即便拖欠的房租列入了"适格债务"名单,在债务纾缓令颁发之后,房东仍然可以采取措施驱逐债务人,除非债务人支付了拖欠的房租,这也是对房东权益的一种特殊保护。

2. 在债务纾缓令颁发之后的12个月(除非另有延长)期满之后,所有列入"适格债务"未受清偿部分均予以勾销,债务人可以不再清偿。

(二)限制措施

1. 在债务纾缓令生效期间(通常为12个月),债务人将受到类似于破产清偿程序的限制。例如:(1)债务人如果对外借款超过500英镑,则必须向债权人告知自己正处于债务纾缓令约束期间,否则不能获得借款,包括不能与他人一起获得借款;(2)债务人不得在未披露自己的债务纾缓令的情况下,以其他名字直接或者间接从事商业活动;(3)未经法院的许可,债务人不得推广、管理或者成立有限责任公司,不得担任公司的董事。此外,债务人的具体情况将在个人破产登记系统中记载。如果债务人违反这些限制，将构成犯罪行为。

2. 在债务纾缓令生效期间，债务人必须随时向官方接管人报告自己的变化情况，比如：(1)债务人意识到的任何信息的错误或者遗漏；(2)任何有关债务人收入的增长情况；(3)债务人通过继承等方式获得的额外的金钱和贵重物品。如果债务人未如实报告，将构成违法，官方接管人有权撤销债务纾缓令。

3. 如果债务人有以下行为，都将构成违法：(1)在债务纾缓令申请之前的1年内或者在债务纾缓令生效期间，隐藏、毁损、伪造财务账册、文件资料；(2)在提出债务纾缓令申请后至官方接管人颁发纾缓令期间，没有如实报告有可能影响其申请的各种变化情况；(3)低价出售财产或者将财产赠与他人，以达到符合债务纾缓令申请的条件。对于这些情况，官方接管人可以自行调查，也可以基于债权人的反对意见而启动调查。官方管理人可以基于调查的情况作出撤销债务纾缓令的决定，或者是申请法院颁发“债务纾缓限制令”。

4. 如果官方接管人认为债务人不诚实，或者认为债务人对自己的财务困境负有过错，可以申请法院颁发“债务纾缓限制令”，将债务纾缓令对债务人的限制措施适用期限予以延长，最长可达15年。债务人也可以自愿提出延长限制期限，无须法院的参与，节省程序成本，此即“债务纾缓限制承诺”（关于限制的内容，参见本书“附录3：破产限制令和破产限制承诺产生的84种受限情形”）。

5. 债务纾缓令将在征信机构记录中保存6年。如果6年期满，征信机构未及时调整信用记录，债务人可以向征信机构提交证明自己的债务纾缓令结束时间的官方文件。

6. 债务人在债务纾缓令结束后的6年内，不得再次申请债务纾缓令。

第六章　个人自愿安排：法庭内的个人更生程序

个人自愿安排（Individual Voluntary Arrangement，IVA）是指债务人在破产从业者的帮助下与债权人之间达成一种还款安排，经由债权人会议表决通过之后适用于全体债权人，从而帮助债务人走出财务困境。个人自愿安排是《1986年破产法》第8编规定的一种正式的、具有法律约束力的破产清算替代制度，可以产生债务豁免效果。①

一、个人自愿安排的基本特征

第一，个人自愿安排必须由有资质的破产从业者来制作。与非正式债务清理程序中的方案（如债务管理计划）不同，债务人不能自行制作个人自愿安排的方案，必须借助破产从业者来完成。

第二，个人自愿安排的具体方案必须提交给债权人会议表决，代表75%以上债权额的债权人同意即为通

---

① 《1986年破产法》原本还在第263条规定了个人自愿安排制度中的"快速自愿安排"（FTVA），是指由官方接管人帮债务人制定清偿方案，然后由法院批准后对全体债权人均有约束力的一种债务解决方案，一旦法院批准了快速自愿安排，则针对债务人的破产令也将被取消。但自2015年5月起，快速自愿安排制度被正式废止。See Small Business, Enterprise and Employment Act 2015, sec. 135.

过,对方案中涵盖的所有债权人均具有法律约束力(但不包括担保债权人)。

第三,个人自愿安排具有中止行权的法律效力,即只要债务人遵照个人自愿安排方案的规定履行义务,则债权人不得对债务人进行诉讼、执行等方式的债务追索。

第四,个人自愿安排一般会确定债务人个人自愿安排方案有效期内的偿债总额,债务人按照规定的期限和方式进行清偿,在个人自愿安排方案期限结束之后,只要债务人没有出现违反规定的情形,未能清偿的债务均予以勾销。

第五,个人自愿安排之下的债务清偿,均由债务人将钱交给破产从业者,由其分配给债权人,破产从业者将收取相应的费用。

第六,个人债务安排是一种较为灵活的程序,债权人从中得到的清偿比率也往往高于债务人破产清算之下的清偿比率,但该程序的成本也相对较高。

二、个人自愿安排的适用对象

根据英国破产法的规定,陷入财务困境的自然人、个体经营者、合伙企业的合伙人均可以依法申请个人债务清理程序。对债务人而言,他们未来收益可期的时候,可以选择进入个人自愿安排程序,以达到"躲过暂时的风暴"和维护商业稳定的目的。当债务人拥有自己的财产的时候,也倾向于选择个人自愿安排程序,以避免像破产清算程序一样失去对财产的拥有。对债权人而言,由于个人自愿安排往往可以让债权人得到比破产清算更高的清偿率,因此,债权人往往也愿意接受个人自愿安排的方案。

然而,个人自愿安排并非适合于所有的债务人和所有的债务类型。只有满足特定标准的债务人才是个人自愿安排程序中的适格债务人,只有符合条件的债务才能成为适格债务。

(一)适格债务人

申请个人自愿安排程序的债务人,应当符合以下条件:

第一,债务人居住在英格兰、威尔士或者北爱尔兰。如果债务人生活在苏格兰,那么,他应当考虑的是苏格兰立法中类似个人自愿安排程序的制度,即"受保护的信托契约"(Protected Trust Deed)。

第二,债务人属于无力偿债者,通常是指不能清偿到期债务的债务人。

第三,债务人每月都有一定的剩余收入可以用于清偿债务。通常来说,个人自愿安排应当适用于每月都有较为固定的收入或者可预期的收入的债务人，因为该程序的基本要求就是债务人在个人自愿安排方案规定的期限内每月要偿还一定数量的债务，如果债务人的收入每月变化不定，则不适合申请个人自愿安排程序。

第四，个人自愿安排所能涵盖的债务，立法并没有设定最低标准或者最高标准，但根据公民咨询服务局的建议，如果债务人的总债务少于 1 万英镑，则个人自愿安排的方案获得债权人同意的可能性很小。

第五，虽然立法没有限定严格的标准，但个人自愿安排更适合那些负债超过三笔债务和债权人类型在两类以上的债务人。

（二）适格债务

个人自愿安排可以涵盖的债务类型非常多，主要包括：(1)银行和建房互助协会的贷款或者透支形成的债务；(2)信用卡产生的债务；(3)个人借款；(4)商店专用赊购卡(store cards)、信用卡产生的债务；(5)商品目录购物产生的债务(catalogue loans)。[①] 这 5 项都是不具有优先权的债务(普通无担保债务)，实际上，个人自愿安排还能够涵盖一些优先权债务，主要是市政税(房屋税)、税收债务、欠缴的电费和燃气费等。

以下债务则是不能纳入个人自愿安排进行调整的债务(除外债务)：(1)法院判决应当支付的扶养费；(2)子女抚养费；(3)治安法庭的罚款；(4)学生贷款形成的债务；(5)按揭贷款、抵押贷款以及逾期欠缴的房租(除非贷款人或者房东同意纳入，但这种可能性极小)。对于这些除外债务，个人自愿安排程序中必须要单独处理。因此，债务人必须确保有足够的钱优先偿还这些债务，否则，债务人就应当选择其他的债务解决途径。

债务人对家庭成员或者朋友的负债也可以纳入个人自愿安排中进行调整，但个人自愿安排程序中的代理人(nominee)即破产从业者有义务对该类债务进行严格的审查。

---

① "catalogue loan"又称为"catalogue credit"，是指消费者在商场购买商品目录中指定的商品时，可以选择将付款时间扩展到一定的期限，这样可以让消费者负担得起更多商品的购买，但如果没有按时还款，就会形成商品目录负债，而且相当于是一种较为昂贵的借款，因为他会产生相应的利息，有时候甚至比信用卡分期付款产生的利息还要高。See the Money Advice Service，"Catalogue Credit or Shopping Accounts"，available at：https://www.moneyadviceservice.org.uk/en/articles/catalogue-credit-or-shopping-accounts，2019-11-01.

三、个人自愿安排的成本

债务人必须为破产从业者提供个人自愿安排方案的服务付费,具体的费用标准取决于个案的实际情况。根据公民咨询服务局的统计数据,个人自愿安排程序的平均成本大约是每件 5000 英镑。具体收费方式和收费的时间也不一样,有的破产从业者要求在制定个人自愿安排方案之前一次性付费,有的则是分阶段计酬,但实际上最终都是从债务人每月支付的清偿款项中扣除。

个人自愿安排的成本主要包括以下三个方面:一是咨询服务费。破产从业者将为债务人提供是否适合申请个人自愿安排程序的咨询服务。二是代理人(nominee)收费。破产从业者帮助债务人制作个人自愿安排的方案,提出申请并召开债权人会议对方案进行表决,这些工作也是法律规定必须由破产从业者来完成的工作。三是监察人(supervisor)收费。一旦个人自愿安排的方案得到债权人的同意和法院的批准,破产从业者将以监察人的身份监督方案的实施,作为在债务人与债权人之间起居中作用的主体,对情况变化进行协调,确保债权人每月能够得到规定数额的清偿。

四、个人自愿安排的“临时中止行权令”

债务人选定破产从业者作为其代理人(nominee)之后,破产从业者第一步要做的工作可能就是代表债务人向法院申请“临时中止行权令”,以中止债权人对债务人正在或拟将采取的诉讼、破产申请或者执行行为。当然,要法院颁发临时中止令并不是一件很容易的事情,因此,破产从业者也可能选择帮助债务人采取让法院的行动延期推后的做法。

当债务人准备根据《1986 年破产法》的规定制定个人自愿安排方案的时候,债务人可以提出“临时中止行权令”的申请。如果债务人是尚未免责的破产人,可以由债务人、破产管理人或者官方接管人提出申请,但这种情况下,债务人必须将个人自愿安排的方案通知给破产管理人或官方接管人。①

如果债务人的申请符合以下条件,法院可以颁发“临时中止行权令”:(1)债务人准备制定个人自愿安排方案;(2)债务人在提出申请的时候,是一个未免责

---

① Insolvency Act 1986, sec. 253.

的破产人或者是符合提出破产申请条件的债务人；(3)债务人未在之前的12个月内提出过临时行权中止令的申请；(4)债务人选定的代理人愿意从事与个人自愿安排相关的工作。①

"临时中止行权令"具有多重效果。对于债务人而言，其可以暂时延期清偿债务(Moratorium)；对于债权人而言，则产生相应的权利中止的效果。具体而言，在"临时中止行权令"生效期间产生如下效力：(1)不得提出针对债务人的破产申请，已经提出的申请要暂时中止；(2)未经法院同意，房东或者租赁物业主不得因为债务人未遵守租约中的付款约定而收回物业；(3)不得针对债务人提起诉讼或者执行等法律程序，已经启动的程序应当暂时中止；未经法庭许可不得对债务人及其财产实施扣押。②

当法院颁发"临时中止行权令"之后，债务人应当向代理人提供自己的资产负债情况、有关个人自愿安排方案的文件资料，代理人须根据债务人的具体情况，向法院报告代理人自己对债务人的个人自愿安排方案被债权人表决通过的可能性分析，以及对方案被批准与执行的合理预期。如果债务人不依法履行相应的义务，或者是法院认为债务人的债权人因为其他原因不适合考虑债务人提出的方案，则法院可以作出撤销中止令的决定。③

五、个人自愿安排的批准与执行

如果代理人已经向法院或债权人报告了自己对个人自愿安排方案的可行性分析，并且提交了具体的方案，则应当召开债权人会议，请求债权人对方案进行审查和表决。债权人可以直接批准个人自愿安排的方案，也可以提出修改并征得债务人同意后批准方案。如果方案影响到担保债权人、优先权人的利益，除非征得相关担保权人、优先权人的同意，否则债权人会议不得批准该方案。④

代理人必须将债权人会议表决的结果告知相关利害关系人，并向法院作出报告。如果方案未能经债权人会议表决通过，则法院可以决定撤销临时中止行权令。如果方案获得代表债权额75%以上的债权人的同意，即为表决通过。如

① Insolvency Act 1986, sec. 255.
② Insolvency Act 1986, sec. 252.
③ Insolvency Act 1986, sec. 256.
④ Insolvency Act 1986, sec. 258.

果利害关系人认为债权人会议表决程序存在实质上的不规范或者表决结果损害了债权人的利益,则可以在表决之后的 28 日内向法院提出申请,请求撤销方案或者暂缓方案的实施,或者是要求重新作出表决。①

在个人自愿安排方案经债权人会议表决批准之后,个人自愿安排程序即进入执行阶段,代理人也通常转变为监察人,以确保方案得到有效实施。如果债务人不遵守方案中的规定,则有可能面临被宣告破产的风险。

个人债务安排方案的实施,一般会持续 3 年或者 5 年,如果债务人遵照方案中的约定履行了义务,在方案期满之后,债务人未能清偿的债务将得到豁免,其在个人破产登记系统中的记录也将被删除。

六、个人自愿安排对债务人的影响

首先,进入个人自愿安排程序的债务人,在短期内获得信贷的难度增加。个人自愿安排安排的信息会在个人破产登记系统中记载并保存至个人自愿安排方案的有效期限结束为止。因此,如果债务人申请贷款,债权人可以在个人破产登记系统中进行查询。当然,进入自愿安排的债务人依然可以获得家庭生活需要的贷款,也可以获得商业产品或服务的贷款,但债权人将会收取比较高的利息,由此也会导致债务人陷入更多债务的困境。

其次,进入个人自愿安排程序的债务人,其征信记录会受到不利影响。个人自愿安排的具体信息不仅会登记在个人破产登记系统,还会记载在个人信用参考文件中,而且将保存 6 年之久(从个人自愿安排程序开始之日起计算)。

综上,一般来说,如果债务人在短期内需要更多的贷款,则个人自愿安排程序可能不是最好的债务解决方案,非法定的债务管理计划可能更合适;如果债务人正在努力偿还目前的债务,就应该尽量避免借更多的钱,那么,个人自愿安排程序可能是一种不错的选择。

---

① Insolvency Act 1986, sec. 262.

第七章　管理令：基于判决债务的特殊救济

管理令（Administration Orders，AO）是在债务人有郡法院或者高等法院判决的债务无法清偿的时候，向法院申请颁发令状对其财产进行管理以解决债务困境的制度，是一项正式的、具有法律约束力的债务解决机制。管理令不是《1986年破产法》规定的制度，而是《1984年郡法院法》确立的制度，[①]并经《2007年法庭、法院与执行法》等立法进行了修订。[②] 本章对管理令制度的主要内容进行介绍。

一、管理令的适用对象

（一）适格债务人

《1984年郡法院法》第112条规定，若债务人不能立刻清偿"法院判决的债务"，并且认为自己的总负债没有超过郡法院规定的限额（包括法院判决的债务在内），则债务人可以提出管理令的申请，法院可以依法颁发管理令，对债务人的财产管理作出规定。[③]

根据现行法律的规定，申请管理令的债务人应当具

---

① County Courts Act 1984, Part Ⅵ (Administration Orders).

② Tribunals, Courts and Enforcement Act 2007, Part 5, Chapter 1 (Administration orders).

③ County Courts Act 1984, sec. 112(1).

备两个基本的条件。

一是存在被法院判决需要清偿的债务。如果债务人没有被法院判决的债务,但又想申请管理令,则他必须得等待他的债权人对他提起诉讼并获得法院的判决结果,只要判决一生效就可以申请管理令。需要注意的是,"法院判决的债务"的界定范围较广,如在北安普顿县,还包括在郡法院交通执法中心登记执行的交通罚款。

二是债务人的负债在2笔以上并且负债总额不超过规定的限额(现行标准为5000英镑)。如果债务人的负债总额超过了5000英镑,债务人可以尝试着与债权人进行协商,免除一部分债务,以使债务总额降至5000英镑以内。如果债权人认为选择管理令的方式可以让他们获得更多的清偿,他们可能会同意这种处理。另外一种解决办法就是,债务人可以向慈善机构或者捐赠基金申请帮助,以清偿一部分债务,使债务总额降至5000英镑以内。

(二)适格债务

首先,债务人的负债总额是指自己独立承担的负债总额,不包括共同债务。如果是共同债务中的一位债务人申请了管理令,债权人仍然可以继续向另一位共同债务人追索,除非他也单独申请了管理令。总之,不允许共同债务人共享一份管理令。

其次,管理令制度的一项基本原则就是一并处理各种类型的债务。因此,现行法律并未明确排除任何特定的债务。换言之,管理令可以涵盖所有的债务类型,债务人在申请书中需要列出自己所有类型的负债情况。然而,任何债权人都有权反对将自己的债务包括在管理令中,债务人自己也可以基于合理的理由,申请法院将某一类(部分)债务排除在管理令的范围之外,但最终由郡法院的法官来决定每一笔债权是否列入管理令的调整范围。需要注意的是,如果法院决定某一部分债权排除在外,这部分债权的金额仍然要计入5000英镑的上限范围之内。一般来说,欠付的房屋租金和按揭款是申请管理令的时候需要特别对待的债务问题。①

---

① See Citizens Advice, "Rent and Mortgage Arrears-administration Orders", available at: https://www.citizensadvice.org.uk/debt-and-money/debt-solutions/administration-orders/administration-orders-explained/rent-and-mortgage-arrears-administration-orders/, 2019-11-03.

二、管理令的基本程序

(一)管理令的申请

首先,债务人应当填写申请表。在填写申请表之前,债务人必须完整列出自己的债务类别和具体的债权人名单以及金额,同时结合自己的收入情况做一个预算表,以弄清楚自己每月可以有多少剩余的钱用来偿还债务。在此基础上,债务人在网上下载或者到所在辖区的郡法院领取 N92 号表。在填写申请表的时候,必须列出自己不能偿还的所有债务,总额不能超过 5000 英镑。如果债务人收入低、无力清偿全部债务,可以在申请表中备注希望法院同时颁发和解令(composition order),以豁免部分债务。

其次,债务人现场递交申请材料。债务人应当将申请表带到法院亲自递交,现场签名。同时,债务人还需要提供债务方面的证据、收入和支出的证据以及法院判决债务人应当清偿债务的文书复印件,并宣誓表明自己所提及的申请书、证据材料的真实性。

(二)管理令的颁发

首先,法院对申请材料进行审查。法院不仅需要审查材料的形式要件是否符合要求,更需要对债务人提交的还款方案进行认真的审查。一般来说,法院会根据债务人的财务状况,确定债务人在一个合理期间内(通常为 3 年)每月清偿一定数额的债务,但每次清偿时必须把钱交给法院,法院在扣除相应费用之后再按比例分配给债权人。

其次,法院将初步的管理令内容发给债务人和债权人。法院必须向债务人和债权人提供具体的细节,包括所有债务的列表、债务人每月偿还的金额和总共偿还债务的期限。债务人或者债权人均可以对法院提出的这个初步的管理令表示反对或者提出异议,但必须在接到法院通知之日起的 14 日内提出。如果有人提出反对,法院将会举行听证会,债务人必须参加。

最后,法院正式颁发具有法律约束力的管理令。法院将把管理令的副本送达给债务人和所有的债权人,同时,在判决、令状和罚款登记系统中录入管理令的信息。自此,管理令正式约束债务人和所有在令状中列示的债权人。从法院审查颁发周期来看,如果没有反对和异议的提出,法院一般在 4 ~ 6 周颁发管理令。

特别值得注意的是,如果法院认为(或者是基于债务人的申请后认为),债务人确实无法在合理期限内清偿全部的债务,案件将交给地区法官,由他来决定是确定更长的还款期限以清偿完全部债务,还是颁发和解令以在期限过后豁免剩余债务,在此过程中,法院可能会召开听证会。

(三)管理令的管理

首先,关于清偿安排与款项管理。一旦法院正式颁发了管理令,债务人就必须按照要求将清偿的款项支付给法院,由法院工作人员来分配给债权人,通常是一年四次分配。法院对申请管理令的债务人,事先不收取费用,而是从代为分配的清偿款中提取10%作为法院收取的费用。

其次,关于管理令的检查问题。在某些案件中的某些时间点,法院可能会对管理令的实施情况进行检查。一般来说,法院会告诉债务人和债权人,管理令是否需要进行检查以及检查的频率,目的是确保清偿行为严格按照管理令的要求进行。在每一次检查到来之前,法院会提前7日通知债务人和债权人。债务人的情况如果发生了变化,应当直接告诉法院。如果债务人面临清偿困难,可以请求法院对管理令的实施进行检查,以考虑是否对管理令确定的偿债安排做必要的调整。

再次,关于管理令的取消问题。债务人必须履行管理令中清偿义务,否则法院可以要求债务人的雇主直接将债务人的工资支付给法院(再由法院分给债权人),此即"收入扣押令"(attachment of earnings order)。法院也可以决定取消管理令。债务人有权申请法院取消管理令,但债务人一定要考虑清楚后果,因为一旦取消了管理令,债权人就可以通过诉讼、执行等方式向他追索债权。

最后,关于管理令的终止。管理令在所有债务和法院的收费都已经支付完毕之后才能终止。管理令本身并不产生必然的免责效果(如果要获得余债勾销的待遇,需要法院专门颁发和解令)。管理令因债务清偿完毕而终止之后,债务人可以申请法院出具清偿完毕的证明,但需要为此专门付费(目前为15英镑)。同时,法院应当在"判决、令状和罚款登记系统"中标注该管理令项下的债务已经清偿完毕,债务人也可以请求法院标注管理令之下的"法院判决应当清偿的债务"已经清偿完毕。

三、管理令对债务人的影响

一方面,管理令对债务人的信用评级产生直接的影响。法院颁发管理令之后，管理令的信息就会在“判决、令状和罚款登记系统”记载并保存6年，也会为征信机构所掌握。如果债务人之后要获得新的借款，贷款人都会查询到这些记录，并据此评估债务人的信用以决定是否借钱给债务人。

另一方面，如果债务人获得了法院颁发的和解令，则在规定的期限结束之后（通常为3年），债务人未能清偿的债务予以勾销。和解令构成管理令的一个部分，但不必然存在，只有债务人提出申请或者法院认为债务人确实无法在合理期限内还清所有债务的时候，才会考虑颁发这种令状。债务人可以在申请管理令的表格C部分标注自己要求申请和解令，也可以在管理令颁布之后的检查阶段提出和解令申请，法院也可以依职权作出决定。债权人可以对和解令提出异议，必要时法院应当组织听证，但最终决定权在法官。一般认为，和解令是非常有意义的，它为债务人“在黑暗隧道的终点点亮了一盏灯”，也有利于鼓励债务人积极清偿债务以获得最终的免责效果。①

① See Citizens Advice, "Writing off Some of Your Debt if You Apply for an Administration Order", available at: https://www.citizensadvice.org.uk/debt-and-money/debt-solutions/administration-orders/administration-orders-explained/writing-off-some-of-your-debt-if-you-apply-for-an-administration-order/, 2019-11-03.

第八章　非正式程序：个人债务清理的庭外协商途径

英国的个人债务清理程序，除了正式的破产清算程序、债务纾缓程序、个人自愿安排、管理令之外，还包括多种类型的非正式程序，如象征性支付计划（Token Payment Plan）、债务合并（Debt Consolidation）、债务注销（Debt Write-off）、与债权人的非正式安排（Informal Arrangement with Creditors）、全部一次性解决方案（Full and Final Settlement）、债务管理计划（Debt Management Plan），等等。这些非正式的债务清理程序和机制，受到金融行为监管局、财务咨询服务局、债务管理标准协会等监管指引或行业协会准则的调整，可以在全英国范围内适用。有的可以起到冻结利息和费用的作用，有的还能实现债务减免或债务注销的目的。但所有的非正式程序都必须以自愿为原则，不具有法律强制执行效力。

鉴于债务管理计划在英国个人债务清理中影响较大，故留在第九章专门介绍。本章主要对其他五种非正式程序做简要说明。

一、象征性支付计划

象征性支付计划（Token Payment Plan，TPP）是帮助债务人获得一些喘息的空间来处理财务问题，同时也可以减少债务清偿的一种非正式的安排，适用于整个英国的地域范围。具体而言,如果债务人的经济状况发生了变化(如休产假等),每月收入在支付家庭生活必须支付的账单之后再无剩余,债务人可以自己向债权人提出(也可以通过债务咨询管理机构提出)进行“象征性支付”,通常每月为每笔债务支付1英镑,以此向债权人表明他们并没有忽视他们的债务。这种方案的实施必须以债权人的同意为原则。①

理解象征性支付计划,需要重点关注以下几点:

第一,象征性支付计划可以为债务人争得一定时期的喘息机会。如果债权人同意了债务人的“象征性支付计划”,一般就不会在实施期间进行债务的追索。因此,象征性支付计划可以帮助债务人减轻与债权人打交道的压力,让债务人在重新站起来的时候有喘息的空间。

第二,象征性支付计划原则上只适用虽然陷入困境但有理由相信在未来12个月内会得到改善的债务人。而且,只有当债务人没有足够的资金来考虑其他债务解决方案(如债务管理计划),才会制定象征性支付方案,方案的具体期限取决于债务人的实际情况。如果债务人的情况发生了改变,债务咨询服务机构会联系债权人,重新审查债务人的财务预算,并讨论适合债务人的长期债务解决方案。

第三,象征性支付计划可以由债务人自行制定然后向债权人提出,也可以由债务咨询管理机构帮助债务人制定方案并向债权人提出。目前,英国提供象征性支付计划咨询服务机构,包括公益免费的组织,也包括收费的债务咨询管理公司。

第四,象征性支付方案因为减少对债权人的支付进而导致拖欠的债务金额增加(因为期限内并不能获得停止计息和收取违约金的效力),因此,象征性支付计划不是一个长期的债务解决方案。债务人虽然在实施期内每月只需要进行象征性支付,但因此而未清偿的债务将会计入违约的情形,进而影响到债务人的信用评级。

第五,象征性支付计划完全是一个法律之外的非正式的债务解决方案,债权人不是必须同意这种方案,即便同意了这种方案也可以随时根据情形的变化而

① 参见信用咨询管理慈善机构Stepchange的网站介绍:https://www.stepchange.org/how-we-help/token-payment-plan.aspx。

改变主意。因为这是一个不具有法定拘束力的债务解决方案，也不能产生期限结束后的债务注销或豁免的法律后果。

二、债务合并

债务合并，又称债务合并贷款（Debt Consolidation Loans），是指正在努力偿还多种债务的债务人，把所有的债务合并到一笔新的贷款（类似借新还旧），以达到降低利率、减少每月清偿金额和减少债权人数量的目的。简而言之，就是债务人获得一笔新的贷款，还清所有旧的债务，这样就只欠一个债权人的钱。合并债务可能对信用评级产生积极影响（若干债务似乎已得到偿还），然而，在债务合并后采取的行动可能会损害信用评分，如支付逾期或者信用卡账户被关闭等。因此，财务咨询服务局指出：这种做法能会让生活变得更容易，但可能有更好的方法来处理债务。①

债务合并只有在以下情况下才有意义：（1）任何节省的利益都不会被费用和收费所抵销；（2）债务人能负担得起新贷款的还款，直到偿还贷款为止；（3）债务人利用这个机会削减开支，回到正轨；（4）债务人最终支付的利息比以前少了，应付的总额也少了（如果新贷款的还款时间更长，则应付总额可能会更多）。在选择债务合并贷款之前，应当考虑未来可能发生的任何事情，这些事情可能会让债务人无法及时偿还贷款，如利率上升、债务人生病或者失业等。

债务合并在以下情况下则会没有意义：（1）债务人还不起新的贷款；（2）所获得的贷款不能够还清以前所有的债务；（3）债务人最终要支付更多的钱（因为月供更高或者协议期限更长）；（4）债务人真的需要处理问题债务的帮助，而不是一笔新的贷款——债务顾问可能会与债权人协商并安排一个偿还计划。其实，一种更好的选择可能是零利率或低利率余额转账卡，如果在免息或低息期间还款，是最便宜的方法。然而，这可能需要债务人有一个良好的信用评级来获得这些银行卡。

债务合并方案可以请公益免费的慈善机构来设计，也可以求助债务咨询管理公司，后者一般要收费，甚至有一些公司为安排贷款而收取高额费用。因此，

---

① Debt Consolidation Loans, available at: https://www.moneyadviceservice.org.uk/en/articles/debt-consolidation-loans.

财务咨询服务局的官网明确建议债务人:在签署任何文件之前,都需要仔细阅读附加的费用;检查偿还现有债务是否会产生任何的费用,因为这可能抵消掉债务人希望节约下来的钱;除非你得到了建议(而且你确信这是值得的),否则不要为债务咨询管理公司替你安排贷款而支付费用。

如果债务人决定选择债务合并贷款,则应当通过比较以寻找最划算的交易;债务人应当在作最后决定之前先征求意见,不要只看整体利率,要比较年利率或担保贷款的比较利率(Annual Percentage Rate of Charge,APRC),因为这将包括额外的费用,如安排合并贷款计划的费用。此外,债务人应当减少信用卡以避免继续消费的诱惑。

需要注意的是,提供债务合并(贷款)服务的机构,包括银行、金融服务机构以及公益慈善组织。有些债务管理公司为了拓展业务,在广告宣传中使用"政府债务合并贷款""政府债务建议"等表述,错误地暗示它们得到了政府的支持。事实上,根本没有所谓的政府债务合并贷款或政府债务建议。唯一与政府有关的处理债务的方法是由立法引入的正式债务解决方案,如苏格兰的债务安排计划。①

三、债务注销

在破产清算、债务纾缓程序、个人自愿安排等正式的债务清理程序中,债务人都能得到债务豁免或勾销的结果。然而,此处所指的债务注销,是一种纯粹的法庭外的非正式程序,即指在债权人确信债务人无力偿债且情况不太可能得到改善,经债务人提出书面申请,债权人自愿同意注销债务人的部分或者全部债务的安排。这种债务解决方案往往适用于债务金额较小的情形。而且,即使债权人出于法律上的原因不可能勾销一笔债务,他们也可能会决定不追讨这笔债务,实际上也就是不再追究债务人的责任。需要注意的是,债务注销的记录会在债务人的信用档案中保存6年。

在实践中,债务人要说服债权人同意注销债务并不是很容易的事情。债权人都具有商业头脑,他们会考虑收回债务的选择。通常情况下,债务人须说服债

---

① Government Debt Consolidation Loans and Advice, available at: https://www.stepchange.org/debt-info/government-debt-consolidation.aspx.

权人,让他们相信注销债务既符合他们的最佳利益,也符合债务人的最佳利益。如果能够达成债务注销的安排,债务人就可以不再受债务追索之苦,减少压力和焦虑,从债务负担中解脱出来,获得生活的重新开始。

债权人可能意识到,在特定情况下,他们收回债务的机会很小。常见的情形包括:(1)债务人租房子住,支付了基本生活费用后没有剩余收入,没有存款,也没有可以出售的资产;(2)债务人有严重的或晚期的疾病、长期的疾病,或有残疾,这意味着债务人几乎没有机会得到或保持一份工作;(3)债务人不能自理,需要定期护理,而且只有福利收入;(4)债务人是领取退休金的人,或已接近退休年龄,但只有很有限的退休收入;(5)债务人的偿债前景暗淡,无论是现在还是今后都没有切实偿债的现实可能,而且,这种状况可能会继续恶化;(6)其他债权人已经同意注销债务人的债务;(7)债务人去世时没有给家人和朋友留下任何财产、金钱或其他资产。在上述情况之下,债权人可能会认为追讨债务不符合他们的利益,也不值得雇佣债务催收人来试图收回债务,因为债权人支付给债务催收机构的费用可能比他们收回的债务还要多。

债权人需要债务人举证证明自己无力偿还债务。一般来说,如果债务人拥有自己的房子,债权人往往不会同意自愿的债务注销安排,他们可能会试图让债务人进入破产清算程序,因为这样可以从债务人房产的出售中获得全部或者部分债务的清偿。当然,这种情况并不多见,毕竟房子关系到债务人的生存问题。因此,债权人往往会选择申请法院颁发财产押记令(charging order),如果债务人的房子今后被卖掉,他们就可以依据押记令从中获得清偿。不管怎样,在拥有房产的情况下,一般不建议债务人申请债务注销的安排,因为这会让其房子处于一种危险状态。

债务注销的安排不属于法律规定的制度内容,但在一些行业组织和管理部门中,有一些倡议性的规定和指导。例如,由银行等金融服务机构组成的"贷款标准委员会"(Lending Standards Board),[①]在其《贷款业务标准:个人消费者》中载明:"(提供贷款的)公司应考虑客户的情况,并考虑追讨或继续追讨所欠款项是否会对客户产生公平的结果。如果公司认为客户的个人和财务状况非常特

---

① 贷款标准委员会的职责是促进公平贷,确保所有的个人和小型企业借贷者都能从贷款人那里得到规定的公平的待遇。

殊,不太可能改善,公司可以考虑注销或不追讨客户的部分或全部债务。”①财务咨询联盟在《帮助有心理健康问题和债务问题的消费者的良好行为意识指南》中写明:“当精神健康状况长期存在问题且改善的可能性很小时,债权人应考虑‘注销’无担保债务,因为在这种情况下欠债的人几乎不可能偿还其所负债务。”②

在特殊情况下,英国税务海关总署(HMRC)也可能会考虑不追究债务人的所得税欠税,这有时被称为英国税务海关总署的债务免除(HMRC “remitting” the debt)。为了获得这种免除待遇,债务人必须证明:(1)除了基本的家庭开支外,几乎没有多余的收入,而且这种情况可能会持续很长一段时间;(2)没有资产可以出售用于筹集资金偿还债务;(3)债务人是老人、有残疾或长期患病,或者是长期失业。在这种情况下,英国税务海关总署不会正式注销税务债务,但可能会同意根据债务人的情况不予追究。如果债务人的情况有所改善,英国税务海关总署仍然可以追讨这笔债务。除此之外,地方政府也可以对市政税、停车费和罚款等债务进行减免。③

四、与债权人的非正式安排

与债权人的非正式安排(“Informal Arrangement with Creditors”或者“Informally Negotiated Arrangement”)是一种由债务人与债权人就债务清偿问题进行协商,达成一个双方均可接受的债务清偿方案,可能涉及部分或全部债务偿还,清偿的数额和清偿方式、偿债期限根据债务人的具体情况来商定,也可能会冻结利率和收费。这是一种不具有法律强制约束力、非正式的债务解决方案。

债务人如果想要与债权人达成一个非正式的偿债安排,首先要制定一个合理的预算,计算出在扣除基本生活开支后,可以支付的合理的债务总额。一般来说,债务人可以根据欠每个债权人的具体金额,计算出按比例可以支付给每个债权人的具体数额,然后分别与他们谈判,争取他们同意自己提出的方案,但是,债权人没有必须要接受债务人所提方案的义务。在许多情况下,这种非正式安排

---

① See *The Standards of Lending Practice for Personal Customers*: *Financial Difficulty*, September 2016.

② Money Advice Liaison Group, *Good Practice for Helping Consumers with Mental Health Conditions and Debt Awareness Guidelines*, Third edition, 2015.

③ See “National Debtline Information: Write off Debt”, available at: https://www.nationaldebtline.org/EW/factsheets/PDFs/write-off-debt.pdf.

并不包括全部债务,只是一种临时安排,一般针对债务人失业、因病或受伤不能工作以及确实挣不到钱的情况。

与债权人的非正式安排是债务人自行努力就可能与债权人达成一致的债务解决方案。当然,债务人也可以借助于债务咨询管理公司、公益免费债务咨询机构等第三方的服务来达成这个方案,但可能需要为此支付一定的费用。一旦达成了"与债权人的非正式安排",债权人可能同意冻结债务利息和费用,但这是由他们自己决定的,而非必需的安排。

在执行"与债权人的非正式安排"的过程中,债务人有责任履行约定的还款义务,债权人有权了解债务人的最新财务状况。如果债权人不满意,他们随时可以取消这个偿债安排。如果债务人的财务状况变得更糟(如失去了工作),债务人可以尝试协商调整或者转入其他的债务清偿方案;如果债务人的财务状况有所改善,债权人可以要求债务人增加还款数额。在此过程中,债权人仍然可以联系债务人,可以采取相应的债务清偿手段。同时,债权人亦可以联系征信机构,报告债务人目前的情况。但在许多情况下,他们不会联系征信机构,债务人的信用报告会保持较好的状态。①

五、全部一次性解决方案

全部一次性解决方案(Full and Final Settlement),是指债务人与债权人协商,由债务人拿出一笔钱进行一次性的清偿,用于偿债的钱款总数少于债务的总额,债权人也愿意接受,并同意将全部债务一笔勾销,这是一种非正式的债务解决方案。如果债务人变现资产得到了一笔钱款,或者从亲朋好友那里借到了一笔钱,就可以考虑向债权人提出这种方案。债务人必须解释自己的财务状况,并告知债权人,亲朋好友答应借钱给他的前提条件是债权人接受这个方案;债权人一旦接受该方案,在该方案所规定的支付期限内,债权人不得再以诉讼或申请执行等方式追债,债务人依据该方案向债权人一次性清偿之后,所有的债务均予以勾销。

如果有多个债权人,债务人提交的"全部一次性解决方案"必须确定每一位

---

① See "National Debtline Information: Informally Negotiated Arrangement", available at: https://www.nationaldebtline.org/EW/information.

债权人受偿的金额，而这一般是基于按比例分配的原则来计算的。特别要注意的是，如果不是所有的债权人都同意"全部一次性解决方案"，债务人就应当考虑是否继续选择这种解决方案，考虑是否还有其他的更好的解决方案。在这种部分债权人同意、部分债权人不同意的情况下，一旦付款之后可能带来一些麻烦。一是即使债务人支付了一笔总款，也可能因为部分债权人不同意这个方案而无法勾销全部债务；二是如果之后进入了债务纾缓程序、个人自愿安排程序或者破产清算程序，债务人之前向债权人支付的任何款项都会被审查，如果债务人只向部分债权人进行了一次性的清偿，可能会被认定为是一种偏袒性的清偿。当债务人申请债务纾缓令的时候，可能因此偏袒性清偿行为而被拒绝，债务人还可能被颁发债务纾缓限制令。①

金融行为监管局在其发布的《消费信贷规则指南》中，对全部一次性解决方案有所规定："如果一个公司接受了客户提出的'全部一次性解决方案'，它必须正式而明确地表示，随附有关付款的提议已被接受作为客户责任的解决办法。"②换言之，只要债权人接受了债务人提出的"全部一次性解决方案"，就不仅接受了债务人的一次性付款，而且接受了相随的所有债务一笔勾销。

---

① See "National Debtline Information: Full and Final Settlement Offers", available at: https://www.nationaldebtline.org/EW/factsheets/Pages/fullandfinalsettlementoffers/lumpsumoffers.aspx? gclid = Cj0KCQiA9orxBRD0ARIsAK9JDxTr9zlLcsoCNR0vRgHmSjpoQGSSregWQWWThvIcESkJ5aMkdVRDJbIaAhWSEALw_wcB.

② See FCA Consumer Credit sourcebook (CONC) 7.14.14.

第九章　债务管理计划:非正式程序的典型代表

债务管理计划(Debt Management Plan,DMP)是债务人和债权人之间达成的一种非正式的债务清偿安排,主要是针对非优先债权做安排。英国金融行为监管局负责消费者信贷的监管,制定了《债务管理计划规程》(Debt Management Plan Protocol),其与行业协会组织——债务管理标准协会,一起对债务管理计划的实践领域进行监管。

一、债务管理计划涵盖的债权范围

债务管理计划主要对非优先债权作出清偿方案的调整。非优先债权主要包括信用卡消费负债、银行贷款、学生贷款、商店专用赊购卡(store cards)产生的负债、水费欠款和国家有关部门超额发放的福利费。

优先债权一般不在债务管理计划的涵盖范围。所谓"优先债权",主要包括:(1)抵押借款和到期租金;(2)天然气和电力账单欠款;(3)(根据个人住房的价值征收的)市政税或不动产税(rates);(4)地方治安法院的罚款(fines);(5)应当支付给前妻或孩子的抚养费欠款(arrears of maintenance);(6)所得税和增值税欠款;(7)有线电视收费。这些欠款之所以称为优先债权,是因为如果不按时偿付将会比其他普通债权产生更为严重的后果。因此,债务管理计划不涉及这些优先债权,申请债务管理计划的债务人必须确保有办法处理好这些优先债权。

二、债务管理计划的适用情形

一般认为,如果债务人有以下情形,债务管理计划可能就是一个很好的选择:(1)债务人能够负担得起需按月偿还的优先债权(如抵押贷款、租金和市政税)和自己的生活费,但面临信用卡消费欠款和贷款的偿还危机;(2)债务人愿意让其他人来帮忙处理跟债权人的联系沟通;(3)制作按月偿付的计划可以帮助债务人改善预算。

如果债务人与其他人对某笔债务承担连带责任,也可以包括在债务管理计划中,然而,债权人仍然可以找其他连带责任人偿还全部的债务,因为债务人和共同责任人都有义务偿还全部债务,这也是连带责任的基本含义。如果债务人和连带责任人都面临偿债困难,那么他们可以考虑制定一个联合的债务管理计划,债务人和连带责任人对债务偿还承担同等责任,而且不考虑债务人的收入和债务水平差异。当然,债务人也可以将个人名下的债务写在联合的债务管理计划中。

即便是上述符合条件的债务人,在选择适用债务管理计划的时候,还需要考虑实施该计划将对自己产生的影响。具体而言:(1)因为每月偿还的债务要较以前少,所以还债期限会长一些;(2)债权人不一定会同意冻结债务的利息和费用;(3)债务管理公司可能对债务人收取费用,当然,债务人也可以找免费的债务管理公司来做计划;(4)债权人可能拒绝合作,然后继续联系债务人追索债权;(5)债务管理计划的情况会显示在债务人的信用记录中,债务人今后将会更难获得借款。

三、债务管理计划的程序步骤

第一步:分类梳理出优先债权债务。债务管理计划只涵盖非优先债务,因此,债务人在决定选择债务管理计划之前,应当梳理自己所负的优先债务,确保自己能够负担得起这些优先债务。如果债务人连优先债务都无法偿付,那么他可能要考虑选择其他的债务解决方案了。

第二步:决定债务管理计划是否适合自己。在决定获得债务管理计划之前,债务人需要想明白自己想要什么：是想快速偿还所有的债务，还是认为有一个可管理的按月偿付计划和让其他人帮自己联系债权人更重要？如果是前者，那么债务人可能应当选择其他的债务处理方案。

第三步：债务人自己制订预算表。一般来说，债务管理公司会帮助债务人制订预算，但最好是债务人自己先做一个自己的预算表，这样可以清楚地了解自己每月将有多少钱可以交给债务管理公司用于还债。公民咨询服务局（Citizens Advice）网站提供了做预算的详细指导，所涉及的收入和支出项目非常细致，以供债务人参考。例如，在计算债务人的各项收入时，既包括收入（income）项下的税后薪金收入、从房屋的租户收取的租金收入、养老金/退休金（包括私人的和国家的养老金）、各类投资收入（包括财产租赁收入、股息、存款利息等）、收到的子女抚养费和赡养费等项目，也包括债务人可能没有意识到的其他各种福利收入（benefits），如护理津贴（attendance allowance）、照顾者津贴（carer's allowance）、儿童津贴、儿童税收抵免、监护人津贴、残疾人生活补助、就业支持津贴、租房补贴、病残补助金（国家发给因疾病或者残疾连续 28 周以上不能工作的人群）、收入补助金（政府对低收入者发放的补助）、养老金/退休金补助等诸多项目。

第四步：决定是否愿意为债务管理计划付费。许多债务管理公司都会收费，但也有一些公司可以免费为债务人制作债务管理计划。如果债务人选择了一个收费的债务管理公司，则需要确认知悉债务管理公司的收费将如何影响债务管理计划的还款期限，如何影响偿付给债权人的金额总额以及要交给债务管理公司的金额总额。

第五步：选定债务管理公司（DMP Provider）。如果决定选择收费的债务管理公司，债务人可以从以下 6 种途径找到各种债务管理公司：一是从当地的公民咨询处（Citizens Advice Bureau）获知；二是询问“国民债务热线”（National Debtline）；三是在互联网上检索债务管理公司或者债务管理计划；四是在债务调整和管理的黄页上寻找；五是如果已经咨询过这方面的建议，可以让咨询顾问推荐；六是咨询身边在债务管理公司工作的朋友或家庭。

四、免费债务管理机构与收费债务管理公司

虽然债务人可以自行与债权人协商制订债务管理计划，但多数的债务管理计划都是由政府授权的债务管理公司提供。债务管理公司将负责制定债务管理

计划,并负责与债权人沟通,债务人不需要自己跟债权人打交道,还款时也只需要将钱交给债务管理公司,由他们来分给债权人。当然,债务管理公司需要收取一定的费用,主要包括两部分:一是债务管理计划的制作费用;二是每次还款的手续费。因为他们需要为债务人的利益服务,需要计算出债务人能承担得起的债务清偿金额,需要与债权人就清偿方案进行协商,需要每月将清偿款分配给债权人,而这些专业的服务都会产生相应的成本。因此,商业性的债务管理公司通过向债务人收费来涵盖他们的成本。然而,那些免费的债务管理公司则基本都是慈善机构,他们的成本主要由银行和信用卡公司承担,或者有其他的资金资助,不需要对债务人收费。

正因为有上述差异,所以,许多收费的债务管理公司会跟债务人说,债务人付费了就能得到更好的服务,或者说,因为是债务人付费,较之债权人付费的情形,他们会更好地为债务人的利益服务。对于这种说法,需要债务人自己去判断,这极有可能是一个似是而非的问题。

(一)如何选择免费的债务管理机构

如果债务人不想付费,他可以选择免费的债务咨询服务机构来帮助制订债务管理计划。目前,英国主要有 3 家可以免费提供债务管理计划的机构:

1. National Debtline。这是一家经英国金融行为监管局批准注册的慈善组织,旨在为英国公民提供网络在线服务和电话咨询服务,为公民提供免费的、公正的和保密的债务咨询建议。该组织的愿景是,让全英公民能够有信心处理他们的债务和管理他们的金钱。如果债务人寻求国民债务热线的帮助,该组织可以提供免费的咨询,发送一个自己制订债务管理计划的自助服务包,如果合适,也可以为债务人推荐免费的债务管理公司。

2. Stepchange。这是一家由信用行业资助的旨在为英国公民提供免费信用咨询服务的慈善组织。该组织首先通过电话沟通或者当面交流了解基本情况,然后评估债务人的债务历史,并据此提供一个专业的建议,包括提供一个债务管理计划并由他负责管理。

3. Payplan。这是一家由信用行业资助的独立的公司,旨在为英国公民提供免费的债务管理服务。它将评估债务人的财务状况,提出偿债建议并征求债权人的意见。

(二)如何选择收费的债务管理公司

英国有很多不同类型的组织机构和公司可以提供收费的债务管理计划,债务人可以根据自己的情况选择合适的机构。如果债务人决定选择一个收费的债务管理公司,有以下几点需要注意:(1)因为债务人为债务管理计划付费了,相应地用于清偿债务的金钱就会减少,所以,债务人的债务管理计划还款期限很有可能比不付费的情况下要长一些;(2)债务人需要支付的费用包括起草债务管理计划的费用、保证金或者是每月从用于偿债的款项中扣除的必要的费用,债务人应当在签字选择收费机构之前,确认自己乐意接受这种安排;(3)付给债务管理公司的费用不得超过50%,换言之,至少有50%的钱用于支付给债权人,而且用于偿付给债权人的这个金额在6个月之后应当增加;(4)债务人支付的债务管理计划的管理费应当涵盖整个债务管理计划执行期;(5)如果债务人取消了债务管理计划,所支付的费用可能没法退还,而且还有可能要支付取消费,因此,债务人必须认真阅读需要签署的协议。

无论是选择免费的债务咨询服务机构还是收费的债务管理公司,债务人都有必要向这些公司询问以下几个问题:

第一,是否是金融行为监管局授权的债务管理计划服务提供者?无论是收费的债务管理公司,还是免费的债务管理机构,都必须经过金融行为监管局的授权获得从业许可,必须满足监管的最低标准。这也就意味着债务人可以相信自己会得到公平对待,如果出了问题,可以向金融督查服务机构投诉。

第二,是否拥有行业协会的会员资格?一些债务管理公司属于行业协会的会员,这意味着他们受到协会的约束,确保他们遵循执业守则的要求,遵循受理投诉的程序。同时,也意味着如果债务管理公司不能妥善解决债务人的投诉,债务人可以申请行业协会开展调查。因此,询问债务管理公司是否属于行业协会会员,可以让债务人心里更为踏实。目前,债务管理标准协会是英国最主要的债务管理行业协会,其下属的消费者守则核准计划委员会(Consumer Codes Approval Scheme,CCAS)批准了债务管理的执业守则(详见本书第三章机构角色介绍)。

第三,是否是债务管理计划规制方案(DMP protocol scheme)的成员?有些债务管理公司签署了破产服务局制定的债务管理计划规程(protocol)。尽管这只是一个自愿参加的规制方案,但任何签署该规制方案的债务管理公司,除了要遵循金融行为监管局的规则和指引之外,还必须遵循协议中的特定行为标准。如果债务管理公司签署了这个协议方案,债务人的心里也会更踏实。对此情况,债务人也可以在财务咨询服务局网站上查询。

第四,债务管理计划将如何运行?债务管理公司应该告诉债务人以下信息:(1)债务管理计划的总成本是多少?(2)在债务管理计划期间债务人总共要偿还多少钱?(3)债务管理计划将持续多长时间?在债务人与债务管理公司签署协议之前,债务管理公司必须书面告知以下信息:债务管理公司是否需要对数据进行估算。需要注意的是,如果债务管理公司表示他们将暂时保存债务人支付的款项,留待过后再分给债权人,因为这样比现在直接分给债权人要更划算,那么,债务人要特别小心,因为一旦债务管理公司破产,这些钱可能就拿不回来了。此外,债务人还应当问清楚以下问题:债务管理公司的收费都包括哪些?如果债务人取消债务管理计划会有哪些后果?债务管理计划期间债务管理公司与债务人如何保持联系?债务管理公司还可以给债务人提供哪些支持?

五、债务管理公司必须遵循的规则

所有的债务管理计划提供者,无论是收费的债务管理公司还是免费的债务咨询服务机构,都必须遵循英国金融行为监管局制定的规则和指引。任何公司和组织想从事债务咨询管理的工作,都必须经过金融行为监管局的批准以获得授权。金融行为监管局为所有获得授权的公司设定了最低的、所有公司都得遵循的行为标准。

(一)不得误导债务人

债务管理公司不得在任何广告、市场营销和推广的过程中有误导债务人的行为。具体要求包括:一是确保公司所有的材料都是准确的、清晰明确且易于理解;二是不得有误导性陈述;三是不得说自己的公司是代表政府、公共团体或慈善组织工作。

常见的误导性表述:“债务管理计划可以确保你不再有负债”;“你的债权人必须与我们合作”;“我们提供给你的债务管理计划是政府计划的一部分”。

根据金融行为监管局的要求,债务管理公司不得有以下误导性陈述:告诉债务人只要接受了债务管理计划就可以卸掉所有债务;只告诉债务人可以节省哪些费用而不说明债权人可以不接受过低的偿付或者停止计息的要求;跟债务人说他们可以确保债权人会跟他们合作;把电话说成是政府热线,以此让债务人认为他们正在以慈善组织、政府或者其他公共团体的方式在提供帮助和建议。

债务管理公司不得在广告、市场营销和推广中做引人误解的宣传，包括不得在广播、电视、报纸杂志、互联网等媒体的广告中，以及宣传单、海报、推销员口头的宣传内容中做引人误解的宣传。债务管理公司必须确保所有宣传内容准确、清晰且易于阅读；不存在直接误导或者通过隐瞒重要事实实施的间接误导；包括任何必要的警告说明，如说明所提到的任何节省都是估计的。

如果遇到了债务管理公司的上述情形，对于债务人来说，可以有以下选择：如果债务人还没有与债务管理公司签订协议，那么他可以选择拒绝签署然后离开，并对误导行为进行投诉；如果债务人已经签订了协议，可以选择取消债务管理计划，因为肯定有更好的解决方案或者有更好的债务公司可以选择。

（二）收费必须公开透明

许多债务管理公司提供收费的债务管理计划，如果债务人没有得到与收费有关的所有信息或者债务管理计划的收费让债务人的处境更为糟糕，那么，债务人很有可能正在支付过于高昂的费用。

官方没有明确规定债务管理计划提供者（债务管理公司）的具体收费标准，然而，债务管理公司必须遵循金融行为监管局关于债务管理公司的服务成本必须公开透明的规则和指引，这也是他们获得金融行为监管局授权的必要法定条件之一。

对债务人而言，不能仅仅因为债务人对收费感到不满意，就直接认定债务管理公司收费不公。收费是否公正取决于债务人在与债务管理公司签订提供债务管理计划服务的协议之前被告知的内容。如果存在以下情形之一，债务管理公司的收费可能被认定为是不公正的：(1)债务管理公司只告诉债务人每月可以节约多少钱，而没有告诉债务人可能在今后更长的时间内总共支付的钱会更多；(2)债务管理公司没有告诉债务人要收费；(3)债务管理公司没有告诉债务人要收取哪些具体的费用，如固定的收费、手续费、保证金以及定期管理费；(4)债务管理公司没有告诉债务人最终总共要支付多少费用；(5)债务管理公司没有告诉债务人，他所支付的钱有多少是作为付给债务管理公司的服务收费，有多少钱是用于清偿给债权人；(6)债务管理公司将50%以上的钱收取为自己的服务收费。

需要注意的是，即便债务管理公司的收费是公正的，也可能给债务人带来新的问题。因为债务管理公司从债务人每月的款项中提取了一部分作为收费，也就意味着用于分配给债权人的钱就少了，进而导致还清所有债务的时间将会延长。因此,如果债务人担心债务管理公司的收费会增加他的欠款,使他更难摆脱债务困境,即便债务管理公司的收费是公正的,债务人也可以决定取消债务管理计划,因为这个机会本身就不是一个具有法律约束力的安排。

(三)不得主动找上门

金融行为监管局对债务管理公司如何联系债务人作了特别的规定。除非受到债务人的邀请,否则,债务管理公司不得出现在债务人的家门口(not cold-calling)。除非协议允许,否则,债务管理公司不得主动给债务人发送营销的信息、电子邮件和电话信息。没有债务人的明确许可,债务管理公司不得从经纪人等第三方获得债务人的联系方式。

如果债务人管理公司的代表或者销售人员"不请自来",或者在未曾询问过债务人联系方式的情况下给债务人发信息,债务人可以不邀请他们进来或者不与他们交谈。如果不想跟他们讨论自己的财务状况或者不同意选择债务管理计划,债务人不要有压力,记住他们的公司名字然后考虑是否投诉。

(四)提供给债务人所需要的重要信息

债务管理公司有义务将以下信息以书面的形式提供给债务人:(1)哪里可以找到免费的债务咨询服务机构;(2)关于债务人第一笔款项支付给债务管理公司而不是给债权人的时候,债务人的欠款将因此增加的说明;(3)债权人不是必须接受债务清偿方案,不是必须停止计息,因此,债务人需要偿付的债务总额可能会增加;(4)债权人有权继续以包括提起诉讼在内的方式来向债务人追索以实现债权;(5)债务管理计划可能影响债务人的信用等级;(6)清偿包括抵押债权、公用事业收费在内的优先债权的重要性;(7)债务人不要忽视债权人的来信和联系。

关于债务人需要与债务管理公司签订的合同,债务管理公司必须提前以书面形式告知以下内容:(1)债务人可以接受的服务内容;(2)合同的期限;(3)关于服务的总成本(如果无法具体明确,可以是成本的大致估算);(4)如果债务人在合同订立后的某个时间或者是在债务人主动上门的时候取消合同,债务人可能需要支付的费用;(5)债务人必须要支付的成本以及时间;(6)债务管理计划对债务人信用等级的影响;(7)支付给债务管理公司的钱如何分配,即有多少是作为费用支付给债务管理公司的,有多少是支付给债权人用于清偿债权的;(8)债务管理公司在多长时间内把钱分配给债权人以及第一次分配的时间。

债务人与债务管理公司签订的合同,不得包含以下内容:(1)规定债务人不得与债权人联系处理债务问题的任何条款;(2)明确债务人完全理解了合同的要求或者债务管理公司进行了充分揭示的任何声明。

在合同订立之前或者之后,债务人有权获得以下书面信息:(1)债务管理计划涵盖哪些债务和不包括哪些债务;(2)如果债务人停止支付抵押债权、房屋租金或者公用事业收费会有哪些后果;(3)债权人有权采取行动(包括起诉的方式)来实现他的债权;(4)如果债务人忽视了来自债权人的信件或者联系会有什么后果。

如果债务管理公司没有主动提供这些重要信息,债务人可以要求债务管理公司告知。无论他们是否同意告知,债务人都可以考虑选择投诉,因为债务公司违反了金融行为监管局的规定。债务人的具体投诉途径包括:第一,直接向债务管理公司投诉,他们有责任做出快速的、公正的答复;第二,如果对债务管理公司的答复不满意,可以向金融督查服务机构投诉。此外,债务人还可以因此取消债务管理计划,改为选择免费提供债务管理计划的机构。需要注意的是,如果取消债务管理计划,需要看协议中是否允许退还已经交付的费用或者是否需要再支付一笔费用。

(五)提供给债务人的建议必须符合要求

如果债务管理公司给债务人提供具体的建议,那么他们的建议必须符合金融行为监管局的规则要求,无论债务人是否接受债务管理计划,任何建议都必须是根据债务人的最佳利益出具。

债务管理公司提供的建议应当包括以下内容:(1)对债务人的财务状况进行现实的评估;(2)通过查看工资单等方式检查债务人的收入情况;(3)检查债务人的开支情况,尽管有时候可以使用标准的平均值;(4)发给债权人的财务报表同时也必须提供给债务人;(5)警告债务人停止支付可能产生的后果;(6)解释当债务人偿付的金额低于因利息和收费增加后的金额的时候,债务人债务增加的原因;(7)当债务管理计划没有产生对债务人最有利的结果,债务人可以有的诸如退出等合适的替代选择。

(六)债务管理公司必须遵循的其他规则

债务管理公司还需要遵循其他的规则:(1)如果有必要,建议债务人向非营利咨询机构寻求更多帮助;(2)有适当的方法识别并帮助特别脆弱的人,如有精神问题或心理问题的人;(3)随时向债务人更新与债权人协商的结果或者沟通的进展情况;(4)使债务人随时了解影响债务管理计划的任何进展或者任何其他事情;(5)根据债务人的要求向债务人提供对账单;(6)对债务人的投诉做出快速的、公正的答复;(7)给债务人提供所有信件的副本,并保留所有相关信息直到合同彻底结束。

六、债务管理计划实施产生的影响

(一)债务管理计划将会对债务人的信用等级产生影响

如果债务人处于债务管理计划实施期间,债务人的信用等级将会受到影响,可能会在今后更难获得贷款。当债务人申请贷款或其他类型的信贷时,贷款人将使用不同的方法来帮助判断债务人是否具有良好的还款能力,是否具有潜在的无法还款的风险,贷款人将根据征信机构的文件来得出债务人的信用评级,并以此决定是否向债务人发放贷款。债务人的信用资料档案由 3 家征信机构保管,包含债务人的基本信息,债务人如何管理现有的银行账户和信用承诺,债务人是否曾被收回房屋以及债务人的相关经济关系。

债务管理计划可能会出现在债务人的信用参考文件中。一些债权人可能会要求在债务人的征信文件中加入债务人正在债务管理计划实施期间的说明,这将减少债务人申请到信用贷款的机会,因为这说明债务人在维持债务清偿时遇到了困难。而且,这份说明也可能在债务管理计划结束之后的一段时期内(一般为 6 年)保留在信用档案中,因此债务人在债务管理计划结束后获得贷款也可能遇到困难。但从另一个方面来看,如果债务人按照债务管理计划的要求按时还债,那么债务管理计划在债务人的信用参考文件中看上去会比根本无法偿还债务或者只是偶尔偿还一部分债务要更好。

一旦开始实施债务管理计划,债务人应该努力按照计划清偿债务,因为只要有未能按照计划偿债的情形,就会被计入征信机构的信用参考文件中,这将会让今后申请贷款变得更加困难。

(二)债务管理计划对债权人的影响

如果债权人(非优先债权人)同意了债务管理计划,他们就得接受债务人按照计划清偿债务的事实,在此期间,与债务人的联系应该控制在最少的程度。

由于债务管理计划是不具有法律强制力的债务安排,因此,债权人有权拒绝跟债务管理公司合作,可以继续向债务人追索债权,也可以针对债务人提起诉讼。如果出现这种情况,建议债务人亲自与债权人沟通,弄清楚债权人拒绝合作的原因。一般来说,不外乎是不想接受减少清偿额的安排或者是反对债务人找了收费的债务管理公司。债务人要尽力与债权人协商,看有没有可能让他们改变想法。但这不是债权人的法定义务,所以,债务人只能个别去沟通解决。

(三)债务人在债务管理计划实施期间出现偿付困难的处理

如果债务人在债务管理计划实施期间出现了特殊的困难,导致不能按照计划偿还借款,债务人应当马上采取行动,因为如果逃避现实,只会使问题变得更糟。

从实际情况来看,有以下原因可能会让债务人出现上述困境:一是债务人的自身情况发生了变化,如失业或者较长时期的生病;二是优先债权(如担保债权或者房屋租金)出现了增长,导致债务人现有的可支付给非优先债权人的资金减少;三是债务人在债务管理计划期间又增加了新的贷款;四是债务人出现了之前无法预期的成本(如房屋的紧急维修)。

无论是因为上述哪一种原因,只要出现了偿付困难,债务人就应当立刻联系债务管理公司。如果债务人已经出现了未能按照计划清偿债务的情形,债务人也应当立即联系债务管理公司,因为债权人可能决定停止跟债务人的债务管理计划合作,而债务管理公司可以跟他们协商以便争取继续维持债务管理计划的实施。

第十章 “喘息空间”计划:苏格兰债务整理计划的全英扩展

根据英国现行破产法及其相关法律的规定,正式的个人债务清理程序,如个人自愿安排、债务纾缓令、行政管理令和破产清算,都可以实现对债务人的保护,使之免受债务追索和执行之苦。除此之外,所有的非正式程序(以债务管理计划为代表),除非债权人与债务人达成了自愿的协议,否则,都不可能产生冻结利息和费用、中止债务催收和执行行为的效力。

债务管理计划是最具典型性、最为成熟的非正式程序机制,然而,即使债务人提出了债务管理计划,也不能保证债权人会接受。因为债务管理计划涵盖的任何一位债权人,立法都没有任何保护措施可以防止他们采取进一步行动,而他们往往通过向法院提出索赔来削弱计划的效力,甚至随时都可以退出债务管理计划,转而向债务人追索。唯独例外的是苏格兰地区。苏格兰的个人破产法律制度和债务清理制度相对独立,其立法规定的一项名为“债务整理计划”(Debt Arrangement Scheme)的正式程序,为债务人提供了6周的“喘息空间”以及一个法定偿债计划。然而,目前在英国的其他地区并未有对应的计划。为了进一步完善个人债务清理机制,英国政府决定以苏格兰的“债务整理计划”为参考,确立一个可以在英格兰、威尔士、北爱尔兰地区适用的“喘息空间”

(Breathing Space)计划,预计在2021年付诸实施。

一、“喘息空间”计划的政策酝酿

(一)提议与呼吁阶段

2014年5月,英国政府组织了一次针对财务咨询服务局工作的独立评估。财务咨询服务局是由政府于2010年成立的消费者金融教育机构。它的法定职责在2012年获得延伸,包括与合作伙伴合作,以改善债务咨询的可用性、服务质量和可持续性。基于这种职责范围,独立评估小组主要进行以下三个方面的评估:一是评估消费者教育和建议的需求,包括需求的演变以及财务咨询服务局在消费者教育和债务咨询服务领域应该扮演的角色;二是评估财务咨询服务局如何通过当前的方法和工作模式来有效地满足现实的服务需求;三是对财务咨询服务局的工作方法和工作机制提出改进的建议。

2015年3月,独立评估报告(Review of the Money Advice Service)正式发布。该报告显示:一方面,至少有300万英国消费者正在为债务问题苦苦挣扎。这可能是由一系列因素造成的,包括家庭基本服务费用的增加、收入更加不稳定和不确定,以及疾病、失业或离婚等外部冲击。缺乏预算技能和糟糕的资金管理通常不是主要原因。债务咨询服务帮助人们进行财务管理和债务偿还,或在无法完全偿还债务时与债权人作出安排。随着金融行为监管局新的机制逐渐对商业债务管理公司产生影响,短期内债务咨询服务的需求可能增长。另一方面,消费者主动接受免费债务咨询服务的意识相对较弱,许多人不明白免费服务和商业咨询的区别。此外,数据表明,许多消费者要等上12个月甚至更长时间才会寻求帮助。独立评估报告强调,政府应当为消费者提供免费的、公益的债务咨询服务,理由在于:“它可以帮助主要债权人公司的客户重新控制他们的财务状况,而债权人也可以从整体较低水平的坏账总额中受益。更广泛的社会效益包括降低压力、相关疾病的发病率和家庭破裂的可能性。”事实上,这也是多年来英国政府设立专门的管理机构来推动债务咨询服务行业发展的重要考虑。基于这种逻辑,独立评估报告针对财务咨询服务局以及政府层面的债务咨询服务管理工作,提出一系列的改进建议。其中,涉及政府制度改进的一项重要建议就是,建议政府修订债务管理的法定架构,以纳入苏格兰破产管理的制度经验,如在消费者征询意见时暂停计息。①

与此同时,政府也发布了对独立评估报告的回应报告,对评估报告中的观点和建议作了明确的回应。独立评估报告建议政府审查债务管理的法律框架:“给同意制定债务管理计划的消费者提供一个‘喘息空间’,在此期间,冻结债务的利息和费用,确保向不同类别的债权人提供一个公平和适当的标准以偿还债务。”政府认为,让有债务问题的个人获得免费和公正的债务咨询服务,以帮助他们恢复财务状况,这一点很重要。债务可以影响所有年龄、背景和各种情况的人,而且常常与社会上的一系列其他问题有关,包括家庭破裂、无家可归和精神健康问题。政府表示很乐意接受评估报告中的这项建议,必须确保消费者有适当的选择和激励机制,以帮助他们更好地处理债务问题。针对这项建议,政府指出,必须详细考虑拟增加的法定消费者保护措施可能产生的影响,包括平衡债权人的权利。因此,英国财政部和破产服务局将与金融行为监管局、财务咨询服务局以及其他其他利益相关者进行密切磋商,进行一次深入的评估,并在2015年年底完成此项评估工作。②

需要注意的是,上述关于债务咨询管理的建议和政府的回应,同时也受到了英国政府新一轮的“财务能力战略”(Financial Capability Strategy)的影响。财务能力战略是英国金融监管部门很重要的一项工作计划。2006年,当时的金融服务监管局发布了第一代的财务能力战略计划。政府和财务咨询服务局坚信,提高英国居民的财务能力,无论是对于消费者本人,还是对于政府、金融产业以及更广意义上的社会安全问题而言,都是有着积极意义的。③ 有证据表明,财务能力对金融服务业、政府、社会,更重要的是对消费者,都能产生显著的积极影响,使他们能够对自己的钱做出更好的决定,对他们的整体福祉做出巨大贡献。自2006年的第一代“财务能力战略”以来,新的挑战不断出现。目前,人们的可支配收入较少,而且根据金融市场的复杂性做出错误决定的风险更大。与此同时,个人在做出适合自己的财务决策方面正被赋予越来越多的责任——普惠金融的引入、社会医疗和医疗保健的个性化,就是这一趋势的两个例子。在这种情况

---

① See “Review of the Money Advice Service”, March 2015, HM Treasury.

② See “The Government's Response to the Independent Review of the Money Advice Service”, HM Treasury, 20 March 2015.

③ Money Advice Service, *A Financial Capability Strategy for the UK: The Evidence Base*, 2013.

下,很多人不能在正确的时间获得正确的信息,不知道去哪里寻求帮助,并且面临着在财务方面做出错误选择的风险。为此,政府在 2015 年启动了新一轮的财务能力战略。将许多不同行业的人和组织聚集在一起,开展合作采取行动,希望能够永久性地解决这些问题。雇主、慈善机构、政府和企业都希望给予人们更好的财务掌控能力与信心,让他们充分利用自己的钱——从零花钱到养老金。财务能力战略提供了一个独立和公正的空间,积极地将组织机构聚集在一起,并邀请它们将精力集中在真正有效的工作上,为提供英国居民的理财和债务管理能力做出贡献。① 在此过程中,债务咨询管理领导工作小组(Debt Advice Steering Group)的成立和对现有债务清理程序机制的反思与改进,成为战略工作的重要内容。财务能力战略的发展,从另一个角度推进了政府对喘息空间计划的关注和推动。

2016 年 1 月 11 日,卡梅伦首相发表了一个关于“生命机遇”战略(Life Chances Strategy)的演讲,强调要改变英国最弱势群体的生活。其中,有一个特别重要的观点:“如果我们花费数十亿英镑来收拾社会失败的碎片,经济就不可能稳定;只要有数百万人感到被排斥在外,我们的社会就不可能强大和有凝聚力。因此,经济改革和社会改革不是两个单独的议程,它们是紧密相连的。”②虽然这个计划后面发生了变故,政策方案作了调整,但其中体现的政府应当对贫困者、经济失败者提供帮助的精神,影响了很多制度。

2016 年 9 月,英国官方报告明确指出:作为政府“生命机遇”议程的一部分,包括公民咨询服务机构在内的债务咨询领域慈善机构,呼吁英国财政部考虑将苏格兰的 DAS 计划修改后在英国其他地区实施。③ 这些呼吁的主旨如下:最理想的情况是,(债务人)通过债务咨询服务机构的帮助,进入“喘息空间”计划。这样,“喘息空间”就变成了咨询服务过程的一部分,也可以对整个债务清理制度进行全面的探讨,债务人也可以在更广的范围内选择最适合自己的解决方案。包括公民咨询服务机构在内的慈善机构认识到,法定的“喘息空间”不会解决赤

① Money and Pensions Service,“The Financial Capability Strategy for the UK:Three-year Review of Lessons Learned and Recommendations”,2018,April 2019.

② See “Prime Minister's Speech on Life Chances”, available at: https://www.gov.uk/government/speeches/prime-ministers-speech-on-life-chances.

③ See *Breathing Space for Individuals in Problem Debt*, Briefing Paper, Number 7934, 18 July 2019.

字预算者的债务问题,也不会帮助那些"资产丰富但现金匮乏"的债务人,但是,他们认为这是向前迈出的一步,弥补了现有可选择的债务解决方案的一些缺陷。①

(二)动议与论证阶段

2017年,保守党和工党都发表了宣言,承诺引入一个法定的"喘息空间"来帮助那些严重负债的人。大选结束后,保守党政府证实,将推出一项为期6周的"喘息空间"计划,并在适当情况下,向债务人提供一项法定的债务偿还计划。政府将这两个元素统称为"喘息空间"方案。

2017年10月,财政部发布了《喘息空间计划:证据收集》,证据收集时间从2017年10月14日到2018年1月16日。财政部发布的方案中强调:债务问题,是指债务和欠款占收入的比例过高,会给个人和家庭带来沉重的负担。它通常是收入受到"冲击"的结果,如突然失业或家庭破裂,这可能导致债务依赖和债务负担不断增加的恶性循环。因此,它经常与其他困难联系在一起,包括失业、压力和心理健康问题。有债务问题的人应该尽早寻求债务管理建议。债务咨询管理可以帮助负债的个人处理他们的债务,并回到一个稳定的财务基础。债务咨询可以帮助人们获得一系列债务解决方案——从为那些有能力偿还债务的人提供的非正式计划,到为那些面临更大困难的人提供破产制度下的债务注销选择。除了帮助人们重新站起来,有效的债务建议还可以支持经济,鼓励生产力,减少坏账注销。②

2018年10月29日,财政部在预算演讲后发布了《喘息空间计划:政策建议咨询》,这也是落实政府宣言承诺的关键的第一步。此次咨询持续到2019年1月29日,目的是就如何最好地设计、实施、管理和监督"喘息空间"计划,征求债务咨询部门和债权人的意见,主要问题包括:严重问题债务应如何界定?该计划何时启动?该计划能否涵盖所有的债务?自我经营和小微企业的债务应该包括在内吗?需要什么保障措施来防止该计划被滥用?法定债务偿还计划如何作为债务解决方案发挥作用?③

2019年6月19日,财政部针对咨询报告之后收集的意见,发布了回应报告,

---

① See Money Advice Trust, Time for Statutory Breathing Space, 8 September 2016.

② HM Treasury, Breathing Space: Call for Evidence, updated 18 June 2018.

③ HM Treasury, Breathing Space Scheme: Consultation on a Policy Proposal, updated 19 June 2019.

并表示政府将在2019年年底提出“喘息计划”的条例草案,希望能够在2021年开始实施这个条例。政府的回应报告还强调了三点:第一,“喘息空间”计划的实施扩充政府的工作方式,支持有债务负担的消费者;第二,拟议的法定“喘息空间”和偿债计划将由破产服务局来管理;第三,该计划将在英格兰和威尔士实施。考虑到对债务人的潜在好处,以及苏格兰现有的债务安排方案,政府已经表示,它将继续与社区部和经济部合作,考虑在北爱尔兰引入一个同等的方案。①

二、“喘息空间”计划的参考样本:苏格兰法定债务安排计划

“喘息空间”计划包括两个部分:一是法定“喘息空间”(Statutory Breathing Space),二是法定债务清偿计划(Statutory Debt Repayment Plan)。两个部分都是参考了苏格兰的立法经验,目标都在于给陷入债务困境的人一个掌控他们财务安排的机会。②

(一)苏格兰法定债务安排计划的立法依据

苏格兰的破产制度有别于英格兰和威尔士,尤其是个人破产制度自成体系,其中自2002年创设的法定债务安排计划更是成为英国政府制定“喘息空间”计划最为重要的参考样本。

《苏格兰2002年债务安排与财产扣押法》于2002年11月由苏格兰议会通过,12月17日获得英国女王的批准。该法案最主要的内容分为两部分:一是规定了苏格兰个人债务清理中的独特机制即债务安排计划,这是一项至今为止实施效果良好,且正在被英格兰和威尔士学习借鉴的重要制度;二是规定了对债务人拥有的动产实施扣押(diligence)以及对债务人的住宅如何扣押的特殊规定。③为了更好地落实法定的债务安排计划,《苏格兰2011年债务安排计划条例》在2011年2月通过,自2011年7月1日起施行,同时废止了《苏格兰2004年债务管理计划条例》及其后续修正案。《苏格兰2011年债务安排计划条例》先后经历了2013年、2014年、2015年、2018年、2019年多次修订。④

---

① HM Treasury, *Breathing Space Scheme*: *Response to Policy Proposal*, June 2019.

② Lorraine Conway, *Breathing Space for Individuals in Problem Debt*, Briefing Paper, Number 7934, 18 July 2019.

③ Debt Arrangement and Attachment (Scotland) Act 2002.

④ Debt Arrangement Scheme (Scotland) Regulations 2011.

（二）苏格兰法定债务安排计划的基本内容

法定债务安排计划是苏格兰政府支持的债务管理计划，允许债务人通过制定一个债务清偿方案（Debt Payment Programme，DPP）来偿还债务，适用于个人、个体经营者、合伙、信托、非法人企业（unincorporated businesses）、特定类型的慈善组织和公司制实体（certain categories of charities and certain corporate bodies）。该计划由苏格兰破产管理机构（Accountant in Bankruptcy，AiB）负责管理。

根据法定债务安排计划，债务人承诺根据其可支配收入偿还债务。债务人在申请法定债务安排计划中的债务清偿方案之前，必须找到一家有资质的债务咨询管理机构，由他们来提供建议和服务。债务咨询管理机构应当根据客户的请求提交债务清偿方案的申请，一旦申请成功，债务清偿得以维持，则所有的利息和收费都于申请日起停止计算，并于程序结束后予以注销，债权人在此期间也不得使用执行手段来追索债权。易言之，在债务咨询管理机构帮债务人提出债务清偿方案的申请之后，所有利息、费用、罚款或其他收费都会被冻结，债权人不得采取任何行动直接向债务人追索，这就是一个有效的“喘息空间”，可以维持6周之久。

法定债务安排计划中的债务清偿方案，允许债务人在一段较长的时间内偿还债务。有关债权人会收到一份建议书，供其考虑。债权人有21天的时间来决定是否接受这个方案，有关款项的分配服务及申请所产生的费用由债权人来负担。一旦获得批准，债务人必须遵守立法中明确规定的条件。

事实上，法定债务安排计划中的债务清偿方案，容许个人、夫妇或个体经营者在较长期间内偿还全部债务。这个计划为债务人提供了保护，使他们免受债权人的强制执行，并在按揭贷款能够维持支付的情况下保障了他们的住房。

三、“喘息空间”计划的核心内容：法定“喘息空间”

（一）法定“喘息空间”的基本原理

法定“喘息空间”是整个“喘息空间”计划的第一部分内容，旨在鼓励债务人积极主动获得债务咨询建议，妥善处理债务危机。其原理在于：一旦个人寻求债务建议，他们就不太可能陷入债务循环，他们的债权人会收到更高的还款回报，并在收回成本上花费更少。目前，能够从债务咨询建议中获益的人还不够多，而许多能够从债务咨询建议中获益的人将能从更早地获得债务建议中获益。更重要的还在于,通过保护债务人不受债权人追索行动的影响,一个法定“喘息空间”将使债务人有时间和空间与专业债务顾问进行充分接触,以确定一个积极和可持续的解决方案来解决他们的问题债务。[①]

(二)法定“喘息空间”的适用条件

债务人要进入法定“喘息空间”,必须满足以下条件:(1)债务人确实陷入了债务困境,及存在“问题债务”;(2)债务人必须先从受金融行为监管局规制的债务服务机构获得债务咨询建议,或从其他有资格提供债务咨询建议且不受金融行为监管局规制的机构(如地方政府支持的公益咨询服务机构)获得债务咨询建议;(3)债务咨询顾问必须判断债务人是否陷入了严重的财务困境,是否能够从债务解决方案中获益;(4)如果债务人在过去12个月内成功申请进入过法定“喘息空间”,他将不能再次进入法定“喘息空间”。

(三)法定“喘息空间”的法律效力

债务人一旦获准进入法定“喘息空间”,债务人将有60日的延期偿付(moratorium)期限,对债权人而言就是中止行权期间。在此期间内,债权人将被禁止采取任何强制执行、催收或追讨行动,任何正在进行的强制执行将被暂停,包括暂停与债务人接触以收回债务,暂停《债务预先行动议定书》的进程,阻止债权人提起新的诉讼,暂停几乎所有针对债务人的法庭后执法行动。任何利息支付、违约费用和收费都将被禁止收取。一旦债务人离开了“喘息空间”,债权人亦不得回头追索这段时间内的利息、费用和收费。因此,债务人在此期间免受债权人通过诉讼、执行等方式进行的债务追索,可以进行较为充分的债务咨询,从而决定进入一个适当的债务解决方案。

法定“喘息空间”的保护范围几乎包括所有的个人债务(包括欠中央和地方政府的债务),拖欠的抵押贷款和租金以及不符合增值税登记标准的个体经营者的经营债务,都可以纳入进来一起调整。然而,一些债务将被排除在外,包括法院施加的罚款、儿童抚养费和学生贷款等。此外,正在接受英国国家医疗服务机构(National Health Service,NHS)心理健康危机治疗的个人,将受益于获得“喘息空间”的替代机制。这意味着这些人的“喘息空间”持续时间,是在他们的危机护

---

① Lorraine Conway, *Breathing Space for Individuals in Problem Debt*, Briefing Paper, Number 7934,18 July 2019.

理的最长时间里加上30日,然后加上法定“喘息空间”的60日。这也是履行经济部长在通过《2018年金融指导和索赔法案》期间向财政部作出的承诺。[①]

破产服务局将为法定“喘息空间”提供行政支持,以避免对债务顾问机构和债权人产生过重的程序管理的负担。

四、“喘息空间”计划的核心内容:法定债务清偿计划

(一)法定债务清偿计划的基本原理

“法定债务清偿计划”(Statutory Debt Repayment Plan,SDRP)将为不适合现有法定债务解决方案的债务人提供另一种偿还债务的方式。通过让债务人在一个可持续的时期内全额偿还债务,该计划为改善债务人的财务状况和提高债权人的回报提供了一条途径。

政府表示,实施一个“喘息空间”和债务偿还计划将补充其更广泛的工作,以支持承担债务的消费者。这包括采取行动防止问题债务的发生,并帮助人们摆脱问题债务。采用一个法定债务偿还计划也将对债权人有利,因为它提供了一个可预测的偿还办法,并减少了收债活动的需要。

(二)法定债务清偿计划的适用条件

申请“法定债务清偿计划”的个人必须符合以下三个标准:(1)必须事先获得有资质的债务管理公司的建议;(2)必须被评估为有能力在合理的期限内全部偿还债务,在特殊情况下,低收入的脆弱债务人的债务清偿计划可以持续7年以上,但不能超过10年;(3)债权人必须同意该计划的条款,否则,就得由破产服务局来决定计划是否生效。

债权人对该计划的表决,可能出现的结果如下:(1)如果反对该计划的债权人所代表的债权额低于全体债权额的25%,则该计划将直接开始执行。(2)如果反对该计划的债权人所代表的债权额超过了全体债权额的25%,则该计划将由破产服务局进行“公平合理”的评估。在评估拟议计划对债权人和债务人是否“公平合理”时,破产服务局会考虑所有相关因素,包括债权人反对拟议计划的理由、债务咨询机构的意见,以及反对该计划的债权人比例。(3)如果破产服务局

---

① Lorraine Conway, *Breathing Space for Individuals in Problem Debt*, Briefing Paper, Number 7934, 18 July 2019.

认为提出的计划是“公平合理的”，那么该计划经破产服务局批准后立即生效。(4)如果被认为是不公平、不合理的，所提计划将被拒绝，破产服务局将该计划返回给债务咨询机构。如果债务咨询机构认为这是对债务人最好的解决方案，他们仍然可以提出一个修改后的计划。

在公开征求意见的过程中，有人提出质疑：在“公平合理”的测试完成后，是否适宜加入进一步的反对机制？政府表示，将在未来几个月就这一问题与相关专家进行磋商，并在适当时候提供进一步的细节。

(三)法定债务清偿计划的法律效力

法定债务清偿计划可以涵盖金融服务债务、家庭账单以及对中央和地方政府的欠款，商业债务的处理方式将与法定“喘息空间”下的处理方式相同。但是，根据债务顾问的评估，住房债务(租金支付和抵押贷款欠款)不包括在计划之内。原因在于，如果业主必须等候较长时间才可收回租金，他可能会决定不续签租约。类似地，如果抵押贷款欠款没有支付，债务人随后离开计划，他们的房屋可能面临被收回的风险。

除了包括范围广泛的债务外，加入法定债务清偿计划的个人还将受益于强有力的保护措施——包括冻结所有合同和违约利息，以及防止对计划中包括的债务采取所有强制行动。

需要注意的是，虽然法定“喘息空间”和法定债务清偿计划，均属于“喘息空间”计划的内容，但这两种干预措施应当分开考虑。具体来说，债务人可以在不进入法定债务清偿计划的情况下直接进入法定“喘息空间”(尽管他们必须寻求债务咨询)。债务人也可以进入法定债务清偿计划的程序，而不需要先进入法定“喘息空间”。也就是说，不以彼此互为前提。

五、“喘息空间”计划的其他技术问题

(一)如何界定“问题债务”?

在公开调查和征求意见的过程中，几乎所有的受访者都同意，一个陷入问题债的人应该被评估以获得“喘息空间”。债权人组织建议，政府应在法定的“喘息空间”范围内界定什么是“问题债务”，以确保参与计划的人的特征保持一致。而财务咨询与养老金服务局(Money and Pensions Service)的建议则指出：个人的内部障碍，即态度和知识影响寻求建议的意愿。外部障碍，如没有足够的提供者来

满足对债务建议的需求，以及消费者难以驾驭的复杂的债务建议。人们可能不知道他们需要帮助，或者可能广泛地意识到，但仍然拒绝承认他们的全部债务。即便是那些意识到自己处境艰难的人，也可能不认为自己存在“债务问题”——“债务”正日益正常化，而“问题债务”背负着更多的污名。[①] 政府的回应报告指出，问题债务意味着“债务人有偿还债务的困难，而且有足够的财务困难，因此有实际机会进入债务解决方案，如破产或债务管理计划”。未来正式立法中，仍需要对“问题债务”的表述及其范围界定作出合理的规定。

（二）12 个月间隔期是否必要？

根据目前拟议中的方案，债务人如果在之前的 12 个月内进入过“喘息空间”计划，则不得再次进入“喘息空间”，换言之，中间必须有 12 个月以上的间隔期。征求意见的过程中，大家对此问题态度不一。许多债务咨询机构和消费者组织建议，12 个月的限制根本不应该适用，“因为一些人可能会经历人生的冲击，需要在 12 个月内多次获得保护”。然而，其他受访者——主要是地方当局则建议延长 12 个月的限制，因为他们担心允许个人在短时间内反复进入“喘息空间”可能导致该计划被滥用。政府同意，弱势群体在适当的时候进入保护系统是非常重要的，但也必须要防止该计划被滥用。为了保持这两者之间的平衡，政府将保持 12 个月间隔期的限制。[②]

（三）如何看待债权人的反对权？

根据拟议中的规定，获得授权的债务管理公司帮债务人提交进入法定“喘息空间”的申请，破产服务局作出是否批准的决定。那么，在此过程中，是否应该有一种机制使债权人有机会反对债务人进入“喘息空间”？来自债务咨询机构和消费者组织的一些受访者认为，不应该有针对债权人的反对机制，因为这可能会减少“喘息空间”的吸引力，而且其涉及的时间很短，没有必要这样做。然而，一些债权人组织认为，纳入一个有效的反对机制，可以降低滥用法定保护的风险。

政府研究会认为，不支持设计一个包括正式的反对机制的“喘息空间”，因为这样一种机制可能在短时间内是不可行的。但政府确认，破产服务局会建立一

---

① Money and Pensions Service, *Debt Respite Scheme*: *Response to Rqueset for Advice*, 14 August 2019.

② Lorraine Conway, *Breathing Space for Individuals in Problem Debt*, Briefing Paper, Number 7934, 18 July 2019.

个门户系统,将个人进入或退出法定“喘息空间”的情况通知债权人。[①]

(四)应否设立公开的登记查询系统?

目前,苏格兰的法定债务安排计划和破产程序一样,都是在公共的系统中进行登记,提供查询服务。而在法定“喘息空间”计划设计过程中,许多受访者认为公开登记是不适当的。他们担心,由于登记的公共性,债务人可能会被阻挠参与计划。一些答复者建议,该计划应该有一个针对个人的半公开登记系统,只有债权人和债务咨询管理机构才能查阅。然而,政府对半公开的登记系统也持有担忧。

政府认可半公开登记这一选择背后的基本原理,然而,考虑到在“喘息空间”保护下可能有债务人的潜在广泛债权人(从大型金融服务公司到小业主),如果根据这项提案,几乎所有潜在债权人都将被要求进入该计划的登记簿。因此,政府也有类似的隐私保护的考虑。最终,政府决定支持不公开的注册。当个人进入“喘息空间”时,除了主动通知之外,个别债权人还可以访问那些在“喘息空间”中并已被包含在门户中的个人的债务记录。但是,债权人将不能通过这个登记簿获得其他债务人的详细信息。[②]

---

① HM Treasury, *Breathing Space Scheme*: *Response to Policy Proposal*, June 2019.

② Ibid.

参考文献

一、英文著作

1. Andrew Keay & Peter Walton, *Insolvency Law: Corporate and Personal*, 4 Edition, LexisNexis(2017).

2. Bruce H. Mann, *Republic of Debtors: Bankruptcy in the Age of American Independence*, Harvard University Press(2002).

3. David Milman, *Personal Insolvency Law: Regulatio-nand Policy*, Ashgate(2005).

4. David Mohyuddin QC, etc., *Personal Insolvency: Law and Practice*, fifth edition, LexisNexis(2017).

5. Ian. F. Fletcher, *The Law of Insolvency*, fifth edition, Sweet & Maxwell(2017).

6. Kristin van Zwieten(ed.), *Goode on Principles of Corporate Insolvency Law*, 5th student edition, Sweet & Maxwell(2019).

7. Len Sealy, David Milman, Peter Bailey, *Seal & Milman: Annotated Guide to the Insolvency Legislation 2019*, Sweet & Maxwell(2019).

8. M. D. Chalmers, M. A. & E. Hough, *The Bankruptcy Act* 1883 *with Introduction, Index and Brief Notes*, Waterlow & Sons(1883).

9. Willibald Steinmetz(ed.), *Private Law and Social*

Inequality in the Industrial Age: Comparing Legal Cultures in Britain, France, Germany, and the United States of America, Oxford University Press(2000).

二、英文论文

1. Abed Awad & Robert E. Michael, "Iflas and Chapter 11: Classical Islamic Law and Modern Bankruptcy", *The International Lawyer*, Vol. 44, No. 3(2010).

2. Kayode Akintola, "The Prescribed Part for Unsecured Creditors: A Pithy Review", *Insolvency Intelligence*, Vol. 30(2017).

3. Louis Edward Levinthal, "The Early History of Bankruptcy", *University of Pennsylvania Law Review*, Vol. 66(1918).

4. Louis Edward Levinthal, "The Early History of English Bankruptcy", *University of Pennsylvania Law Review*, Vol. 67(1919).

5. Roland Obenchain, "Roman Law of Bankruptcy", *Notre Dame Law Review*, Vol. 3(1928).

6. Stasys Velyvis, Vilija Mikuckiene, "Origin of Bankruptcy Procedure in Roman Law", *Jurisprudence*, Vol. 117, No. 3(2009).

7. Theodor C. Albert, "The Insolvency law of Ancient Roman", *California Bankruptcy Journal*, Vol. 28 No. 3(2006).

三、英文报告

1. BIS, Insolvency Proceedings: Debt Relief Orders and the Bankruptcy Petition Limit-Call for Evidence(Analysis of Responses), January 2015.

2. Department for Business, Energy and Industrial Strategy, Insolvency and Corporate Governance—Government Response, 26 August 2018.

3. Department for Constitutional Affairs Consultation Paper, A Choiceof Paths: Better Options to Manage Over-Indebtedness and Multiple Debt, July 2004, Paper number CP23/04.

4. Department of Trade and Industry of UK, A Revised Framework for Insolvency Law, White Paper, Cmnd 9175, 1984.

5. HM Treasury, Breathing Space Scheme: Consultationon a Policy Proposal,

updated 19 June 2019.

6. HM Treasury, Breathing Space Scheme: Response to Policy Proposal, June 2019.

7. HM Treasury, Breathing Space: Callfor Evidence, 18 June 2018.

8. HM Treasury, The Government's Response to the Independent Review of the Money Advice Service, March 2015.

9. HMRC, Policy paper: Changes to Protect Taxin Insolvency Cases, 11 July 2019.

10. HMRC, Protecting Your Taxes in Insolvency—Summary of Responses, 11 July 2019.

11. Insolvency Service, Call for Evidence: Regulation of Insolvency Practitioners—Review of Current Regulatory Landscape, July 2019.

12. Insolvency Service, Insolvency Proceedings: Debt Relief Orders and the Bankruptcy Petition Limit—Call For Evidence, August 2014.

13. Insolvency Service, Relief for the Indebted—An Alternative to Bankruptcy, March 2005.

14. Jo Swinson, Insolvency Proceedings: Debt Relief Orders and the Bankruptcy Petition Limit: Written Statement-HCWS189, 15 January 2015.

15. JUSTIC, Insolvency Law, an Agenda for Reform, 1994.

16. Kenneth Cork, Bankruptcy: Interim Report of the Insolvency Law Review Committee, Cmnd. 7968(1980).

17. Kenneth Cork, Insolvency Law and Practice: Report of the Review Committee, Cmnd. 8558(1982).

18. Lorraine Conway, Bankruptcy: Trustee's Rightof Inquiry, Briefing Paper, Number 5819, 7 October 2015.

19. Lorraine Conway, Breathing Spacefor Individuals in Problem Debt, Briefing Paper, Number 7934, 18 July 2019.

20. Lorraine Conway, Discharge from Bankruptcy, Briefing Paper, Number 3043, 1 May 2019.

21. Lorraine Conway, Regulation of Insolvency Practitioners, Briefing Paper,

Number:5531,9 September 2019.

22. Money Advice Service,Review of the Money Advice Service,March 2015.

23. Money Advice Trust, Time for Statutory Breathing Space, 8 September 2016.

24. Money and Pensions Service,Debt Respite Scheme:Response to Rqueset for Advice,14 August 2019.

25. Richard Kelly, Statutory Instruments, Briefing Paper, Number 06509, 15 December 2016.

附录1：英国破产服务局《关于破产清算的指南》[①]

官方说明：本指南只提供一般的信息，并不代替专业的法律或财务意见。破产服务局已尽可能确保信息的准确性，但不应将此作为法律的完整和权威的声明。破产服务局不对因疏忽或其他原因造成的任何错误或疏漏承担任何责任。

1. 破产清算的基本含义

破产清算（bankruptcy）是一种供个人处理无力清偿的债务的方式，不适用于公司与合伙企业。

破产清算程序确保你的资产由你的债权人分享，并让你从债务中走出来，有一个全新的开始（有一些限制措施）。

破产清算不是解决债务问题的唯一途径。如果你欠了别人的钱（你的债权人），你可以做一些偿债安排。具体做何选择，取决于你有多少钱和多少资产。

你可以通过下列途径分期偿还债务：（1）债务管理

---

① 本指南英文名称为"Guide to Bankruptcy"，由英国破产服务局（Insolvency Service）于2015年10月15日在其官方网站发布，最新更新时间为2020年3月10日。收入本书时，笔者对其中部分内容进行了增删处理。原文网址：https://www.gov.uk/government/publications/guide-to-bankruptcy/guide-to-bankruptcy。

计划(DMP),这是一个债权人同意并由财务咨询公司来管理的协议。(2)管理令(AO),当你因5000英镑以下的债务而被郡法院判决(CCJ)或高等法院判决(HCJ)时的命令。(3)个人自愿安排(IVA),由破产从业者来管理。

如果你无法清偿到期债务,又没有足够的钱或资产可以出售,可以申请债务纾缓令(DRO)或者破产令(BO)。

在苏格兰地区,你可以根据债务整理计划(Debt Arrangement Scheme)来制定债务偿还计划(Debt Payment Programme)。

你还可以选择与你的债权人达成非正式协议。

2. 破产清算的适用对象

符合下列三个原因之一,就可以颁发破产令:(1)你无法偿还所欠的债务,想要宣布自己破产;(2)你的债权人申请让你破产,因为你欠他们5000英镑或更多的债务;(3)破产从业者申请你破产,因为你违反了个人自愿安排的条款。

如果你居住在欧盟之外或丹麦,可以在英格兰或威尔士宣布破产。如果你住在欧盟的其他地方,如苏格兰或北爱尔兰,就不能在英格兰或威尔士宣布破产。

3. 成本

申请破产清算的费用是680英镑。如果你的负债少于2万英镑,而且没有任何资产,可以申请债务纾缓令,它只需要交90英镑的费用。

4. 过程

4.1 申请

你可以在网上申请自己破产。如果有人申请让你破产,你会得到一份申请的副本,这样你就知道情况了。你可以要求法院不让你破产,但你很可能需要偿还债务,或向法院证明不欠这笔钱。

4.2 颁发破产令

破产清算的前期阶段通常由官方接管人来处理。每一个官方接管人都为破产服务局工作,同时又隶属于法院。他们也将是你的破产管理人,除非破产从业者被任命接管这一角色。破产管理人将变现(出售)所有的资产(合理的家庭必需品和工作所需要的财产除外）。

官方接管人会在破产令颁发后的两星期内写信给你，向你解释“你需要知道什么”和“你必须做什么”。

4.3 颁发破产令时债务人的责任

你必须：(1)向官方接管人提供你的财务资料；(2)向官方接管人提供你的全部资产的清单；(3)告诉你的管理人你在破产期间的收入增加情况；(4)告诉任何愿意借给你500英镑以上的人说你破产了；(5)去法院解释你为什么欠钱（如果要求这样做）。

当你被宣告破产成为破产人（bankrupt）的时候，有一些事情你不能做，这被称为“破产限制”。根据破产限制的规定，你不能：(1)在没有告诉贷款人你已经破产的情况下，借款超过500英镑；(2)未经法院许可擅自担任公司董事；(3)未经法院许可创建、管理或推广公司；(4)用另外的名字去经营一家企业，不告诉别人你已经破产了；(5)从事破产从业者的工作（一个获得授权的债务专家）。违反这些规定的行为是刑事犯罪。如果违反了这些规定，你可能会被起诉。

你必须与管理你破产程序的人合作，如向他们提供他们要求的信息。

破产限制一直持续到你的破产结束。如果你取消破产，破产限制措施也随之取消。你的破产程序和破产限制措施通常在你获得“免责”时结束，这通常是自动获得免责的。这通常是在审裁员给你颁发破产令后的12个月。在某些情况下，如你不与破产管理人合作的时候，期限可能会更长。

如果你不履行你在破产程序下的职责，或你被发现行事粗心或有不诚实的行为，破产限制期限可以延长。官方接管人会告诉你有关限制是否延长。你将被要求同意一项破产限制承诺（BRU），以延长破产限制期限。如果你不同意，官方接管人将要求法院发布破产限制令（BRO）。

4.4 你与官方接管人的面谈

如果你的破产得到批准，你将与官方接管人面谈。如果是你自己申请自己破产清算，面谈可能在破产令颁发之后立即进行。或者，此外，官方接管人可能寄信给你，邀请你面谈或以电话方式进行交谈。通过电话交谈时，如果你愿意，你可以要求亲自见面谈。

如果你已被你的一位债权人申请破产，官方接管人亦可通过电话与你联络，以了解是否有任何需要紧急处理的事宜。

你必须参加面谈并与官方接管人合作。如果你不这样做,你的破产程序可能超过正常的12个月,而且可能面临法庭的审查。你越有组织性,这个过程就会越简单。

面谈前,打电话给官方接管人以确认或重新安排面谈时间,让他们知道:(1)你是否需要特殊的设备;(2)是否有什么事情需要紧急处理;(3)你是否需要更多的时间来收集会议所需的文件。

如果你收到了一份调查问卷,请把它填好,记下任何你不明白的地方(如果是通过电话交谈,你需要在给定的日期之前把它交回来)。

把你被要求参加面谈的文件或在电话交谈中涉及的所有文件都收集起来。

面对面的面谈可能需要2~3小时。你到达之后:(1)你将会在预约时间过后的5分钟内被安排到一个私密的房间;(2)你的问卷将会被检查,或者你会被要求填一个问卷;(3)你会接受一位破产专家(调查官)的面谈,主要是了解什么情况导致了你的破产;(4)你将要交出所有的财务记录和文件,而这些文件将被当场检查或记录(也可以是过后再检查),然后由官方接管人保管;(5)你将有机会询问有关破产进程的问题。

电话交谈至少需要30分钟。调查官将:(1)核对问卷上的信息(如果你被要求填写一份问卷);(2)询问他们需要的任何有关你的资产和债务以及导致你破产的情况;(3)处理你的任何疑问;(4)告诉你是否需要提供进一步的信息。

如果你不能提供所有必要的信息,或者调查官需要更多的时间来完成他们的询问,你可能被要求另约时间。

在面谈后,官方接管人会向你的债权人发出报告,显示你的资产和债务情况。这通常需要不到8周的时间,但也可能需要长达12周的时间。

如果他们认为你在财务处理中可能触犯了法律,他们也会向破产服务局报告。

4.5 债权受偿规则

官方接管人会接管你的资产,除非委任了破产从业者。破产从业者通常是会计师或律师。控制你的资产的人被称为"破产管理人"(trustee)。法律规定你必须与他们充分合作。

管理人将出售你的资产,并告诉债权人如何分配这些钱。债权人必须进行正式的债权申报,你不能直接清偿他们。管理人可以在报纸上登广告,要求债权人来申报债权。

如果你有资产,出售这些资产所得的钱将被用来支付破产程序的费用,然后再支付给债权人。如果你的案件是由官方接管人管理,以下的费用将会全部从变现所得款项中扣除:(1)管理费(administration fee)。如果是你自己申请自己破产,管理费为 1990 英镑;如果是其他人申请你破产,管理费为 2775 英镑。(2)基本费用(general fee)6000 英镑。(3)资产变现价值总额的 15%。(4)向债权人分配财产时按小时收费的费用,称为“分配费”(distribution fee)。

如果你的案子没有足够的资产,官方接管人仍然会处理你的破产程序。

接下来,破产财产将会用于清偿:(1)与雇员有关的特定债务(如有);(2)其他债权人;(3)所有债务的利息。

剩下的钱都将还给你。如果每个人都得到了全额清偿(包括上述费用和债务利息),你可以申请取消破产(annulled)。

如果你的破产是由破产从业人员处理,管理费和基本费用仍会被收取,但他们将按照自己的时间表收取费用,而不是向官方接管人一样收取一定比例的资产变现价值和分配费。你应该问他们管理你的案子要花多少钱。

4.6 债务清偿的例外规则

清偿规则有一些例外的规定。你可以直接清偿以下债权债务:(1)担保债权,如抵押权人的债权;(2)不包括在破产中的债务(如法院罚款、赡养费和学生贷款),这些也被称为“无需证明的债务”(non-provable debts);(3)2012 年 3 月 19 日以后欠劳工部的用于预算或危机贷款的资金。

你必须在破产之后继续支付租金和任何新产生的债务。你可能不需要支付在你的破产令颁发时未能偿付的账单。你可能要为未来的燃气、电力或其他公用事业支付押金,或您的公用事业账户可能会转移到配偶或合作伙伴名下。

5. 破产清算对资产的影响

你必须把你的财产都交给破产管理人。你可以保留的资产包括:(1)工作需要的基本物品;(2)日常家庭生活物品(如衣服和家具)。

如果你保留的是贵重财物,破产管理人可以用更便宜的物品来替代。

5.1 破产清算对住房的影响

如果你有自己的房子,并且这是偿还债务的唯一方式,你可以把它卖掉。

单独所有的情形:(1)如果你是财产的唯一所有人。在所有担保债务(如抵押贷款)获得受偿后,剩余的价值要转移给管理人。这就是所谓的“实益权益”(beneficial interest),有时也被称为“抵押资产的净值”(equity)。(2)将法定的所有权转让给受托人,并在土地注册处的记录中加入破产限制(form A restriction)。这将阻止你出售你的房子或进行与它有关的交易。一旦破产管理人在此财产上的权益得到了实现,这些破产限制就会被移除。

共同所有的情形:如果你与其他人共同拥有房产:(1)在所有担保债务(如抵押贷款)获得受偿后,共同所有的那部分财产的剩余价值要转移给管理人,此即“实益权益”。(2)你在土地注册处的登记会加入“J表格限制”(form J restriction),受托人会被告知任何涉及物业的交易,包括出售物业。

以上“form A restriction”和“form J restriction”的法律含义,参见《2013年土地注册规则》(Land Registration Rules 2003)附表四(schedule 4)“限制的标准表格形式”(standard form of restriction)的具体规定。

房屋的出售:(1)如果你有配偶或子女同住,管理人通常在破产令颁发之日起一年内不得在没有你的同意下出售财产。(2)如果你的家庭成员或朋友购买了你房子的“实益权益”,你可以停止以后的出售,买方应与管理人联系。(3)从破产令颁布之日起,出售该家庭住宅的期限为3年,如果你在这段期限结束时的“实益权益”价值低于1000英镑,你不需要采取任何行动,这部分权益将返还给你,相应的土地注册等几种限制也将被移除。(4)如果你的“实益权益”超过1000英镑,管理人可以出售房产或申请“财产押记令”(charging order),作为出售的替代选择,财产押记规定管理人在该物业出售时将从物业获得的款项金额。(5)“家庭住宅”(family home)是指你、你的配偶或同性伴侣,或前配偶或前同性伴侣在破产令颁发之时所居住的任何物业。如果你跟配偶之前在这里同居,但现在分开了,只是他们和你的孩子在这里居住,便不构成“家庭住宅”。(6)如果你拖欠抵押贷款,贷款人可能会卖掉你的房子。

租赁房产:如果你一直按时支付租金,那么破产不太可能影响你的租赁情况,但你最好就租赁情况寻求法律意见。如果你拖欠租金,你的房东仍然可以申请驱逐(evict)你,即使拖欠的租金已包括在破产债权中。

5.2 破产清算对银行账户的影响

破产令一经颁发,你必须确保没有再使用自己的银行账户,并且将你的银行卡、支票簿统统交给管理人。你的银行账户将被冻结,账户中的所有钱都属于破产财产,由管理人来主张。管理人可以要求释放一些钱作为你的日常生活需要,或者给共同账户中的其他人。

银行可以用你账户上的钱来偿还你在另一个账户上的债务,这被称为"抵销"(set off)。否则,你欠银行的钱(如你透支的金额)就是一种破产债务,你不能直接支付给银行,但银行对你的房子有索取权力(如抵押贷款中对贷款偿付的担保)的除外。

新账户的开立:你可以在破产令颁发之后开立银行新账户,但必须通知银行或建房互助会你已破产。有些银行在和破产管理人谈过之后,会允许你使用旧账户。

5.3 破产清算对养老金的影响

对于2000年5月29日之后颁发破产令的情形,大多数养老金计划(pension scheme)不包括在破产中,破产管理人也不能对养老金计划主张权利。养老金计划必须是英国国家养老金计划,或由英国税务海关总署批准或注册的计划。批准或注册的养老金计划通常包括:基于税务目的核准的职业(雇主)养老金计划;基于税务目的核准的个人养老金;利益相关者养老金(stakeholder pensions);退休年金合同。

如果你的养老金计划不是一个批准或注册的方案,可以通过向法院申请"排除令"(exclusion order)或者作出合格协议(qualifying agreement),即与管理人达成的应排除养老金的协议,从而将养老金排除在破产之外。

如果你的养老金属于破产的一部分,就可以用来清偿给债权人。

养老金支付:在你的破产结束前,从你的退休金计划中支付给你的款项,包括任何一次支付的款项,都可以用作收入支付协议(IPA)或收入支付令(IPO)的一部分。这将涉及用你的收入来偿还部分债务的情形。如果你能在2015年4月法律改变后从养老金中提取资金,但选择不这样做,管理人可以查看你可用的养老金的价值。如果这将使你有足够的钱做一个不同的安排来支付你的债权人,管理人可以请求法院取消破产。

死亡抚恤金:如果你在破产期间死亡,还没有确定收取抚恤金的代理人,管理人将会主张领取死亡抚恤金,通常是一笔从养老金中支付的总金额。如果某人已被提名为在退休金计划内领取死亡抚恤金的代理人,该抚恤金仍会支付给他们。

5.4 破产清算对机动车的影响

你的汽车将被卖掉以偿还破产债务,除非你的工作或者职业需要使用它(如你是残疾亲属的主要照顾者),或者它是满足你家庭的基本生活需要,而且其他替代交通工具不实际。

如果官方接管人同意你需要该车辆的主张,该车辆将被列为“豁免财产”,不包括在你的破产申请内。这不适用于你通过一个正在进行的租购协议拥有的车辆。

如果你被允许保留车辆,你仍然要为道路税、年检和保险负责。

如果你的车辆被豁免了,但车辆价值不菲,又可以用便宜的车辆来替代,官方接管人会用出售所得的钱直接支付新车的费用,或把钱给你买一辆,你必须在一个月内提供购买新车的证明。更换的指导价格是 1000 英镑。

停止出售机动车:如果你的车辆不属于豁免财产,但第三方愿意为你付款以将车辆过户到他们名下,而且你可以提供当前的保险证书、车辆登记文件、有效的年检资料,那么你可以继续保留(keep)该车辆。第三方付款的价格是机动车的市场价格,而且必须至少涵盖机动车销售的代理成本。如果你不想保留这辆车,官方接管人会把它处理掉。

融资协议下的机动车:融资协议可能是租购协议(hire purchase)、附条件买卖(conditional sale)、租赁协议(leasing agreement)中的一种。融资协议下的机动车不能从破产中豁免,管理人会审查你的融资协议,看对机动车主张权利是否有利于破产财团。如果受托人决定不对该车辆主张权利,他们将通知你和财务公司。财务公司可以在你破产的情况下决定取回机动车,如果你的付款是一直在进行的,它可能让另一个人接管你的协议。如果其他人已经为你付款,他们将成为你的破产债权人。

“移动能力计划”中的机动车:如果你有一辆“移动能力计划”(Motability)项下的机动车,你是否保留它取决于“移动能力计划”。你需要用你的伤残生活津贴或个人独立津贴来维持支付。(注:“移动能力计划”是英国的一项官方计划,该计划允许残疾人、他们的家人和他们的照顾者使用政府资助的移动津贴,租用一辆新车、一辆小型摩托车或一辆电动轮椅。目前,“移动能力计划”的客户超过 60 万人。)

个人车牌:注册的号牌(number plates)是有价值的,官方接管人可能会接受第三方购买号码的出价,然后让你保留它。这是为你和购买车辆的人证明这不是一件赠与的礼物(gift)。

车辆注册登记:如果你注册为车辆的当前持有者,即使你没有购买,管理人也会将车辆视为你的。这是为你和购买车辆的人证明车辆不是礼物(gift)。

5.5 破产清算对信用等级的影响

你的破产将在信用档案中保留6年(自破产令颁发之日起计算),你应该检查6年后破产记录是否被删除。英国目前主要有3家征信机构:Callcredit、Equifax、Experian。

5.6 破产清算对经营事业的影响

如果你是个体经营者,你的生意将会关闭。

任何商业资产都将由管理人来主张。你的员工可能会对未付的工资和假日工资、恰当通知的支付和裁员提出索赔。他们可以向国民保险基金(NIF)提出索赔,也可以在破产程序中提出索赔。

你可以再次开始你的营业,但必须遵守破产限制中的特定规则。

5.7 破产清算对工作注册和许可的影响

想知道你的工作注册、许可证或许可是否仍然有效,需要联系颁发许可的人。任何转让价值可以属于管理人。

5.8 破产清算对人寿保单的影响

你在保单利益(policy benefits)上的权益将转移给破产管理人。他们可以出售或放弃保单以为债权人收集更多的资金。如果你想保留这个保单,可以和破产管理人商量一个解决方案。

6. 收入支付协议和收入支付令

如果你能负担得起,破产管理人会要求你通过收入支付协议(IPA),从你的收入中定期支付一定的金额清偿你的债务。你自愿加入收入支付协议,而且和破产管理人之间有书面的、有约束力的协议。如果你的主要收入或唯一收入是国家福利,破产管理人通常不会提出收入支付协议。

如果你不同意收入支付协议中的支付金额,破产管理人可以申请“收入支付令”(IPO)。如果你不支付这些款项,破产管理人可以申请延长你的破产期限。

这些支付将来自“剩余收入”(surplus income),也被称为“实际可支配收入”(real disposable income),是你支付完生活费后剩下的钱。通常来说,他的钱是你付了生活费后剩下的钱。正常情况下,你将必须以所有这些剩余收入作为收入支付协议中的“支付”。

收入支付的期限通常为3年(比破产本身的12个月期限更长)。如果这种安排会让你没有足够的钱来满足日常生活需要,法院就不会颁发收入支付令。

在所有的破产案件中,设立收入支付令或收入支付协议都需要收取费用。自2016年7月21日起,该费用为150英镑,用以支付官方接管人为安排及设立你的收入支付协议和收入支付令所产生的成本,从你的首笔付款中收取。

6.1 生活费用

如果是你自己提出的破产申请,你必须在你的财务状况说明书中给出详细的收支情况;如果是其他人申请你破产的,你必须在初步信息调查表中给出详细的收支情况。你必须提供收入和支出的证明,以及配偶或伴侣的收入详情。

正常的月支出是指房租、抵押贷款、账单、你和你家人(所有和你住在一起并依赖你的人)的衣食住行等费用。你合理的家庭需求可能还包括:房屋保险;手机费用;车辆费用(如破产管理人准许你保留车辆);干洗;医药处方、牙科治疗和眼科治疗;你工作的专业团体会员资格。这不是一个完整的清单,可能还包括其他的费用。

6.2 暂扣所得税

当你破产时,英国税务海关总署(HMRC)将实行“零税法”(LNT)。这告诉你的雇主,在剩下的纳税年度(4月5日结束)里,不要从你的工资中提取任何所得税。破产管理人可以要求你为此获得的额外的收入作为收入支付协议和收入支付令一部分或全部。如果收入支付协议和收入支付令全部是用这些额外收入支付的,那么当你开始再次纳税时,它就会停止。

零税法不会告诉你的雇主你已经破产了,因为零税法的应用有很多种原因。

6.3 收入和一次性总收入的变化

收入支付协议和收入支付令可以根据你的收入变化而进行更新。如果发生了收入变化,你必须立即联系你的破产管理人,他们可以决定减少或增加你的支付金额。如果你在收入支付协议和收入支付令期间得到一笔一次性的收入(a lump sum),你可能被要求一次性支付这笔钱。

6.4 错过付款

如果你不付款,破产管理人可以采取以下措施:(1)如果你的问题是暂时性的,破产管理人可以稍后为你安排支付;(2)如果你的收入下降了,破产管理人可以减少或停止你的支付,但你必须告诉破产管理人你的收入是否会回升;(3)如果你不按时付款,破产管理人可以要求法院把钱直接从你的工资中拿走;(4)中止你的破产免责期限,让你的破产程序时间更长;(5)采取其他法律手段来收回这些钱。

7. 破产清算程序结束时间

你将在破产令颁发之日起的12个月后获得免责并免受破产约束,同时也结束了施加于你的破产限制,让你从破产令颁发时的绝大部分债务中解脱出来。

即便你没有给债权人任何清偿,或者正在按照收入支付协议或收入支付令进行清偿,或者还有一些资产没有出售,通常都不影响你获得自动免责。

一旦破产结束,你在破产清算期间拥有的资产仍然可以用来偿还债务。

如果你不跟破产管理人合作,你的破产程序可能会被延长,也就是多于12个月。

你可以在破产服务局的破产登记注册系统中查询自己的免责日期。如果你的免责状态显示为"无期限中止",你需要联系官方接管人进行信息的更新。

7.1 免责证明

你不会自动收到一封信说你已经被免责了。为了取得免责证明:(1)如果是法院给你颁发的破产令,可以请求法院给你颁发一个免责证书(第一份费用为70英镑,如果多要一份就多交10英镑)。(2)如果你是在2016年4月6日之后通过破产服务局的在线系统提交了自己破产的申请,然后由破产服务局的审裁员颁发的破产令,你可以发邮件给官方接管人索取一份免责证书(免费)。(3)在其他案件中,通过电子邮件找官方接管人索要免责证书(免费)。

7.2 破产免责对债务的影响

一旦破产程序终结,你的债务将会被豁免,但以下债务除外:(1)欺诈产生的债务;(2)家事诉讼中欠下的债务(抚养费和一次性结算费);(3)人身伤害赔偿金;(4)学生贷款;(5)法院罚款;(6)破产令颁发之后发生的债务。

7.3 破产免责之后的资产处理

当你的破产结束时,作为破产财产的资产仍在破产管理人的控制之下,它需要花费时间来处理。

你必须根据收入支付协议和收入支付令的规定履行付款义务。

家庭住房:如果破产管理人未能在破产令颁发之日起的3年内处置你的家庭住房,该权益就返回给你,即破产管理人不得再处置该资产。破产管理人将告知土地注册部门,该财产不再属于破产财产,附着其上的限制措施也将被移除。

经营事业:当破产程序终结的时候,对你经营事业的限制也相应结束,除非官方接管人认为你不诚实,在这种情况下,他们可以申请延长对你的破产限制。

7.4 破产免责之后的公共记录

在破产免责后的3个月内,你的记录将从个人破产登记系统中移除。

7.5 破产免责之后的信用等级

官方接管人不会在你的破产程序终结时告诉征信机构,需要你跟征信机构联系,更新信用记录,包括破产免责的具体信息。破产记录在系统中保存6年,自破产令颁发之日起计算。

8. 破产令的取消

符合下列情形之一时,你可以申请取消破产令(annulled):(1)不应当对你颁发破产令;(2)你清偿完了所有的债务和破产费用,或者第三人为所有的债务和破产费用提供了担保(保证);(3)你已经与债权人达成了全额清偿或者部分清偿债务的个人自愿安排方案。个人自愿安排是你和你的债权人之间达成的有约束力的协议,以支付你欠他们的全部或部分债务。作为破产之外的另一种选择,你可以在破产令颁发前申请个人自愿安排以避免破产,也可以在破产令颁发后申请个人自愿安排。

在作是否申请取消破产令的决定时,你最好考虑寻求独立的财务咨询建议。如果决定申请取消破产令,你需要:(1)依据《2016年英格兰和威尔士破产规则》的规定向法院提交一份申请;(2)在你的申请中包括《2016年英格兰和威尔士破产规则》第1.35条、第10.132条中规定的细节;(3)向法院缴纳155英镑的费用;(4)提供一份陈述证明(witness statement),解释你申请的理由。

法院接到你的申请后,将确定一个聆讯的日期,你必须参加这个聆讯。你的申请书和陈述证明的副本和聆讯日期,将会被送达给对你提出破产申请的人(如果你申请取消的理由是破产令根本就不应该颁发)、官方接管人以及破产管理人。

8.1 取消破产令之后的影响

破产令一旦被取消,你就恢复到了破产前的状态。任何出售你的财产和资产的行为都依然有效,但未出售的资产将归还给你。你仍然要偿还破产时没有偿还的债务。

8.2 破产令取消后的个人破产登记事项

一旦登记部门收到了取消破产令的通知,就会将你的破产登记事项从个人破产登记系统中移除,但具体时间分为两种情况:如果是破产令根本就不应当颁发的情况,则破产登记事项将会在 28 日后移除;如果是债务获得了全额清偿或者与债权人达成了个人自愿安排方案,则破产登记事项将会在 3 个月之后移除,但个人自愿安排的详细情况将会出现在登记系统中。

8.3 破产令取消后的公共记录事项

你需要检查破产清算的细节是否已从你的信用记录中删除。如果已经同意了个人自愿安排方案,将被记录在你的档案中。

你需要向土地注册部门提出移除在你清偿债务后仍然拥有的财产上的注册事项。如果你没有申请,这些注册登记将会保留 5 年。

9. 破产公告

官方接管人将在公报(gazette)上对你的破产进行公告(advertising)。公报用来发布法律通知和提供永久的破产公共记载。官方接管人也可以用其他方式公告。你可以打电话给法院,通过取得法院的命令来“暂停公告”,你必须将此告诉官方接管人。

你可以要求官方接管人在公报上刊登你的免责证明或者取消破产令的取消令。你需要提供你的免责证书副本或取消令副本,并在免责证书或取消令签发之日起的28 日内提出要求。

10. 破产与跨性别者(transgender)

《性别认知法案》(Gender Recognition Act)规定,如果个人错误地向他人披露性别变化,就会构成犯罪。

为了破产程序,如属以下情况,披露性别变化是被允许的:(1)由官方接管人或破产从业者作出披露,或者向官方接管人或破产从业者作出披露;(2)官方接管人履行其职责的需要;(3)由知道你持有性别转变证明书的人士作出披露,而有关资料已包括在披露内。

破产管理人将决定是否需要披露你之前的性别以作为你破产的一部分。如果是保护或回收资产的需要,或者它将帮助债权人识别谁欠他们的债务时,他们就会披露性别变化的情况。这将帮助债权人识别到期债务。

10.1 债务人的责任

你的破产清算申请书必须包括你过去5年内用过的其他名字,和用该名字拥有的资产和金钱,以及财务和业务交易情况。否则,你需要告诉官方接管人,你所有的资产、债务和财务处理都是用你新的名字进行的。

如果其他人对你提起破产清算申请,但没有说明你的性别变化,你必须将自己的性别变化情况告诉官方接管人。

10.2 新的情况

如果你的情况发生变化,可能影响你的案件。所以,以下情形你必须告诉官方接管人:(1)破产令记载的是你以前的名字,但你现在用新名字进行财务交易;(2)当你破产时,你正处在性别变化的过程中,并且以你的新名字进行财务交易;(3)你在破产期间改变了你的性别。

根据破产法的规定,如果你不将性别改变情况告诉官方接管人,将可能构成犯罪行为。

10.3 对债务人信息的影响

破产申请书中所包括的任何先前的姓名,将会出现在破产令上,并会出现在:(1)你的破产通知书上。你的破产通知书会永久地刊登在公报上,但在公布后的一年零三个月之后,不会出现在搜寻引擎的结果中;个别破产登记册将在你破产免责后三个月内被移除。(2)个人破产登记系统中。该信息在你获得免责之日起的三个月内予以删除。

10.4 先前性别的错误披露

如果你认为官方接管人错误地披露了你的性别,可以按照破产服务局的投诉程序处理。

附录2:《1986年破产法》附件4A:破产限制令和破产限制承诺[①]

破产限制令

第1条

(1)法院可以颁发破产限制令。

(2)法院颁发破产限制令必须基于以下两类主体的申请:(a)内阁大臣;(b)得到内阁大臣指令的官方接管人。

破产限制令的颁发理由

第2条

(1)如果法院认为债务人在破产令颁发之前或者之后有过违反规定的行为,则应当同意上述主体的申请,并颁发破产限制令。

(2)法院应当特别考虑债务人是否存在以下行为:

(a)未保存破产人及其经营业务的财产损失记录,此处所指的损失是指在破产申请前的两年到破产限制令申请提交之日期间发生的损失;

---

① 英国《2002年企业法》对《1986年破产法》进行了修改,增加了第281A条"免责后的限制"(post-discharge restrictions)以及附件4A(Bankruptcy Restrictions Order and Undertaking)。为了让大家更好地理解英国再自动免责制度确立之后的破产限制制度,本书特将附件4A全文翻译收入在此。

(b)未能根据官方接管人或者破产管理人的要求提供相应的记录;

(c)从事了低价转让的交易;

(d)进行了偏袒性清偿;

(e)支付了过多的养老金缴款;

(f)未根据对方的付款提供全部或部分应交付的货物或服务,从而导致对方在破产程序中提出了有效的索赔;

(g)在破产程序开始前,债务人知道或者应当知道自己无力偿还债务的时候仍然进行交易;

(h)在破产程序开始前,债务人在没有合理期待的支付能力的时候仍然发生了负债;

(i)未能对财产损失或者资不抵债的原因,向法院、官方接管人或破产管理人做出合理的解释;

(j)在提交破产申请至破产程序启动的期间,债务人从事了赌博、冒险的投资或者没有合理解释的奢侈消费行为,并因此实质性促成或者加剧了破产;

(k)对可能实质性促成或者加剧破产的商业事务,债务人存在疏忽大意的过失;

(l)存在欺诈或者欺骗性的违反信托义务的行为;

(m)未与官方接管人或者破产管理人合作。

(3)法院还应当特别考虑到,在破产申请前的6年内,债务人是否被法院裁定为不予免责的破产人。

(4)前述第2款所指的术语:"过多的养老金缴款"根据第342A条进行认定;"偏袒性清偿"根据第340条进行认定;"低价转让"根据第339条进行认定。

破产限制令的申请时间

第3条

(1)破产限制令的申请必须:(a)在破产程序启动后的一年内提出;(b)或者经法院许可,延后提出。

(2)如果法院根据第279(3)条的规定颁发了免责期限的中止令,前述破产限制令的申请期限也相应停止计算。

破产限制令的持续时间

第 4 条

(1)破产限制令:(a)一经作出,立刻生效;(b)在破产限制令明确的结束期限到来时终止。

(2)前述破产限制令明确规定的结束期限不能是:(a)在破产限制令作出之日起的 2 年期满之前;(b)在破产限制令作出之日起的 15 年期满之后。

临时破产限制令

第 5 条

(1)本条适用于以下两个时间点之间的任何时间:(a)破产限制令申请提出的时间;(b)法院对申请作出决定的时间。

(2)如果以下情形同时具备,法院可以作出临时破产限制令:(a)有初步的证据证明申请人提出的理由将得到法院的认可;(b)颁发临时破产限制令符合公共利益。

(3)临时限制令只能根据以下主体的申请作出:(a)内阁大臣;(b)得到内阁大臣指令的官方接管人。

(4)临时限制令:(a)与正式的破产限制令有相同的效力;(b)一经作出,立刻生效。

(5)发生以下情形时,临时限制令的效力终止:(a)法院对正式的破产限制令申请作出了裁决;(b)债务人提出的破产限制承诺得到了官方的认可;(c)法院根据临时限制令申请人的申请,或者根据债务人的申请,撤销了临时限制令。

第 6 条

(1)本条适用于法院既作出了临时限制令,又颁发了破产限制令的案件。

(2)前述第 4 条第(2)款对破产限制令期限的规定也适用于临时限制令。

破产限制承诺

第 7 条

(1)被宣告破产的债务人(破产人)可以向内阁大臣提出自己的破产限制承诺。

(2)内阁大臣在决定是否接受债务人的破产限制承诺时,应当考虑债务人是否存在第2条第(2)款和第(3)款规定的情形。

第8条

破产限制令的颁布和对债务人的约束规定,也适用于破产限制承诺约束的债务人。

第9条

(1)破产限制承诺:(a)一旦得到了内阁大臣的接受认可即立刻生效;(b)在承诺中明确规定的结束期限到来时终止生效。

(2)前述承诺中的结束日期,不能是:(a)在承诺被接受的日期开始后的2年期满之前;(b)在承诺被接受之日起的15年期满之后。

(3)法院可以根据债务人的申请作出决定:(a)取消破产限制承诺;(b)在承诺中规定的结束期限到来之前终止破产限制承诺的效力。

取消破产令产生的效力

第10条

当依据第282条第(1)款第(a)项或者第(2)款取消破产令的时候:(a)所有针对债务人的破产限制令、临时限制令和破产限制承诺都一并取消;(b)不得再对债务人作出新的破产限制令或者临时限制令;(c)也不得再批准新的针对债务人的破产限制承诺。

第11条

当依据第261条或者第282条第(1)款第(b)项取消破产令的时候:(a)不影响已经作出的破产限制令、临时限制令或债务人的破产限制承诺;(b)法院可以基于破产令撤销前的申请,作出针对债务人的破产限制令;(c)内阁大臣可以批准债务人在破产令取消前提出的破产限制承诺;(d)但是,在破产令取消之后,不得再提出针对债务人的破产限制令申请或临时限制令的申请。

登记备案(registration)

第12条

内阁大臣应当保持以下信息的登记备案:(a)破产限制令;(b)临时破产限制令;(c)破产限制承诺。

附录3:破产限制令和破产限制承诺产生的84种受限情形[①]

1. 主要的资格取消及其影响

(1)在限制期内未经法院许可而担任公司董事,或直接或间接参与公司的推广、成立或管理,均属违法。[②]

(2)在限制期内未经法院许可而担任有限责任合伙公司的成员,亦属于违法。[③]

(3)在限制期内不得成为破产从业者,否则将构成违法。[④]

(4)在限制期内代表公司债券持有人担任财产接管人或者管理者,构成违法。[⑤]

(5)债务人在限制期内,单独或者与其他人合作,从外面获得借款且金额在500英镑及以上,而债务人没有将自己目前的受限身份及相关信息告诉贷款人,则构成违法;或者,债务人在限制期内,以不同于被宣告破产时

---

① 本附录为英国破产服务局2019年4月在官方网站更新的"破产限制一览表"(schedule of bankruptcy restrictions),同时适用于破产限制令和破产限制承诺,但仅适用于英格兰和威尔士地区。原文链接:https://www.gov.uk/government/publications/bankruptcy-additional-effects-of-a-bankruptcy-restrictions-order-or-undertaking。

② Company Directors Disqualification Act 1986, sec. 11.

③ Limited Liability Partnerships Regulations 2001, Reg. 4(2).

④ Insolvency Act 1986, sec. 390(5), 389.

⑤ Insolvency Act 1986, sec. 31(1).

的姓名(用其他姓名)直接或间接从事商业行为,且没有向与他合作的所有人披露自己被宣告破产时的姓名,亦构成违法。这一限制同样适用于取得破产免责之后但仍然在破产限制令有效期内的破产人。①

(6)债务人在限制期内,不得成为慈善机构的受托人。②

(7)债务人在限制期内,不得成为任何信托计划的受托人。③

2. 取消公职资格

(8)取消债务人在限制期内担任下议院议员的资格;取消债务人在上议院参会或投票的资格;取消债务人在上议院委员会或者上议院与下议院组成的联合委员会中的参会或投票资格。④

(9)如果法院颁发的破产限制令或临时限制令的对象是苏格兰议会成员、北爱尔兰议会成员或者是威尔士国民议会成员,则法院应当通知相应的议会主席或议长;如果内阁大臣批准了由苏格兰议会成员、北爱尔兰议会成员或者是威尔士国民议会成员作为破产人提出的破产限制承诺,则由内阁大臣通知相应的议会主席或议长。⑤

(10)取消债务人在限制期内被选举为或者成为地方当局官员的资格。⑥

(11)取消债务人在限制期内被选举为或者担任联合机构所在地区的市长的资格。⑦

(12)取消债务人在限制期内被选举为或者成为伦敦市长或者市议会成员的资格。⑧

(13)法庭法官依据任命时的期限任职,并有权连任(即使任命时的期限尚未届满),但一旦法庭成员被颁发破产限制令或临时限制令,则他的职务立即成为空缺。⑨

---

① Insolvency Act 1986, sec. 360.
② Charities Act 2011, sec. 178.
③ Pensions Act 1995, sec. 29.
④ Insolvency Act 1986, sec. 426A.
⑤ Insolvency Act 1986, sec. 426B.
⑥ Local Government Act 1972, sec. 80(1)(b).
⑦ Local Democracy, Economic Development and Construction Act 2009, Sch. 5B para. 9.
⑧ Greater London Authority Act 1999, sec. 21.
⑨ Industry Act 1975, Sch. 3 sec. 6(1)(c).

(14)英国联合港口公司董事一旦被颁发破产限制令或临时限制令,则其职位立即变为空缺状态。①

3. 出生、死亡和婚姻管理

(15)取消债务人在限制期内被任命为任何有关出生、死亡和婚姻登记注册官员的资格。②

4. 教育方面

(16)债务人在限制期内不得成为很多大学(college)和继续教育公司的成员。③

(17)取消债务人在限制期内担任或者继续担任《1998 年学校标准和框架法案》第 21(4)条规定的基金会组织成员的资格。④

(18)取消债务人在限制期内担任或继续担任《2007 年英格兰教育(学生转介部分)(管理委员会等)条例》规定的一系列任命和选举委员会成员的资格。⑤

(19)取消债务人在限制期内担任或者继续担任新学校临时校长的资格。⑥

(20)取消债务人在限制期内担任或者继续担任学校校长的资格。⑦

(21)取消债务人在限制期内成为学校公司(school company)成员的资格。⑧

(22)取消债务人在限制期内成为私人融资成立的学校公司(school PFI company)成员的资格。⑨

---

① Transport Act 1981, Sch. 2 para. 3(2)(a).

② Registration of Births, Deaths and Marriages Regulations 1968(SI 1968/2049), Reg. 5(a)(i).

③ Ada National College for Digital Skills(Government) Regulations 2016 Sch. 1 para. 7; National College for High Speed Rail(Government) Regulations 2015 Sch. 1 para. 7, etc.

④ Education(Foundation Body)(England) Regulations 2000(SI 2000/2872) Sch. 4 para. 2.

⑤ Education(Pupil Referral Units)(Management Committees etc)(England) Regulations 2007, Sch. 2, para. 5(b).

⑥ School Governance(New Schools)(England) Regulations 2007, Sch. 2, para. 5(b).

⑦ School Governance(Constitution)(England) Regulations 2012 Sch. 4 para. 10(b).

⑧ School Companies Regulations 2002(SI 2002/2978), Sch. 1, para. 1(b).

⑨ School Companies(Private Finance Initiative Companies) Regulations 2002, Sch. 1, sec. 1(b).

5. 家庭方面

(23)债务人在限制期内不得成为儿童及家事法庭咨询服务的成员。①

(24)债务人在限制期内不得从事收养支持机构的事业。②

6. 金融方面

(25)债务人在限制期内不得成为投资银行特别管理机构的债权人委员会成员。③

(26)如果债务人之前担任了个人破产程序清算程序或者是公司重整程序、行政接管程序、公司清算程序中的债权人委员会成员,在其自身被宣告破产之后,该成员资格自动中止,由其自身破产程序中的管理人来代表其行使权利。此外,债权人委员会的成员也不能是尚未免责的破产人或者是受破产限制约束的人。④

7. 健康卫生和医疗方面

(27)债务人在限制期内不得被任命为国家医疗服务机构(NHS)反欺诈局主席或者非公职成员。⑤

(28)债务人在限制期内不得从事《卫生和社会保健法》规定的任何活动。⑥

(29)债务人在限制期内不得出任临床试验小组的主席或成员,或社会服务管理局的评审小组成员。⑦

(30)债务人在限制期内不得被任命为国民健康服务信托发展管理局的非公

---

① Children and Family Court Advisory and Support Service (Membership, Committee and Procedure) Regulations 2005 (SI 2005/433), Reg. 6(d).

② Adoption Support Agencies (England) and Adoption Agencies (Miscellaneous Amendments) Regulations 2005 (SI2005/2720), Part 2, Reg. 7(4)(b).

③ Investment Bank Special Administration (England and Wales) Rules 2011 Part 3 rule 109.

④ Insolvency (England and Wales) Rules 2016, rule 17.11; 17.17.

⑤ NHS Counter Fraud Authority (Establishment, Constitution, and Staff and Other Transfer Provisions) Order 2017 Sch. 2 para. 3.

⑥ Health and Social Care Act 2008 (Regulated Activities) Regulations 2014 Sch 4 para 2, Reg. 3 and Sch. 1.

⑦ National Health Service Commissioning Board and Clinical Commissioning Groups (Responsibilities and Standing Rules) Regulations 2012 Sch. 5 para. 4.

职人员。①

(31)债务人在限制期内不得被任命为基本药品委员会的成员。②

(32)债务人在限制期内不得成为卫生专业评审办公室的主席、执行委员或非执行委员。③

(33)债务人在限制期内不得成为基本牙科协会的成员。④

(34)债务人在限制期内不得成为卫生保健专业委员会成员。⑤

(35)债务人在限制期内不得成为基本正骨疗法专业委员会成员。⑥

(36)债务人在限制期内不得与战略卫生局的基础保健信托签订《1977 年国民健康服务法》第28(q)条规定的基本医疗服务合同、第2(c)条规定的个人医疗服务合同,如果已经签订了合同,应当以书面形式终止。⑦

(37)债务人在限制期内不得与基础保健信托签订基本牙科服务合同,也不得与其他相关机构签订个人牙科服务协议。⑧

(38)债务人在限制期内不得与基础保健信托签订地方药物服务计划。⑨

(39)研究生医疗教育和训练委员会当作出合理的决定,认定受破产限制的债务人不适合继续担任委员会成员,除非破产限制令在委员会作出决定之前被终止或者被取消。⑩

(40)债务人在限制期内不得被任命为人体组织监管局的主席或者其他

① National Health Service Trust Development Authority Regulations 2012 Reg. 3.

② General Pharmaceutical Council(Constitution) Order 2010 Part 2 art 5(e)(ii) and(g).

③ Office of the Health Professions Adjudicator Regulations 2009 Reg. 3(8)(b).

④ General Dental Council(Constitution) Order 2009 part 2 art 5(e)(ii).

⑤ Health and Care Professions Council(Constitution) Order 2009 part 2 art 5(e)(ii).

⑥ General Osteopathic Council(Constitution of the Statutory Committees) Rules Order of Council 2009 Sch. 1 para. 1(12)(e)(ii).

⑦ National Health Service(General Medical Services Contracts) Regulations 2015(SI 2015/1862) Reg. 6(2)(m) and(n), etc.

⑧ National Health Service(General Dental Services Contracts) Regulations 2005(SI 2005/3361) Reg. 4(3)(g)(ii). National Health Service(Personal Dental Services Agreements) Regulations 2005(SI 2005/3373) Reg. 4(3)(g)(ii).

⑨ National Health Service(Pharmaceutical and Local Pharmaceutical Services) Regulations 2013(SI 2013/349) Reg. 105(2)(h)(iii).

⑩ Postgraduate Medical Education and Training Board(Members-Removal from Office) Rules Order 2004(SI2004/3410), Sch. 1 para. 1 Rule. 3(g).

成员。[①]

(41)债务人在限制期内不得被任命为健康保护机构的主席或者非执行委员。[②]

(42)债务人在限制期内不得被任命为国家医疗服务机构商业服务局的主席或者非执行委员。[③]

(43)债务人在限制期内不得被任命为国家医疗服务机构血液及移植管理局的主席或者非公职人员。[④]

(44)债务人在限制期内不得被任命为国家医疗服务机构信托董事会主席或非执行董事成员。[⑤]

(45)债务人在限制期内不得被任命为国家医疗服务机构诉讼管理局的主席或非公职人员。[⑥]

(46)债务人在限制期内不得被任命为卫生局的主席和成员。[⑦]

(47)债务人在限制期内不得被任命为基础保健信托的主席和非公职人员。[⑧]

(48)债务人在限制期内不得被任命为国家医疗服务机构委任委员会的主席、非执行成员或委员。[⑨]

(49)债务人在限制期内不得被任命为社会保健总会的主席或成员。如果在任命之后出现破产限制的情形,债务人必须书面通知内阁卫生大臣,并终止对受

---

① Human Tissue Act 2004,s13 and Sch. 2,para. 3(1).

② Health Protection Agency Regulations 2005(SI 2005/408),Reg. 3(1)(b).

③ NHS Business Services Authority(Awdurdod Gwasanaethau Busnes y GIG)Regulations 2005(SI 2005/2415),Reg. 3(1)(b).

④ NHS Blood and Transplant(Gwaed a Thrawblaniadau'r GIG)Regulations 2005(SI 2005/2531),Reg. 3(1)(b).

⑤ National Health Service Trusts(Membership and Procedure)Regulations 1990(SI 1990/2024),Reg. 11(1)(b).

⑥ The National Health Service Litigation Authority Regulations 1995(SI 1995/2801),Reg. 7(1)(b).

⑦ Health Authorities(Membership and Procedure)Regulations 1996(SI 1996/707),Reg. 10(1)(b).

⑧ Primary Care Trusts(Membership,Procedure and Administration Arrangements)2000(SI 2000/89),Reg. 5(1)(b).

⑨ Appointments Commission Regulations 2006(SI 2006/2380)Reg. 5(1)(b).

限制的债务人的任命。[①]

(50)债务人在限制期内不得被任命为优质医疗健康护理委员会的主席或成员。[②]

(51)债务人在限制期内不得被任命为人体受精和胚胎管理局的主席、副主席或其他成员。[③]

(52)债务人在限制期内不得被任命为助产学会的主席、副主席、执行主席等成员,亦不得被任命为助产学会的实习委员会成员。[④]

(53)债务人在限制期内不得被任命为光学总会的各个委员会的成员。[⑤]

(54)债务人在限制期内不得被任命为颈椎按摩医疗总会成员。[⑥]

(55)与第(50)项重复(略)。

(56)债务人在限制期内不得被任命为医学总会的成员。[⑦]

(57)债务人在限制期内不得被任命为护理和助产学会的成员。[⑧]

(58)债务人在限制期内不得被任命为照护品质委员会的成员。[⑨]

(59)债务人在限制期内不得签订基本眼科服务合同。[⑩]

(60)如果债务人是在订立基本眼科服务合同之后受到了破产限制,则基础保健信托机构应当书面告知合同各方,立即终止或者从规定的日期开始终止合同。[⑪]

(61)债务人在限制期内不得被任命为委任委员会的主席、非执行委员或

---

① General Social Care Council(Appointments and Procedure)Regulations 2001(SI 2001/1744), Regulations 4(1)(d) and 6(6).

② Council for Healthcare Regulatory Excellence(Appointment, Procedure etc)Regulations 2008(SI 2008/2927), Reg. 2(2)(c)(ii).

③ Human Fertilisation and Embryology Act 1990, S5 and Sch. 1, para. 4A.

④ Nursing and Midwifery Council(Midwifery and Practice Committees)(Constitution)Rules Order of Council 2008, Rule 8(e)(ii).

⑤ General Optical Council(Committee Constitution)(Amendment)Rules Order of Council 2008, Rule 4(e)(ii).

⑥ General Chiropractic Council(Constitution)Order 2008(SI 2008/3047), art 5(e)(ii).

⑦ General Medical Council(Constitution)Order 2008, art 5(e)(ii).

⑧ Nursing and Midwifery Council(Constitution)Order 2008, art 5(e)(ii).

⑨ Care Quality Commission(Membership)Regulations 2015(SI 2015/1479)Reg. 4 Sch. 1 para. 3.

⑩ General Ophthalmic Services Contracts Regulations 2008, Reg. 4(3)(i)(ii).

⑪ General Ophthalmic Services Contracts Regulations 2008, Sch. 1, Part 7, para. 44(2)(h)(ii).

委员。[①]

8. 核工业领域

(62)内阁大臣有权解雇受到破产限制的核管理办公室的任何非执行委员。[②]

(63)内阁大臣有权解雇核退役管理局中受到破产限制的主席、非执行委员;有权解雇民用核警察局中受到破产限制的主席或者成员。[③]

9. 警察与刑事事务

(64)取消受到破产限制的债务人被选举为或者继续担任警察和刑事事务专员的资格。[④]

(65)内阁大臣有权解雇误判赔偿评审员中受到破产限制的人员。[⑤]

(66)取消受到破产限制的人被任命为英国交通警察管理局成员的资格。[⑥]

10. 交通运输

(67)内阁大臣有权解雇铁路管理办公室中受到破产限制的成员。[⑦]

(68)债务人在限制期内不得成为《1994年航空旅客责任条例》规定的财务代表。[⑧]

(69)债务人在限制期内不得成为英国港口协会的成员。[⑨]

11. 法庭工作

(70)债务人在限制期内不得被任命为或者继续担任法庭估值服务或者估值

---

① Appointments Commission Regulations 2006, Reg. 5(1)(b).

② Energy Act 2013, Sch. 7 para. 10.

③ Energy Act 2004, s 2 and Sch 1, para 1(6) and(7)(b); sec. 51 and Sch. 10, para. 2(5) and(6)(b).

④ Police Reform and Social Responsibility Act 2011, Part 1 Ch. 6 sec. 66.

⑤ Criminal Justice Act 1988, Sch. 12 para. 5.

⑥ Railways and Transport Safety Act 2003, sec. 18 and Sch. 4, para. 7(3).

⑦ Railways and Transport Safety Act 2003, sec. 15 and Sch. 1, para. 2(c).

⑧ Air Passenger Duty Regulations 1994, Reg. 7(2).

⑨ Transport Act 1981, Sch. 2, para. 3(2).

裁判庭的成员。①

(71)债务人在限制期内不得成为内阁大臣根据《1975 年工业法》附表 3 设立的法庭的成员。②

12. 信托管理

(72)与前述第(6)项重复。

(73)退休金管理机构可以评估受到破产限制的人是否适合进入集成信托计划。③

(74)取消债务人在限制期内被任命为国家医疗服务机构退休金计划委员会成员或者计划咨询委员会成员的资格。④

(75)取消债务人在限制期内成为信托计划(依据《1995 年退休金法》设立的信托计划)受托人的资格。⑤

13. 公用事业与公共合同

(76)如果社会住房监管机构成员出现了破产或者其他不适合继续履职的情形,内阁大臣有权对其予以撤职。⑥

(77)如果社会住房监管委员会的成员出现了破产或者其他不适合继续履职的情形,内阁大臣有权对其予以解雇。⑦

(78)如果非营利注册服务机构的官员出现了破产情形,或者是《2011 年慈善法》第 178 条规定的取消资格的情形,社会住房监管机构可以对其予以解雇。⑧

(79)依据《2007 年统计与注册服务法》成立的统计委员会,对该委员会成员有任命权的人如果发现所任命的非执行委员受到了破产限制,可以以书面通知

---

① Local Government Act 2003, sec. 105 and Sch. 4, para. 2(1)(b); The Valuation Tribunal for England(Membership and Transitional Provisions) Regulations 2009, Reg. 4(1)(c) and Reg. 5(1)(c).

② Industry Act 1975, Sch. 3, paragraph 6(1)(c).

③ Occupational Pension Schemes(Master Trusts) Regulations, 2018 Reg. 5 and Sch. 1 para. 1(a)(v).

④ National Health Service Pension Scheme Regulations 2015, Sch 1 para. 3 and Sch. 2 para. 2.

⑤ Pensions Act 1995, sec. 29.

⑥ Housing and Regeneration Act 2008, Part. 2, Ch. 2 sec. 80C.

⑦ Housing and Regeneration Act 2008, Part. 2 Ch. 2 sec. 92D.

⑧ Housing and Regeneration Act 2008, Part. 2 Ch. 7 sec. 266.

的形式将其解雇。[①]

(80)如果信息披露与屏蔽服务的主席或者成员出现了受破产限制的情形,内阁大臣有权通过书面通知的形式将其免职。[②]

14.杂项

(81)取消受限制的债务人被任命为或者继续担任伦敦消防专员(London Fire Commissioner)的资格。[③]

(82)在存在持久代理权的情况下,如果授权人受到破产限制,其所授予的财产及相关事务的处置权也应当撤回;如果是被授予权利的人受到了破产限制,则通常终止授权,除非涉及患者的个人福利问题。[④]

(83)在持久授权书下的捐赠人或律师仅因临时破产限制令生效而受到限制,该项授权应当中止,直到限制令结束为止。[⑤]

(84)内阁大臣可以解雇受到破产限制约束的工头和劳工滥用监管局董事会主席及其任何董事会成员的代表。[⑥]

---

① Statistics and Registration Service Act 2007, sec. 4(4)(b).

② Protection of Freedoms Act 2012 Sch. 8 para. 2(4)(e) and(f).

③ Greater London Authority Act 1999 327B as amended by Policing and Crime Act 2017, Sch. 2 para. 10.

④ Mental Capacity Act 20050 sec. 13, and sec. 64(3).

⑤ Mental Capacity Act 2005, sec. 66(3) and Sch. 4 para. (2)8.

⑥ Gangmasters(Licensing Authority) Regulations 2015(SI 2015/805) Reg. 5(4)(d).

附录4：英国《破产职业伦理准则》[①]

定　　义

授权机构	根据有关英国破产管理的法例，被宣布为受认可专业团体或主管当局的团体
近亲属或直系亲属	配偶、受养人、父母、子女或兄弟姐妹
实体	自然人或者法律拟制的人，或这些人组成的集团，包括合伙
他/她	本准则中的他被解读为包括她在内
执业机构中的个人	破产从业者、执业机构的负责人及执业机构的雇员
破产委任	依据破产法对破产程序中的管理人、个人自愿安排中的代理人(nominee)或监察人(supervisor)的正式委任
破产从业者	由授权机构授权或认可的作为破产法规定的破产从业者履行职责的个人。仅就本准则的适用而言，破产从业者一词还包括作为个人自愿安排的代理人或监察人的个人
破产团队	任何受破产从业者控制或指示的个人
执业机构	破产从业者所属的执业机构
负责人	从实际情况来看，负责人是指以下人员：(a)公司董事；(b)合伙企业的合伙人；(c)有限责任合伙的成员；(d)单独执业的个人。此外，还包括任何在执业范围内被视为董事、合伙人或有限责任公司成员的人

① 本附录中的《破产职业伦理准则》(Insolvency Code of Ethics)系破产联合管理委员会(Joint Insolvency Committee)2014年通过的版本，也是目前最新的版本，可在英国破产服务局、破产从业者协会等官方网站获取。

第一部分　准则的普遍适用

导论

1. 本准则旨在帮助破产从业者(insolvency practitioners)履行他们的专业和职业伦理指南所规定的义务。

2. 本准则适用于所有的破产从业者。破产从业者应该采取措施确保本准则应用到与破产委任(insolvency appointment)相关的所有专业工作中,以及那些导致这样的破产委任的所有相关专业工作中。尽管每一个破产委任都是针对破产从业者个人而非其所在的执业机构,破产从业者仍然应当确保本准则设定的标准适用于其破产团队的全体成员。

3. 本准则及其蕴含的精神,规范着破产从业者的行为。

基本原则

4. 每一个破产从业者都应当遵循以下基本原则:

(a)诚信(integrity):每一个破产从业者在所有的专业和业务关系中,都必须是坦率和诚实的。

(b)客观(objectivity):每一个破产从业者都不得因为偏见、利益冲突或其他人的过度干预而影响其专业判断或业务判断。

(c)专业能力与注意义务(professional competence and due care):每一个破产从业者都有持续维持其专业知识和技能在规定的水准之上的义务,确保客户或者雇主享受到破产从业者基于当时实践、立法和技术发展情况所能提供的合格的专业服务。破产从业者在提供专业服务时,应当履行注意义务,并与当时适用的技术和专业水准相一致。

(d)保密(confidentiality):破产从业者对于其基于专业和业务关系而获取到的信息,除非有法律或专业权利或义务要求其披露,否则不应在没有适当和具体授权的情况下向第三方披露任何此类信息。由于专业和业务关系而获得的保密信息,不应用于破产从业者执行人或第三方的利益。

(e)专业行为(professional behaviour):破产从业者应当遵守相关的法律和条例规定,避免任何有损其专业声誉的行为。破产从业者在执行其工作时,应以礼貌(courtesy)和体贴(consideration)的态度对待所有与其接触的人。

框架路径

5. 框架路径(framework approach)是破产从业者用来识别各种实际的或者潜

在的对基本原则的威胁，并确定是否有可抵消这些威胁的保障措施的一种方法。该框架路径要求破产从业者：(a)采取合理步骤来识别对遵守基本原则的任何威胁；(b)对所有的威胁进行评估；(c)对这些威胁作出适当的回应。

6. 本准则提供了某些威胁及其可以采取的保障措施的例子。这些例子是解说性的，并不能被认为是所有相关威胁及相应保障措施的穷尽列表。本准则不可能确定威胁基本原则遵从的所有情形，也不可能具体规定可能采取的保障措施。

识别对基本原则的威胁

7. 破产从业者应采取合理步骤，识别在其专业工作过程中出现的对遵守基本原则的各种威胁。

8. 破产从业者应特别注意查明，是否存在在接受破产委任之前或在接受破产委任之时的威胁，或在该阶段合理预计可能在该等破产委任期间出现的威胁。下文第20～48段规定了破产从业者在决定是否接受破产委任时应予考虑的特殊因素。

9. 在确定任何威胁的存在时，破产从业者应考虑到这样一种关系，即其所在的执业机构是国家或者国际协会的一部分。

10. 许多威胁都可以归入五种分类中的一种或者多种：

(a)自身利益的威胁(self-interest threats)：这种威胁可能是由于破产从业者、破产从业者所在的执业机构、执业机构成员的近亲属或直系亲属的经济利益或其他利益而引起的。

(b)自我审查的威胁(self-review threats)：这种威胁可能发生在因为自己所在执业机构的人员之前作出的判断，需要破产从业者重新评估的时候。

(c)自我拥护的威胁(advocacy threats)：当破产从业者所在执业机构的某个人提出一种立场或意见，以致其后的客观性可能受到损害时可能发生的威胁。

(d)过于熟悉的威胁(familiarity threats)：由于关系亲密，破产从业者所在执业机构的个人对于他人的利益过于同情或敌对时可能会出现的威胁。

(e)面临恐吓的威胁(intimidation threats)：当破产从业者因实际或察觉到的威胁而不敢采取客观行动时出现的威胁。

11. 下面几段提供了破产从业者可能会碰到的威胁的例子。

12. 关于自身利益的威胁的例子：(a)破产从业者所在单位成员拥有债权人

或潜在债权人的利益,而其债权需要经过主观裁定;(b)担心破坏业务关系的可能性;(c)对未来潜在就业的关注。

13. 有关自我审查的威胁的例子:(a)接受与某一实体相关的破产委任,而该实体最近雇用或借调了破产从业者所在执业机构的成员。(b)破产从业者或其所在执业机构为该实体进行了某个类别的专业工作,包括相应的破产委任。这种自我审查的威胁可能会随着时间的推移而减少。

14. 有关自我拥护的威胁的例子:(a)以某一实体的债权人的顾问行事;(b)在与某一实体的诉讼或纠纷中为客户辩护。

15. 有关过于熟悉的威胁的例子:(a)破产从业者所在执业机构中的个人与在破产实体中拥有财务利益的某个个人有密切关系;(b)破产从业者所在执业机构中的个人与破产财产或者营业的潜在购买者有密切关系。上述密切关系包括密切的专业关系和密切的个人关系。

16. 有关面临恐吓的威胁的例子:(a)用于以下目的的解雇或者替换的威胁:迫使破产从业者不遵从规定、本准则以及其他应适用的准则、技术或行业标准;或者当破产从业者只是一个雇员而非单位负责人的时候,对破产委任施加影响。(b)受到起诉的威胁。(c)向破产从业者的授权机构(authorising body)进行投诉的威胁。

对威胁的评估

17. 破产从业者应当采取合理的措施评估各种已经识别的、影响自己遵从本准则基本原则的威胁。

18. 特别是,破产从业者应考虑到,一个了解所有相关信息(包括威胁的重要性)的理性且知情的第三方将得出什么结论是可以接受的。

可能的保障措施

19. 在已经识别和评估威胁之后,破产从业者应当考虑是否有保障措施可以利用,以将威胁减少到可以接受的程度。相关的保障措施取决于具体的情况。一般来说,包括两个方面的保障措施:一是行业协会、立法或者条例规定所创设的保障措施;二是工作环境中的保障措施。在破产情况下,工作环境中的保障措施可以包括针对破产委任的保障措施,第 20 ~ 39 段列举了这方面的保障措施。此外,也可以通过破产从业者所在单位提供保障措施,这些保障措施旨在创造一种可以查明威胁,并鼓励采用适当的保障措施的工作环境。包括以下方面的例子：

(a)强调遵守基本原则的重要性的领导。

(b)实施和监测业务质量控制的政策和程序。

(c)关于查明对遵守基本原则的威胁、评价这些威胁的重要性以及查明和应用保障措施以消除或减少威胁(无关紧要的威胁除外)，使其达到可接受的程度的成文政策。

(d)编制需要遵守基本原则的内部政策和程序。

(e)在接受破产委任前审议本守则基本原则的政策和程序。

(f)关于识别执业机构内个人与第三方之间的利益或关系的政策和程序。

(g)禁止非破产小组成员的个人不当影响破产委任结果的政策和程序。

(h)及时将破产从业者执业机构的政策和程序(包括对这些政策和程序的任何更改)传达给该机构内的所有个人，并就这些政策和程序进行适当的培训和教育。

(I)指定一名高级管理人员负责监督保障措施的充分运行。

(J)促进政策与程序遵从度的惩戒机制。

(k)公布政策和程序，鼓励并授权机构内的个人向内部资深人员和(或)破产从业者通报与他们有关的遵守基本原则的任何问题。

第二部分　准则的特别适用

破产委任

20. 破产实践主要由议会立法和委任立法来规制，在很多情况下，最终受到法院的控制。在法律规制的情况下，破产从业者必须遵从这些法律的规定。破产从业者也必须遵从跟他行为相应的司法权和任何来自法院的指令。

21. 破产从业者应以与其作为法院工作人员(如适用)职位相适应的方式行事，并应按照其可能承担的任何准司法、信托或其他职责行事。

22. 在同意接受任何破产委任(包括联合委任)前，破产从业者应考虑接受委任是否会对遵守基本原则构成威胁，特别重要的是，任何利益冲突或任何重大的专业或私人关系对客观性的基本原则造成的威胁。下面将更详细地考虑这些问题。

23. 在考虑客观原则或诚信原则是否可能受到威胁时，破产从业者应确定并评估可能影响遵守基本原则的任何专业或个人关系(见下文 A 节)，然后应考虑对这种关系所产生的任何威胁作出适当的反应,并采取任何可能的保障措施。

24. 一般而言,如果在破产委任过程中存在对基本原则的威胁,或在合理预期的情况下可能出现威胁,破产从业者不宜接受破产委任,除非:(a)在破产委任前,已向法院或者债权人披露该等威胁,破产从业者被委任之后,将代表债权人行事而债权人没有对委任提出反对;并且,(b)有或将有保障措施来消除这种威胁,或者将这种威胁减到可接受的水平。如果威胁不是微不足道的,则应考虑并在必要时实施保障措施,以便尽可能将其降低到可接受的水平。

25. 可以考虑采取以下保障措施:

(a)让破产从业者执业机构中的另一人参与进来或者接受咨询,以审查已经完成的工作。

(b)咨询一个独立的第三方,如债权人委员会、授权机构或者其他破产从业者。

(c)让另一位破产从业者参与进来完成部分工作,其中可包括另一位破产从业者在破产委任过程中出现冲突时接受联合委任。

(d)向具备适当经验和专门知识的事务律师或大律师寻求法律意见。

(e)调整破产团队的成员。

(f)使用独立的破产从业者或职员。

(g)防止利用信息壁垒获取信息的程序(如严格隔离这些小组,保密和安全的数据归档)。

(h)为执业机构中的人员处理安全和保密问题提供明确的指导。

(I)使用执业机构中的个人在实践中签署的保密协议。

(j)在与破产委任无关的业务范围内,由资深人员定期审查保障措施的适用情况。

(k)终止造成威胁的财务或业务关系。

(l)寻求法院的指令。

26. 如本准则明确禁止破产从业者以个人身份接受破产委任,则联合委任不会是适当的保障,亦不会使接受破产委任的行为成为适当的行为。

27. 如果对于破产从业者遵从基本原则的威胁已经被识别,那么,破产从业者在决定是否接受破产委任的时候,应该考虑是否其他不存在这种威胁的破产从业者接受委任能够更好地维护其所要代表的那些主体的利益,如果是这样,该等具备适当资格和经验丰富的其他破产从业者是否可能获得委任。

28. 如果将遇到没有任何保障措施可将威胁降低到可接受水平的情况，则破产从业者应得出自己不适宜接受委任的结论。

29. 在接受破产委任之后，应继续对任何威胁进行适当的审查，破产从业者应注意可能出现的其他威胁。在某些情况下，破产从业者可能因为环境的变化或因为疏忽的缘故，忽视了某些事情而不再遵守本准则。只要破产从业者有适当的质量控制政策和程序来处理这些事项，并且一旦发现问题立即予以纠正，采取任何必要的保障措施，那么，这种情况通常就不是问题。在决定是否继续接受破产委任的时候，破产从业者应当考虑债权人的期望，因为在充分的信息披露之后，债权人有权决定保留或者替换破产从业者。

30. 在任何时候，破产从业者都需要运用自己的判断力，以确定如何最好地应对已识别的威胁。破产从业者在执行其判断时，应考虑一个理性且知情的第三方在了解所有相关信息（包括威胁的重要性和适用的保障措施）后，会得出怎样的可以接受的结论。这种考虑将受到威胁的重要性、工作的性质和破产从业者所在单位的组织结构等因素的影响。

利益冲突

31. 破产从业者应当采取合理的步骤来识别那些可能造成利益冲突的情况。这些情况可能对破产从业者遵循本准则的基本原则产生威胁。利益冲突的例子主要包括：

（a）破产从业者必须处理其破产委任相关实体的独立和相互冲突的利益之间的索赔。

（b）存在一系列的破产委任或者连续的破产委任（见 H 节）。

（c）与该实体或与该实体有关联的某人存在重要关系（见 A 节）。

32. 第 25 段所列的一些保障措施可将利益冲突造成的威胁减少到可接受的水平。在出现利益冲突时，保密性将是最重要的。因此，所使用的保障措施一般应包括使用有效的信息屏障。

执业机构合并

33. 当执业机构合并时，为了评估对基本原则的威胁，应该将它们视为一个执业机构。在合并时，应审查现有的破产委任，并查明可能出现的任何威胁。合并的执业机构的负责人和雇员，在接受新的破产委任而且是委任为之前任何一个执业机构的客户的破产从业者的时候,应当受到共同的职业道德准则的约束。然而,如果通过对这种情况进行仔细审查后没有发现明显和直接的道德冲突,虽然这种现存的破产委任因为合并而貌似明显违反了准则的规定,但也不必然自动确定为威胁。

34. 如果执业机构中的个人在以前的执业机构中承担了与新执业机构的破产委任不相容的实体事务的工作,该破产从业者不应在该任务中工作或被雇佣。

透明度

35. 在破产委任之前和委任期间,破产从业者可获取与破产无直接关系的个人信息或与第三方事务有关的机密商业信息,这些资料可能是其他人以为会继续保密的资料。

36. 然而,作为公职人员(office holder)的破产从业者有一项专业职责,即向与破产结果有利害关系的人公开报告。破产从业者应以透明的且可理解的方式,尽可能全面地报告其行为和交易情况。破产从业者应牢记他人的期望,以及合理和知情的第三方认为适当的做法。

专业能力和注意义务

37. 在接受破产委任前,破产从业者应确保已考虑下列事项:

(a)知悉和理解被委任实体的所有者、管理者以及其他对实体的治理和业务活动负责的人。

(b)适当了解破产实体的业务性质、业务操作的复杂性、业务的具体要求以及拟开展的工作的目的、性质和范围。

(c)取得相关产业或主题问题的知识。

(d)拥有或取得有关规制要求或报告要求的经验。

(e)指派足够的具有必要能力的工作人员。

(f)必要的时候使用专家的力量。

(g)遵守质量控制的政策和程序,这些政策和程序旨在提供合理的保证,即只有在能够胜任执行具体任务时才接受这些业务。

38. 专业能力和注意义务的基本原则要求破产从业者只有在具备足够的专业知识的情况下才应接受破产委任。例如,如果破产从业者或破产团队不具备或无法获得进行破产委任所需的能力,就会对专业能力和注意义务的基本原则构成"自身利益的威胁"。专业知识包括适当的训练、技术知识、对破产实体和与实体有关的业务的知识。

39. 保持和获得专业能力需要不断认识和理解相关的技术和专业发展，包括：(a)破产立法的发展；(b)破产执业陈述；(c)授权机构(行业协会)的规定，包括任何持续的专业的发展要求；(d)授权机构(行业协会)或者破产服务局发布的指南；(e)行业内讨论的技术问题。

A 节：专业关系和个人关系

40. 破产从业者的工作环境及其在专业和个人生活中形成的关系，可能对客观性这一基本原则造成威胁。

关系的识别

41. 特别是，如果执业机构的个人及其近亲属或直系亲属，或者是执业机构自身，与正在考虑的破产委任有或者曾经有过专业关系或者个人关系，则客观性原则可能受到威胁。

42. 职业关系或者个人关系包括但不限于与以下主体之间的关系：(a)破产实体；(b)实体的董事或者影子董事，以前的董事或者以前的影子董事；(c)实体的股东；(d)实体的负责人或者雇员；(e)实体的业务伙伴；(f)实体所控制的公司或其他实体；(g)受共同控制的公司；(h)实体的债权人或者公司债券的持有人；(i)实体的债务人；(j)(实体为个人情况下的)实体的近亲属或者直系亲属，(实体为公司情况下的)实体的职员；(k)其他与执业机构有商业关系的主体。

43. 执业机构提供的保障措施应包括确定执业机构的个人与第三方之间关系的政策和程序，其方式应与所考虑的破产委任相称且合理。

该关系对破产委任的实施影响重大吗？

44. 凡已确定第 41 段所述类型的专业或个人关系，破产从业者应在寻求或考虑破产委任时评估该关系的影响。在评估一段关系是否对基本原则造成威胁时，需要考虑的问题包括：

(a)某一执业机构在与该实体较早发生关系期间所承担的先前职责的性质。

(b)该执业机构进行的工作对正在考虑破产委任的实体的财务状况和(或)财务稳定性的影响。

(c)该执业机构所收取的工作费用是否对该执业机构本身具有或曾经具有重大意义或实质意义。

(d)这些专业工作是在最近什么时间内进行的。如果在过去 3 年内开展了工作,就可能出现(或可能被认为出现)更大的威胁。然而,在某些情况下,就非审计工作而言,威胁仍可能处于可接受的水平。相反,在某些情况下,所进行的工作的性质决定需要相当长的一段时间,才能够将这些威胁减少到可以接受的程度。

(e)正在考虑中的破产委任是否涉及对该实体以往所从事的任何工作的考虑。

(f)任何个人关系的性质,以及破产从业者与该关系中的个人之间的亲近程度,以及在适当情况下,该个人与破产委任有关的实体之间的亲近程度。

(g)该关系中的个人是否会产生任何报告义务(如就与破产委任有关的公司的董事及影子董事的行为作出报告的义务)。

(h)在与实体的任何较早关系期间,个人在业务范围内所承担的任何先前职责的性质。

(i)破产团队对与该实体有关的个人的熟悉程度。

45. 在识别并评估可能对基本原则构成威胁的关系后,破产从业者应考虑其应对措施,包括引入任何可能的保障措施,以将威胁降低到可接受的水平。

46. 第25段考虑了一些被认为可将职业或个人关系造成的威胁减少到可接受的水平的保障措施。其他的保障措施还可以包括:

(a)退出破产工作组。

(b)(在可能的情况下)终止导致威胁的财务或业务关系。

(c)向该实体或将委任破产从业者代表其行事的实体披露该关系和该执业机构(直接或间接)所获得的任何财务利益。

47. 破产从业者可能会遇到这样的情况,即没有保障措施或者没有合理的保障措施来消除由专业关系或个人关系引起的威胁,或将其降低到可接受的水平。在这种情况下,该关系将构成重大职业关系(Significant Professional Relationship)或重大个人关系(Significant Personal Relationship),对此,破产从业者应当得出不适宜接受破产委任的结论。

48. 在决定是否接受破产委任时,应考虑其他人的看法。虽然破产从业者可能认为一项关系对破产委任并不重要,但其他人的看法可能不同,而在某些情况下,这可能足以使该关系变得重要。

B 节：处理实体的资产

49. 在破产委任期间，破产从业员变现资产时，可能事实上会对基本原则产生威胁或者察觉到会产生威胁（如自身利益的威胁）。

50. 为了保持在任何情况下破产从业者的客观性，破产委任有关的破产从业者，不应该自己直接或者间接取得破产实体的任何资产；破产从业者亦不应该故意允许所在执业机构的个人及其近亲属或直系亲属、破产从业者自己的近亲属或直系亲属直接或间接地取得破产实体的任何资产。

51. 如果破产企业的资产和营业在破产委任后不久，就由破产从业者按照事先商定的条款出售，可能对客观性产生实际的或可感知的威胁。债权人或其他未参与先前协议的人也可将此次出售视为对客观性的威胁。对客观性的威胁可以通过获得对被出售的资产或业务进行独立估价或对其他潜在购买者的考虑等保障措施来消除或减少到可接受的程度。

52. 特别重要的是，破产从业者应当在不与任何法律规定或专业义务相冲突的情况下，注意确保他的决策过程对所有受到销售或拟销售行为影响的第三方而言都是透明的、可以理解且容易识别的。

C 节：获得专家的建议与服务

53. 当破产从业者打算依赖他人的建议或工作时，破产从业者应评估这种依赖是否合理。破产从业者应考虑诸如声誉、专业知识、现有资源以及适用的职业和道德标准等因素。支付给第三方的任何款项应反映其所承担工作的价值。

54. 如果服务由独立于执业机构的常规来源提供，就可能出现对基本原则的威胁（如过于熟悉的威胁和自身利益的威胁）。

55. 应采取保障措施将这种威胁减少到可接受的水平。这些保障措施应确保各方之间保持适当的业务关系，并定期审查这种关系，以确保每一项破产委任都能获得最佳的价值和服务。额外的保障措施可能包括执业机构内有关这种关系的明确的指南和政策。破产从业者亦应考虑向一般债权人团体或债权人委员会（如有）披露有关业务关系的存在。

56. 对基本原则的威胁也可能出现在破产从业者执业机构提供服务的时候，或者由执业机构中与之有业务或个人关系的一方，或执业机构中个人提供服务的时候。破产从业者应特别注意确保在这种情况下能提供最佳的价值和服务。

D节:费用与其他报酬

接受破产委任之前

57. 如果一个允诺即可导致破产委任,破产从业者在接受破产委任之前,应使工作的任何一方知悉工作的条款,特别是有关收费的依据以及有关收费所涵盖的服务。

58. 如果一个承诺即可导致破产委任,破产从业者在接受破产委任之前,不得接受介绍费或者佣金,除非他们已经建立了保障措施,将有关费用或佣金造成的威胁降至可接受的水平。

59. 保障措施可能包括提前披露任何安排。如果破产从业者在收到任何此类款项后接受破产委任,则应向债权人披露收到的所有费用或佣金的数额和来源。

接受破产委任之后

60. 在破产委任期间,接受介绍费或佣金是对客观性的重大威胁。因此,除非是为了破产财产的利益,否则不应接受此类费用或佣金。

61. 如接受该等费用或佣金,则该等费用或佣金只应为破产财产的利益而接受;并非为破产从业者或其执业机构的利益。

62. 此外,如果接受了这些费用或佣金,破产从业者应考虑向债权人披露。

E节:获得破产委任

63. 破产委任的特殊性质决定,支付或提供任何佣金或提供任何有价值的对价以促成破产委任是不适当的。然而,这并不排除破产从业者与雇员之间的一种安排,即雇员从破产从业者那里取得的报酬,全部或部分都是基于雇员的努力介绍而获得。

64. 当破产从业者通过广告或其他形式的营销,寻求破产委任或促使破产委任的工作时,可能会对遵守本准则的基本原则构成威胁。

65. 在考虑是否接受破产委任时,破产从业者应使自己确信,获得破产委任所依据的任何广告或其他形式的营销,都是或一直是:(a)公平而不具误导性的;(b)避免未经证实或贬低的言论;(c)遵守有关广告的工作守则及指引。

66. 广告和其他形式的市场营销应当是可明确区分的,是合法的、体面的、诚实和真实的。

67. 如果在广告或其他形式的营销中提及费用或所提供服务的成本,则应提供所提及服务的计算基础和范围。应注意确保这些参考资料不会对服务的精确范围和参考资料拟包括的时间承诺产生误导。

68. 破产从业者绝不应以构成骚扰的方式或程度促成或设法促成他或另一破产从业者的服务。

69. 如破产从业者或其执业机构通过第三方发布招聘广告,破产从业者有责任确保第三方遵守上述指引。

F 节:礼物与款待

70. 破产从业者及其近亲属或直系亲属,可能会收到礼物和款待。就破产委任而言,这样做会对遵守基本原则构成威胁。例如,如果一份礼物被接受,可能会产生自身利益的威胁,而面临恐吓的威胁则可能来自这种接受礼物的行为被公开的可能性。

71. 这些威胁的重要性将取决于所接受馈赠的性质、价值和意图。在决定是否接受任何礼物或款待时,破产从业者应考虑了解所有相关信息的理性且知情的第三方会认为怎样做是适当的。如果理性且知情的第三方认为该赠与是在正常业务过程中作出的,而没有影响决策制定或获取信息的具体意图,则破产从业者一般可得出结论,认为对遵守基本原则不存在重大威胁。

72. 在适当的情况下,应考虑并在必要时实施保障措施,以消除对基本原则的威胁或将其减少到可接受的水平。如果破产从业者遇到无法采取保障措施或没有任何合理的保障措施将因接受礼物或款待而产生的威胁减少到可接受的程度,则破产从业者应确定不适宜接受这种馈赠。

73. 破产从业者不应提出或者规定礼物或款待,以免对遵守基本原则造成不可接受的威胁。

G 节:保留记录

74. 破产从业者总是要为自己的行为辩护,因此,他们应当保留记录,通过参考当时的书面记录,展示他在确定、评估和应对任何威胁(包括导致破产委任的威胁和在破产委任期间的威胁)时所采取的步骤和得出的结论。

75. 就其所采取的步骤和所作出的结论而言,破产从业者保留的记录应足以使合理和知情的第三方就其行动的适当性达成意见。

第三部分 准则框架在特定情形中的适用

特定情形的介绍

76. 下面的示例描述了将对基本原则的遵从性造成威胁的具体情况和关系。这些例子可能有助于破产从业者和破产团队成员评估类似但不同的情况和关系的影响。

77. 这些例子分为三个部分:第一部分包含与先前或现有破产委任无关的例子。第二部分包含与先前或现有的破产委任相关的示例。第三部分包含了一些根据苏格兰法律的例子。这些例子并不是穷尽的列举。

与以前或现有破产委任无关的例子

78. 下列情况涉及不包括先前破产委任的专业关系。

79. 破产委任审计及相关工作

关系:执业机构及其个人在过去3年内曾进行过与审计相关的工作。

回应:此种情形产生了一个重要的职业关系,破产从业者应当得出结论,认为自己不适宜接受破产委任。

如果在拟议的破产从业者委任日期3年前就开展了与审计有关的工作,仍可能出现对遵守基本原则的威胁。破产从业者应评估所有此类威胁,并考虑是否可以通过现存的或引入的保障措施来将威胁消除或降低到可接受的水平。

若破产委任是在股东自愿清算过程中进行,则不适用此限制,破产从业者通常可以接受委任成为清算人。然而,破产从业者应考虑是否有其他情况对其遵守基本原则构成不可接受的威胁。此外,破产从业者应确信,董事的偿付能力声明可能会被事件所证实。

80. 在债权人的唆使下被任命为调查会计师

破产委任前的关系:执业机构或执业机构的个人受在破产实体中拥有财务(金钱)利益的债权人或其他主体的指示或唆使,对破产实体的事务进行调查、监督或提供咨询。

回应:重要的专业关系不会在符合下列条件的情形中发生:(a)在破产实体的管理活动中没有执业机构个人的直接参与;并且(b)执业机构与债权人或其他主体有着主要的客户关系,而非与公司或业主有着主要的客户关系;并且(c)这个破产实体意识到了这一点。

然而，破产从业者在接受破产委任前，应考虑所有情况，包括与董事就公司财务事宜进行讨论或不进行讨论的影响，以及该等情况是否对遵守基本原则构成不可接受的威胁。

当一项调查是应担保债权人的要求或者唆使而进行，尔后该担保债权人要求破产从业者接受破产委任成为重整管理人或行政接管人，那么，破产从业者应该让自己确信公司及其董事的行为不会反对他接受这样的破产委任。如果担保债权人没有事先将破产委任预告给公司，或者预告之后公司反对，而该担保债权人依然希望任命这位破产从业者，那么，破产从业者应该考虑这种情况下是否产生不可接受的影响其遵守本准则基本原则的威胁。

与之前或现有的破产委任有关的例子

81. 以下情形涉及与之前或现有破产委任有关的先前专业关系。

82. 在行政接管人或其他接收人委任之后的破产委任

先前的委任：执业机构的个人已经被委任为行政接管人或其他接收人。

拟进行的委任：任何破产委任。

回应：破产从业者不应当接受任何这样的破产委任。

然而，这个限制不适用法院任命执业机构的个人担任接管人的情形。不过，即便如此，破产从业者仍然应当考虑是否会有其他情形产生不可接受的对其遵守本准则基本原则的威胁。

83. 任命自愿安排程序中的监察人之后的重整与清算

之前的委任：执业机构的个人已经被委任为公司自愿安排程序中的监察人。

拟进行的委任：重整管理人或清算人。

回应：破产从业者通常可接受委任担任重整管理人或清算人。然而，破产从业者仍然应当考虑任何可能对遵从基本原则构成不可接受威胁的情形。

84. 委任重整管理人之后的清算

先前的委任：执业机构的个人已经被任命为重整程序中的管理人。

拟进行的委任：清算人。

回应：破产从业者通常可接受委任担任重整管理人或清算人。然而，破产从业者仍然应当考虑任何可能对遵从基本原则构成不可接受威胁的情形。

85. 股东自愿清算向债权人自愿清算的转变

先前的委任:执业机构的个人已经被任命为公司股东自愿清算中的清算人。

拟进行的委任:债权人自愿清算(需要召开债权人会议的)清算人。

回应:当存在重大的职业关系时,破产从业者只有在断定公司最终将能够全额偿还债务并支付利息的情况下,才可以继续或接受任命(需经债权人批准)。

然而,破产从业者仍然应当考虑是否存在其他情形会对基本原则的遵从产生不可接受的威胁。

86. 委任个人自愿安排中的监察人之后的破产清算

先前的委任:执业机构的个人已经被任命为个人自愿安排中的监察人。

拟进行的委任:破产清算中的管理人。

回应:破产从业者通常可接受委任担任破产管理人。然而,破产从业者仍然应当考虑是否存在其他情形会对基本原则的遵从产生不可接受的威胁。

苏格兰法律适用之下的例子

87. 任命为受保护契约中的受托人(Trustee under a Trust Deed)之后的破产清算

先前的委任:执业机构的个人已经被任命为受保护的契约(trust deed for creditors)中的受托人。

拟进行的委任:破产清算中的临时管理人或管理人。

回应:破产从业者通常可以接受委任担任破产清算程序中的临时管理人或管理人。然而,破产从业者仍然应当考虑是否存在其他情形会对基本原则的遵从产生不可接受的威胁。

88. 破产会计师在受保护契约中担任受托人之后又担任破产清算中的管理人

先前的委任:执业机构的个人已经被任命为债权人的受保护契约的受托人。

拟进行的委任:破产清算程序中破产会计师的代理人。

回应:破产从业者通常可以接受委任担任破产会计师的代理人,但仍应当考虑是否存在其他情形会对基本原则的遵从产生不可接受的威胁。

附录5:《债务管理标准协会行为准则》[①]

引　言

债务管理标准协会(DEMSA)成立于2000年,旨在促进和确保债务管理行业的良好实践,保护公众和债权人的利益。

债务管理公司(DMC)代表借款人行动,帮助他们清理债务,通过与债权人进行直接谈判,帮助和促进债务清偿活动。作为回报,债务管理公司可以向借款人收取一定的费用。

本准则是与贷款人、债务管理公司协商之后制定的,而且经过了定期的修订。债务管理标准协会已经获得了公平贸易局(Office of Fair Trading)根据《消费者准则批准计划》(Consumer Code Approval Scheme)对本准则的批准。《消费者准则批准计划》现已被《特许贸易标准协会准则批准计划》(Chartered Trading Standards Institute Code Approval Scheme)所取代。

自2014年4月1日起,金融行为监管局(FCA)承担起了对消费信贷以及债务管理部门的监管职责。基于

---

① 《债务管理标准协会行为准则》(DEMSA Debt Managers Standards Association Ltd Code of Conduct)为英格兰和威尔士地区适用的版本(England and Wales Version)。英文版全文链接地址:https://www.tradingstandards.uk/media/documents/commercial/codes-of-practice/demsa.pdf。

此,最新修订的本准则已经完全认可金融行为监管局确立的原则、规则手册(Rulebook)以及消费者信贷工作手册(Source Book)。

本准则和债务管理标准协会的宗旨是鼓励债务管理公司为其客户提供最高标准的公平和最佳可能结果的服务,并为消费者提供高水准的保护。

准则的获得

本协会的所有会员必须根据要求免费向消费者提供本准则的完整内容,并应确保所有客户在接触之初就收到有关本协会及其行为准则的信息。

本准则也可以通过邮寄或者上网查阅等途径从本协会直接获取。

本协会的会员资格

债务管理标准协会有多个层级的会员,其中,有些会员与债务管理计划(DMPs)没有直接的业务关系,因此,他们不在本准则的调整范围之内。

本协会的会员层级包括:

正式会员(Full Members):提供全面债务管理服务、持有和分配客户资金的公司。

附属会员(Affiliate Members):提供全面债务管理服务,但其提供的债务管理计划不足500份的公司;提供全面债务管理服务但不持有和分配客户资金的公司;为债务管理公司提供引导和介绍服务的公司。

准会员(Associate Members):从事部分债务管理行业的业务或者从事部分与债务管理行业有关的业务,但不提供建议或咨询的公司;为债务管理行业提供产品和服务的公司。

提供债务管理计划的会员,必须证明他们有能力遵守本准则所规定的标准和要求,并承诺在各方面遵守本准则。本准则的规定适用于正式会员和应予适用的附属会员。

本协会的会员必须获得金融行为监管局的完整授权,如果新成员只有有限的或临时的授权,在加入协会之前,他们的业务模式将由协会进行评估。

本协会负责监管本准则获得的遵从度以及如准则后文所描述的结果的实现情况。

目　　录

1. 遵守法定规则

协会会员必须取得相应的授权,并依据金融行为监管局的规则开展业务。所依据的规则包括但并不限于金融行为监管局的的原则、消费信贷工作手册、金融行为监管局手册和客户资产工作手册(Clients Assets Sourcebook)以及《1974年消费信贷法》(Consumer Credit Act 1974),并考虑到《2006年消费者信贷法》(Consumer Credit Act 2006)中引入的改革内容。

协会会员也必须遵守其他任何可能会适用的法律规定,包括《1998年数据保护法》(Data Protection Act 1998)、《1987年消费者保护法》(Consumer Protection Act 1987)、《2004年金融服务(远程交易)条例》[Financial Services (Distance Marketing) Regulations 2004]、《1977年不公平合同条款法》(Unfair Contract Terms Act 1977)、《1999年消费者合同不公平条款条例》(Unfair Terms in Consumer Contracts Regulations 1999)以及在此基础上进一步制定的任何其他法律规定。

协会会员必须确保在网站、信笺抬头和与消费信贷活动相关的抵押品上有明确的披露,表明公司是由金融行为监管局授权和监管的。债务管理标准协会将定期对公开的会员网站和用于客户获取和客户关系管理的抵押品进行检查。

2. 债务管理标准协会行为准则的目标

金融行为监管局所有规则的基础是11个关键原则。为了支持以这些原则为基础的监管,金融行为监管局已经引入了一份《公平对待客户》(Treating Customers Fairly)的倡议。协会的行为准则以原则为基础、以结果为中心,旨在为协会会员提供实现《公平对待客户》倡议中的6个效果的工具,并使他们拥有实现这些目标的清晰的文化和治理框架。

3. 金融行为监管局的11个关键原则

(1)诚信(integrity)——诚信经营。

(2)专业水准与勤勉尽责(skill, care & diligence)——以尽责、专业、勤勉的方式从事业务。

(3)管理和控制(management & control)——采取负责任的态度,有效地组织和控制其事务,并建立适当的风险管理制度。

(4)财务稳健(financial prudence)——维持足够的财务资源。

(5)市场行为(market conduct)——遵守适当的市场行为标准。

(6)客户利益(customers' interests)——对客户的利益给予应有的重视和公

平的对待。

（7）与客户沟通（communication with clients）——充分考虑客户的信息需求，以清晰、公平、不误导的方式与客户沟通。

（8）利益冲突（conflicts of interest）——公平处理公司与客户之间、客户与客户之间的利益冲突。

（9）客户：信任关系（customers：relationships of trust）——谨慎负责地确保其建议和酌情决定适合任何有权依赖其判断的客户。

（10）客户资产（clients assets）——在负责客户资产管理的时候，为客户资产安排充分的保护措施。

（11）与监管机构的关系（relations with regulators）——以开放和合作的方式与监管机构打交道，并须适当地向金融行为监管局披露任何它有理由期望得知的与公司有关的任何信息。

4. 公平对待客户

金融行为监管局的期待是，任何一家债务管理机构都能了解其客户，并根据他们的具体情况分别对待处理，换言之，关于公平对待客户的原则，并不是绝对的相同处理。

公平对待客户的效果（the TCF Outcomes）：（1）消费者可以自信地认为，他们所打交道的公司以公平对待客户作为企业文化的核心。（2）产品和服务的推广以及在 B2C 市场上的销售，是为了满足确定的消费群体的需求而定向设计的。（3）向消费者提供明确的信息，并在提供服务之前、期间和之后均能适当地通知消费者。（4）客户接受到的咨询建议是适当的，并考虑到客户的具体情况。（5）向消费者提供的产品质量符合公司所期待的标准，相关的服务亦符合可接受的、公司所期待的标准。（6）消费者不会面临企业设置的在更换产品、更换服务提供商、提出索赔或投诉方面的售后障碍。

本准则要求所有的协会成员完全接受这些要求，并采取可能的最佳实践做法来遵守这些要求。

当协会会员获得进行债务咨询和（或）债务调整的完整授权时，他们必须通过注册并确保在到期时以提交适当的报告表格［如金融行为监管局手册的监督（supervision）部分所述］等方式来快速满足监管报告的要求。

本准则要求协会会员注意以下方面的内容。

5. 获得客户

所有会员必须充分了解金融行为监管局的周边指导(FCA Perimeter Guidance),特别是第8章"财务推广和相关活动"(financial promotions and related activities)。

(1)引荐人或其他代理人

协会会员可以从收取介绍费(referral fees)或者佣金(commission)的第三方获得业务。会员有责任确保第三方领导的供应商得到了适当的授权(如适用)。如果这些供应商没有得到金融行为监管局的直接授权,金融行为监管局有权要求接收业务方承担此责任。

协会会员必须对所有提供或希望提供线索的介绍人进行适当的尽职调查,并应定期更新。

(2)市场营销、广告与宣传

协会会员必须保证他们的广告和促销材料,无论是报纸、电视、广播、网站或其他任何媒介形式,包括文本、短信息、电子邮件,都必须符合以下条件:(1)清晰、准确、真实,不得以明示、暗示或遗漏等方式产生误导。(2)遵守所有制定和生效的法规和指南。(3)不得以任何方式表示自己提供免费服务或者提供政府资助的服务。(4)包括提及他们作为协会会员的资格和他们遵守本准则的内容。(5)任何以电子邮件、手机短信息、多媒体短信服务、电话、传真、邮件等形式进行的直接营销行为,都完全遵守《1998年数据保护法》和《2003年隐私和电子通信(欧盟指令)条例》。(6)会员必须有一个搜索引擎优化策略,明确定义哪些关键短语应该作为目标,并应注意其他方面的影响力,如第三方博客、内容写作等。(7)作为竞价的短语,不得让消费者认为解决方案是免费提供给用户或是政府批准的服务。协会成员必须监控来自第三方的入站链接,以确保不使用不恰当的短语来链接这些网站。(8)使用社交媒体和市场营销,必须完全符合所有相应的准则,必须保持道德标准,这种营销不能做出任何不适当的要求。(9)协会会员不得为推广或推销债务管理计划而亲自上门推销。

如果协会会员是通过转让或账册收购(purchase of books)的方式,从现有的债务管理服务提供者获取客户,必须合法并符合金融行为监管局的规则、原则以及数据保护的要求。

受让方必须确保所提供的建议和行动都考虑到客户的最大利益，都是基于对客户财务状况和具体情况进行的合理可靠的评估，而且这些建议是通过一种持久的媒介提供的。

转让方必须公平对待客户，确保客户对所提供的服务的成本和收益有非常清楚的认识，并对其他可用的选择（包括财务咨询服务机提供的免费建议）有非常清楚的认识。在完成销售和转让之前，必须向每个客户提供一份完整的声明。

受让方必须公平对待客户，在签订合同之前，不得收取任何款项，必须向所有客户提供有关合同选项的说明。

任何此类转让和收购交易都必须至少提前 10 个工作日通知金融行为监管局。

6. 提供给消费者的信息

协会会员必须向消费者提供明确的信息，并在提供服务之前、服务期间和服务结束之后均履行适当的通知义务。

协会会员给消费者提供信息时，必须特别注意：(1)必须明确费用支付情况，并且提供此类费用的详细信息。(2)所有费用必须公平收取，并与所涉及的工作量成比例。(3)协会会员需向消费者将提供服务的性质、消费者的总成本，包括所有应支付的费用、估计的合同期限和应偿还的债权金额。(4)明确告知消费者享有取消权。(5)明确告知债务管理的安排可能对消费者信用评级产生的影响，他们可能无法在短期内获得信贷的事实，以及这些影响在中长期内都有可能存在。(6)明确告知优先债务（如抵押贷款、租金、市政税和公用事业费用等债务）的重要性，并确保在任何债务管理计划中为这些支出提供适当的安排。

7. 协会会员提供给消费者的咨询建议

协会会员给消费者提供的咨询建议，必须是考虑到消费者的具体情况，且适合他们的建议。

(1)每个消费者的情况不同，所有的建议都必须针对消费者的具体情况进行具体分析。

(2)协会会员每次跟消费者接触的时候，都必须确保消费者知道有免费的咨询服务。

(3)消费者接受的咨询建议,应该涉及他(她)所有的财务情况(包括优先债务和收入最大化),如果自己无法给消费者提供合适的建议和服务,应当告知消费者哪些机构能够提供。

(4)所有咨询顾问都必须接受过适当的培训,以便能处理消费者的问题。

(5)消费者可获得的所有债务解决方案,都必须在咨询过程中进行过充分的分析。这也可能涉及地区方面的考虑。

(6)协会会员应当将债务解决方案放在客户的最佳利益上来考虑,而不是以各种理由将一种债务解决方案置于另一种债务解决方案之上。

(7)协会会员在决定是否接受一名消费者加入债务管理计划时,必须以消费者的最佳利益为依归,行使一切应有的酌情权,并须谨记其债务管理计划并非适用于所有债务人。

(8)协会会员在给出任何建议之前,必须对消费者的财务状况作出现实合理和稳健的评估,必须核实消费者所提供的资料。

(9)协会会员必须每年对债务管理计划进行全面审查,并在审查开始的时候就根据任何情况的改变来审查所提供的债务处理建议。

8.客户资金的处理

客户资金是指协会会员收到的客户以现金、支票、银行卡付款、汇票或电子汇款等方式支付的任何货币形式的金钱,这些货币不是立即到期的,也不是即期支付到会员公司的账户。

协会会员必须遵守金融行为监管局客户资产资料手册(Client Assets Sourcebook,CASS)的规定,并特别注意以下事项:(1)所有客户的资金必须存放在单独的、专门的银行账户中,这些账户由银行认可的一家其他银行持有,协会会员不能将其用于自己的业务。(2)为了会计目的,所有客户账户余额必须显示在“资产负债表外”(off balance sheet)。(3)协会会员必须保持准确、及时的记录,详细记录所有客户付款,与客户及其债权人进行书面和口头接触的情况。(4)协会成员必须定期将其所有客户银行账户上的余额与对应客户的信贷余额进行核对,如有任何差异应立即予以纠正。(5)协会会员必须在结算后5个工作日内将客户的款项支付给债权人。(6)客户账户上的资金由于任何原因而变得无法识别或无法追踪,协会会员必须在努力追踪资金所有者的同时,在客户账户上保持这些资金。如果这些资金仍然无法追踪,则必须继续持有它们,并就其处置问题征求监管机构的意见。

9. 债务管理服务

协会会员必须及时将与债权人谈判的结果通知客户,包括但不限于债权人拒绝与协会会员打交道、已经返回款项或拒绝停止计息等方面的情况。

协会会员在提供包括债务偿付在内的服务时,必须注意:

(1)对消费者的收入、资金和支出等财务状况进行现实、合理和稳健的评估,并应对所获得的信息进行核实。

(2)确定客户财务困难的原因,以及这些原因是否会再次发生,从而影响债务解决方案。

(3)在评估中,债务咨询顾问在计算每月可支配收入时,必须确定客户债务的性质,包括那些高优先级的债务,如抵押贷款、租金、公用事业费、税收、子女抚养费及其他逾期欠款。

(4)应该提醒客户注意不支付这些优先债务的后果。

(5)调查任何超出正常范围的支出。债务咨询顾问不得在没有充分理由的情况下,将客户的数据减少或修改为行业标准水平。

(6)债务咨询顾问必须牢记消费者持有的资产水平,并确保客户意识到他们进入债务解决方案对这些资产的影响。

(7)确定客户的情况是否有任何已知或可预见的变化(如临近退休、子女已到上学年龄)。

(8)债务咨询顾问不得对未来情况的变化作出未经证实的假设(如假设情况会改善)从而缩短任何债务计划的期限。

(9)若认为消费者的可支配收入不足以支付每月所需要偿付的款项(包括债务咨询公司收取的费用),则必须将消费者的案件转介到非营利的债务咨询机构。

(10)重新评估付款计划,并考虑任何必要的改变(包括终止该计划),以确保一旦客户的财务状况发生重大变化,该计划仍然符合客户的最佳利益。

(11)还款计划必须至少每年重新评估一次,并将重新评估的结果通知客户。

(12)客户应该在一开始就被告知他们的钱是如何分配的。此外,如果商定了一项计划,所欠的余额(不知道准确数字的情况下,做出最佳的预估数额)、清偿债务所需的付款期限和协会会员收取的服务费用必须列入报表。

(13)协会会员应迅速回应任何询问、资料索取及投诉情形。

10. 客户利益

(1)协会会员的行动必须完全为了客户的最大利益。

(2)协会会员不得使用任何高压销售策略,必须确保任何向其介绍业务的人遵守所有相关准则。

(3)协会会员必须确保所有客户均已被充分告知可获得免费咨询服务,并已通过其网站向客户告知财务咨询服务机构(MAS)的信息。

(4)协会会员在决定是否接受债务人参加债务管理方案时,必须以债务人的最佳利益为原则,行使一切应有的酌处权,并须铭记债务管理方案并不适用于所有债务人。

(5)协会会员在出具咨询建议之前,必须对消费者的经济状况做出现实的评估,必须以工资单等证明材料核实其经济状况。

(6)协会会员对客户提供给他们的资料必须严格保密,但在客户明确同意的情况下向有关债权人披露有关资料,或在个别情况下为独立的投诉调查而披露有关资料除外。

(7)协会会员必须就偿还有抵押贷款和优先偿还债务的重要性向客户提供建议。

(8)在与债权人商定还款计划之前,任何建议客户取消直接借记(direct debits)和长期订单(standing orders)的行为,都必须明确符合客户的最大利益。

(9)协会成员必须确保所有案件都有专门的记录,并有足够的电子储存手段和检索能力,在任何情况下都应遵守数据保护指引。

(10)协会会员有责任知悉并遵守由金融督查服务机构(FOS)制定的内部投诉程序的规定。

(11)协会会员应设立程序以记录个案的表现和结果,并用以监测成效、表现和服务提供的情况。

(12)协会会员可向客户出售其他金融产品(如公用事业转换产品,可增加客户的可支配收入),但此类销售在任何情况下都必须明确符合客户的最佳利益。

11.脆弱的客户

协会成员必须有适当的政策来对待特别脆弱的客户(vulnerable customers),并对脆弱客户进行恰当的处理。

脆弱的客户包括:(1)披露最近重大医疗问题的客户;(2)自己披露(或明确展示)在财务或法律问题理解上有困难且需要家庭支持的客户;(3)披露最近的丧亲之痛或导致他们产生债务问题的特殊关系的客户;(4)有精神健康问题的客户或会员单位有理由怀疑存在精神健康问题的客户。

债务咨询顾问必须接受处理脆弱客户的培训,并应了解财务咨询联盟(MALG)的《帮助有心理健康状况和债务困境的消费者的良好实践意识指引》和本协会制定的《脆弱情形中的客户识别指南》。

12.出借人

(1)协会成员必须采取一切必要和适当的步骤,向出借人(Lenders)提供有关其客户收入和支出的准确细节,以便让债权人对还款建议作出明智的判断。

(2)协会成员必须向出借人方提供明确的付款方案,努力确保按比例向债权人分配资金(还款金额很小的除外)。

(3)如客户正式撤销还款计划,协会会员必须在接到通知后的7个工作日内通知有关出借方。

13.业务模式与公司治理

协会会员应制订包括其战略和政策的业务计划,包括以下内容:

(1)如何使用客户反馈、本地信息、结果信息和其他信息资料来发展自己的服务业务。

(2)应向客户提供有关其财务状况(包括优先债务和收入最大化)各方面情况的意见,如未能或无法提供适当的意见或服务,应将客户转介于有能力提供意见或服务的机构。

(3)所有债务咨询顾问应确保其所提供的建议均明确地符合客户的最佳利益。

(4)遵守金融行为监管局《消费者信贷工作手册》中审慎要求的政策,以及关于维持充足的财务和其他资源的政策。

(5)制定有关保密、文件管理和文件维护、利益冲突和客户服务等方面的政策。

(6)针对风险的应急计划,包括业务中断、灾难恢复、工作量的意外增加或减少以及人力资源问题。

(7)承诺持续不断地对员工进行监督、培训、评估和发展。

(8)薪酬政策不会通过给予与特定解决方案相关的不成比例的更高薪酬来激励员工。奖励计划、奖金和其他奖励应该基于结果和公平对待客户的目标。

(9)充分遵守金融行为监管局有关人员批准和职能控制的政策,公司结构内部不应存在利益冲突。

(10)必须恰当注意金融行为监管局的 11 项关键原则,协会成员必须确保在他们发现有合理的信息表明应报告的事项已经发生或者即将发生时,能够立即向金融行为监管局发出及时和适当的通知。这类事件包括但不限于任何对阈值条件(threshold conditions)的违反,任何可能会影响公司提供服务能力的情况,任何对公司风险利润产生重大影响的拟进行的业务调整、重组或业务扩展,公司系统或控制的任何重大失败以及公司资本充足率或偿付能力的任何重大变化。协会会员必须将此类事项通知本协会。

(11)应对脆弱客户的政策必须到位。协会成员必须为所有客户提供平等的服务,不论其种族、信仰、性别、残疾或国籍。成员必须制定符合要求的条款来处理脆弱消费者问题,包括那些残疾人和(或)弱势群体,如文字阅读技能贫乏的消费者,在阅读、写作或基本数学知识理解方面存在困难的消费者,对复杂产品或服务缺乏认知的消费者,以及那些第一语言不是英语的消费者。

(12)公司必须有足够的责任保险,以确保任何针对他们的索赔都能得到满足。

14. 合规监管

协会会员必须指定专员负责合规监管(Compliance Oversight),并根据金融行为监管局的控制功能(Controlled Functions)第 10 项(CF10)登记注册。合规监管专员应该对债务管理标准协会非常了解。

15. 培训

作为业务模式和规程的一部分,协会会员必须制定适当的政策,涵盖员工、管理培训和发展,以确保提供最佳建议,并在所有情况下公平对待客户。(1)所有面对客户的员工必须接受充分的培训。(2)所有员工必须充分了解金融行为监管局的原则和要求。(3)应当让所有工作人员了解协会准则及其对协会会员的要求。(4)协会会员及其员工必须留意任何可能影响其业务的规例及指引的更新或更改。

本协会提供了一些可以实施的培训方案,如果协会会员都予采纳,这些培训方案将覆盖各方面的问题。具体包括:(1)获得财务顾问学会(Institute of Money Advisers)的财务顾问执业资格(CertMap)以及持续的专业发展。(2)员工个人培训模块的在线资源。(3)定期举行的面对面培训活动。(4)常规网络研讨活动。

协会会员须定期更新现有的培训范围,以考虑到债务状况和关键问题的变化。

16. 会员的救济与投诉途径

协会会员必须告知客户,他们有一个成文的内部投诉程序,这个程序:(1)是容易进入、用户友好型的,且随时提供给他们的所有客户和希望进行投诉的任何人。(2)必须详细说明协会会员对投诉进行调查的步骤。(3)必须通知负责调查投诉的主体。(4)确保答复公平、及时(在 10 个工作日内)。(5)记录并保存客户投诉的详细信息以及采取的应对措施。

在适用的情况下,协会会员必须准备好与当地的消费者顾问或客户咨询或聘用的任何其他中介合作,以防止发生任何纠纷。

协会会员必须告知所有客户其在债务管理标准协会的会员身份,以及现行有效的债务管理标准协会行为准则和投诉程序,以便客户在认为协会会员及其员工违反了该准则时了解自己的权利和救济措施。

必须明确客户享有向金融督查服务机构(FOS)投诉的权利,同时也必须明确债务管理标准协会的投诉程序在任何情况下都不得取代金融督查服务机构的投诉系统。

协会成员不得拒绝或妨碍投诉人援引债务管理标准协会的投诉程序或寻求

金融督查服务机构救济途径的权利。

除了客户和(或)贷款人提出的投诉外,会员的任何行为如被解释为有损债务管理标准协会的声誉,可被视为惩戒事项(disciplinary matter)。

17. 准则的管理

本准则由理事会任命的秘书长(General Secretary)担任准则管理者,对准则的实施进行监督和管理。

准则管理者应当:(1)确保会员的业务实践和文件资料遵从准则的规定。(2)调查任何与准则有关或无关的投诉,并根据准则的规定采取相应的步骤。(3)调查任何会员因投诉而不按其建议行事的情况,并在有需要时向理事会汇报。(4)向理事会报告会员未按建议采取行动的情况。(5)根据各方对准则的反应以及法律规定和实际情况的改变,每年审查评估准则的内容。(6)就准则及其程序的运作提供周年报告,并确保该报告分发给有关各方。

18. 准则的监测

为了监测协会会员对准则的执行情况,协会会员必须:(1)参与协会的数据收集过程,提供关键结果和绩效信息。(2)根据协会的要求,在保密的基础上提供这些信息。(3)会员通过让一定比例的客户参与调查,使得其参加由协会组织的客户满意度调查。(4)对受理和审查的案件提供独立的质量保证检查证据。协会提供质量保证(QA)服务,会员可以使用它来满足这个需求。

此外,协会还将:(1)定期对网站、市场和广告材料进行扫描检查。(2)评估新成员申请入会的遵从情况。(3)在认为有必要时,评估任何成员的遵从情况。(4)在质保监测和投诉处理等一系列问题上提供咨询支持。(5)监测并报告对投诉的处理进展与内容,并在适当情况下与会员沟通。(6)定期向协会会员传达根据行为准则所衡量的会员工作表现。

19. 个人自愿安排程序

所有的协会会员都应充分了解个人自愿安排(Individual Voluntary Arrangment,IVA)的流程,在向客户提供最佳建议时,他们可能会建议将个人自愿安排作为债务解决的方案。

破产从业者目前不受金融行为监管局的监管,因此,亦不受金融行为监管局规则的约束。

本协会有一些会员可以提供个人自愿安排的服务,本准则的部分内容已经包括了解决在正式合同订立之前和法院批准个人自愿安排方案之前出现的问题,旨在鼓励业内最高标准,为消费者提供高水平的保护。

个人自愿安排是一种正式的债务清偿计划,债务人通过授权的破产从业者向债权人提出全部或部分偿还债务的方案。债权人就是否接受该方案进行投票,如果获得所需的多数票,该方案就具有约束力。根据《1986 年破产法》的规定,该计划最终由法院批准,并由法院指定一名监察人(supervisor)来管理个人自愿安排。

本节应与整个准则一起阅读,但如果本准则中的要求不适用于《1986 年破产法》调整的个人自愿安排,则可以不予考虑。协会成员在制定具体的个人自愿安排方案时,应当始终遵守本准则中应予适用的条款。

以下是本守则的附加条文,并特别适用于个人自愿安排服务提供者。

协会会员在市场推广和业务营销中,以及在提供个人自愿安排服务的合同签订之前出具咨询建议的时候,不得有以下行为:(1)使用诸如“免费服务”“免费为你,因为你的债权人将支付这个成本”的表述,因为这些表述暗示消费者支付的全部款项都将用来偿还债务,然而,消费者最初支付的款项(有时高达前两年的付款),实际上是付给破产从业者的费用。(2)声称消费者将在 5 年内“无债一身轻”,实现债务自由,却没有解释虽然他们没有了债务负担,但对他们的信用评级的影响将持续 6 年之久。(3)使用“高达 90% 的债务可能会被注销”这样的语句,而实际上这个数字只接近 60% ~70%。(4)声称他们可以保证与债权人谈判取得有利的结果,或“债权人乐于提供帮助”,因为在个人自愿安排的情况下,至少需要代表 75% 以上债权额的债权人接受个人自愿安排的方案。

如果列出个人自愿安排的好处,而不是说明债务削减目的,协会会员不得有以下行为:(1)暗示所有费用都由债权人支付,消费者无须支付任何费用。(2)没有指出消费者的信用评级将受到 6 年的影响,而不仅仅是个人自愿安排期限(通常为 5 年)内的影响。(3)他们可能会被要求在规定期限内将其财产再次按揭,或获得再次按揭以释放抵押物的资产净值来偿还部分或全部债务。

在签订合同之前提供建议和信息时,必须始终向消费者提供最符合其利益的建议,并应包括以下内容:(1)对所有可能的选择(如破产清算、债务管理和免费咨询的可用性)作出明确的解释。(2)了解个人自愿安排中涉及的要求和程序。(3)清楚说明从任何款项中支付给代理人(nominee)和监察人的费用。(4)让客户意识到进入个人自愿安排的含义,即如果他们拥有房产,而且房产虽然抵押但仍有足够充足的净额,他们可能会被要求将他们的房屋再抵押以释放资产价值来偿还部分或全部剩余的债务;如果个人自愿安排失败将会导致进入破产清算程序;他们的信用评级将在6年内受到影响;接受个人自愿安排方案的决定权完全掌握在债权人手中。

为个人自愿安排提供咨询和帮助的债务管理标准协会成员,应遵守并及时了解所有行业标准、指南和协议。

20. 协会处理投诉的程序

本协会制定了投诉处理程序,以确保公平、有效和迅速地调查成员的任何不当行为,目的是确保在必要时采取适当步骤,使投诉人得到适当的补偿。

协会会员都同意遵守金融督查服务机构的投诉系统,本协会的程序绝不是该系统的替代方案。所有的消费者都有权直接向金融督查服务机构提起投诉。

在安排客户的付款方案之前,协会会员有义务将其会员身份和协会现存有效的行为准则告知所有客户。

消费者首先应当直接向提供服务的协会会员单位提出投诉,并只有在投诉人不满意协会会员单位的回应时,才可向金融督查服务机构或本协会提出投诉。

本协会只能对涉及协会会员违反协会行为准则的投诉作出裁决。但实际上,它将考虑与协会会员行为有关的任何性质的申诉,并将设法协助解决所提出的问题。对于本协会无法解决的问题,投诉将会被转至其他解决途径。

本协会会员提供投诉处理的建议和帮助。在本协会参与会员单位内部处理投诉的情况下,不能援引本协会的投诉程序。

投诉可由下列任何一项引起:(1)消费者的投诉;(2)合规性审计引发的结果;(3)从顾客满意度调查或神秘顾客(mystery shopping)检测得到的信息;(4)来自另外一位协会会员的投诉;(5)来自任何其他相关来源的投诉,包括但不限于贷款人。

21. 投诉程序

如果投诉最初不是以书面形式提出的，本准则的管理者将通过邮寄或电子通信的方式对此提出要求。

准则的管理者将首先确定问题中反映的行为是否与本准则相关。如果确定没有关系，则将在接到投诉之日起的5个工作日内，以书面形式告知投诉人。

如果管理者确定投诉显然与本准则有关，他将在收到投诉后的5个工作日内与被投诉的协会成员联系（如果不与准则相关，也可以）。协会会员须于10个工作日内以书面形式回复，说明其个案以及如何（如果有的话）根据内部投诉程序处理有关问题。

在收到会员的回复后，管理者将根据综合的情况，确定被投诉的行为是否是与准则相关的违规行为。

如果是违反准则规定的行为，管理者将决定对该协会会员采取何种行动（如果有的话），并将以书面形式通知该会员。

22. 纪律处分

如果协会会员存在以下情形，准则管理者和理事会可以对其采取纪律处分措施：(1)严重违反本行为准则；(2)屡次违反本行为准则；(3)会员未能在指定时间内回应任何投诉或其他不当行为的指控；(4)会员未能按其内部程序在指定时间内处理消费者的投诉；(5)金融行为监管局对会员采取了监管措施。

23. 可用的制裁措施

在确定违反准则的情况下，本准则管理者和理事会可行使下列一项或多项权力：(1)书面警告。(2)要求会员在规定期限内修改其文件和（或）程序规则。(3)给协会会员下达要求其接受独立顾问报告的指示。(4)要求协会会员将已收取的全部或部分费用退还给投诉人。(5)要求协会会员赔偿投诉人的损失。(6)在一段确定的时间内暂停其会籍，或暂停会籍直到准则管理者和理事会认为引起暂停会籍的事项已完全纠正时为止。(7)将其从协会中除名（Expulsion）。

24. 协会的职责

本协会的会员资格要求会员必须完全遵守本准则。本协会则具有以下职责:(1)建立必要的标准并将其纳入本准则。(2)确保所有会员都充分了解本准则的要求。(3)定期检讨并在适当情况下修改和修订本准则。(4)定期检查会员对本准则的遵守情况。(5)针对客户以正式投诉或其他方式提请协会注意的任何实际或潜在违反本准则的行为进行调查。(6)针对以任何其他方法提请其注意的实际或潜在违反本准则的行为进行调查。(7)提供确定辩解是否成立的方法,并采取必要的行动。(8)为纠正任何不遵守本准则的问题设置合理的时间限制。(9)与监管机构保持联络,并让会员充分了解他们在满足具体要求方面的责任。

附录 6:《英格兰和威尔士年度破产案件数据统计表(2000 ~ 2019 年)》

单位:件

年份	破产清算(bankruptcies)	债务纾缓令(DROs)	个人自愿安排(IVAs)	三项合计(Insolvencies)
2000	21, 270	—	7899	29, 169
2001	23, 278	—	6272	29, 550
2002	24, 027	—	6280	30, 307
2003	27, 848	—	7574	35, 422
2004	35, 700	—	10, 731	46, 431
2005	47, 276	—	20, 259	67, 535
2006	62, 945	—	44, 100	107, 045
2007	64, 467	—	42, 240	106, 707
2008	67, 465	—	39, 116	106, 581
2009	74, 605	11, 807	47, 641	134, 053
2010	58, 801	25, 007	50, 671	134, 479
2011	41, 234	28, 951	48, 846	119, 031
2012	31, 642	30, 937	46, 619	109, 198
2013	24, 128	27, 544	48, 717	100, 389
2014	20, 336	26, 687	51, 315	98, 338
2015	15, 850	24, 175	40, 163	80, 188
2016	15, 049(11, 147)	26, 196	49, 460	90, 705
2017	15, 107(11, 804)	24, 894	59, 156	99, 157
2018	16, 602(12, 982)	27, 915	71, 033	115, 550
2019	16, 702(13, 615)	27, 497	77, 982	122, 181

说明:(1)本表根据英国破产服务局(Insolvency Service)的官方统计数据制作,截至2019年12月31日。

(2)2009年4月6日起开始实施债务纾缓程序。

(3)自2015年10月1日开始,申请破产清算的最低债务金额由750英镑调整为5000英镑。

(4)自2016年4月6日开始,债务人提出的破产清算申请,统一在线提交,由破产服务局的审裁员进行审查并作出是否颁发破产令的决定,表中2016~2019年的破产清算数据中括号内的为债务人提出申请的案件数量。

后　记

在国家留学基金委员会的资助下，我于 2019 年 8 月抵达剑桥大学，开启了为期一年的访问学者生活，研修主题定为“中英经济社会发展中的破产法研究”，而本书的出版正是该研修计划的阶段性成果之一。

本书的写作得益于剑桥大学法学院西蒙·迪金(Simon Deakin)教授的悉心指导。西蒙·迪金教授“擅长劳动法、私法、公司法和欧盟法，他的研究更广泛地涉及法律和社会科学之间的关系，他经常在法律和经济、法律和发展以及实证法律研究等领域做出贡献”(剑桥法学院官网介绍)，2005 年入选为英国科学院院士(British Academy)。西蒙·迪金教授目前还担任剑桥大学商业研究中心(Centre for Business Research，CBR)主任，这是一个注重交叉学科研究和定性分析的综合性学术机构。在访学期间，我有幸旁听了西蒙·迪金教授给法学院研究生开设的“法律规制经济学”(Economics of Law and Regulation)课程，对法律与经济社会发展的关系有了新的认识。西蒙·迪金教授作为我访学期间的合作导师，非常支持我对英国破产制度的研究，并在新冠疫情肆虐期间居家办公时拨冗为本书作序，既是对我的一种鼓励，也为本书增添了光彩。感谢导师王欣新教授 10 多年来对我在破产法研习和教学方面的关心和指导。王欣新老师在破产法领域耕耘 30 余载，站在理论前沿推动破产法治事业的进步,而且总是能在国际发展趋势和中国司法实践之间找到最佳的平衡点,在破产法理论界与实务界均享有盛誉,其法学思想和治学精神亦深深地影响了我的学术态度和研究路径。

剑桥大学法学院理查德·威廉姆斯(Richard Williams)老师讲授的"公司法""公司破产法"课程让我受益匪浅;剑桥大学商业研究中心为我访学期间提供了良好的办公环境,办公室同事乔治·卡塞利(Giorgio Caselli)博士、乌苏拉·巴尔德森(Ursula Balderson)博士以及中心行政人员斯蒂芬妮·桑德斯(Stephanie Saunders)和雷切尔·瓦格斯塔夫(Rachel Wagstaff)等人均对我特别关照;剑桥大学法学院图书馆(Squire Law Library)馆长大卫·威尔斯(David F. Wills)老师为我提供图书借阅方面的便利;英国谢菲尔德大学法学院陈玎副教授、利兹大学法学院张子年副教授均给予了我专业上的帮助;中国人民大学法学院院长王轶教授、副院长高圣平教授和我的导师徐孟洲教授、经济法教研室主任朱大旗教授在我访学期间给予我生活上的关心和学业上的指导与督促;世界银行集团 IFC 东亚和太平洋地区金融基础设施技术援助线负责人赖金昌老师经常从越南发来信息关心我的近况,而本书对个人债务清理的非正式程序的特别关注,很大程度上源自与赖金昌老师交流时得到的启发;法律出版社法治与经济分社社长、编审沈小英老师时常询问写作的进展,让本书得以尽快完稿。诚挚感谢以上良师益友的指导和帮助。最后,特别感谢我的妻子毛雪华为本书的写作提出宝贵意见,感谢女儿徐奥宇帮助完成最后的校对,感谢妻子和女儿的支持和陪伴,与她们在一起,才有家的温暖和幸福。

本书定稿付梓之时,也是全球面临新冠病毒肆虐的危急时刻。受疫情影响,很多国家都在开始考虑修改和完善破产制度,英国政府宣布将及时启动破产法的修改以应对疫情对经济的冲击和对企业与居民生存条件的影响,破产服务局和各大债务管理机构网络平台都纷纷推出疫情期间债务解决方案的专栏,个人破产和债务清理制度再次在经济危机中得到淬炼。本书在此期间出版更增添了一层特殊的时代意义。期待有更多的同仁关注和研究个人破产制度,亦欢迎读者对本书的纰漏疏忽之处提出宝贵意见,如果有机会,我会根据英国破产制度的发展变化修订和完善本书,错误之处可以在修订版中得到完善。

徐阳光

2020 年 4 月 22 日

定稿于剑桥大学

图书在版编目(CIP)数据

英国个人破产与债务清理制度 / 徐阳光著. -- 北京：法律出版社，2020(2020.10 重印)
(破产法文库)
ISBN 978 -7 -5197 -4468 -7

Ⅰ. ①英… Ⅱ. ①徐… Ⅲ. ①破产法—研究—英国 Ⅳ. ①D956.122.9

中国版本图书馆 CIP 数据核字(2020)第 068736 号

英国个人破产与债务清理制度
YINGGUO GEREN POCHAN YU ZHAIWU QINGLI ZHIDU

徐阳光 著

策划编辑 沈小英
责任编辑 沈小英 刘晓萌
装帧设计 李 瞻

出版 法律出版社
总发行 中国法律图书有限公司
经销 新华书店
印刷 固安华明印业有限公司
责任校对 杨锦华
责任印制 吕亚莉

编辑统筹 法治与经济出版分社
开本 710 毫米×1000 毫米 1/16
印张 17
字数 298 千
版本 2020 年 6 月第 1 版
印次 2020 年 10 月第 2 次印刷

法律出版社／北京市丰台区莲花池西里 7 号(100073)
网址／www. lawpress. com. cn
投稿邮箱／info@ lawpress. com. cn
举报维权邮箱／jbwq@ lawpress. com. cn
销售热线／400 -660 -8393
咨询电话／010 -63939796

中国法律图书有限公司／北京市丰台区莲花池西里 7 号(100073)
全国各地中法图分、子公司销售电话：
统一销售客服／400 -660 -8393/6393
第一法律书店／010 -83938432/8433
西安分公司／029 -85330678
重庆分公司／023 -67453036
上海分公司／021 -62071639/1636
深圳分公司／0755 -83072995

书号:ISBN 978 -7 -5197 -4468 -7
定价:88.00 元